上海地情普及系列
《上海滩》丛书

砥砺前行

上海城市更新之路

上海通志馆
《上海滩》杂志编辑部 编

上海大学出版社

上海人的对口援建足迹遍布祖国各地，为各地摆脱贫困和开展经济建设献智出力，流血流汗，甚至牺牲生命，作出了巨大贡献。他们中的不少人不仅献出了自己的青春，而且还献出了自己的子孙，让子孙后代继续为各地经济建设作贡献。他们是我们上海人的骄傲！

同样的感受，我们在《砥砺前行——上海城市更新之路》中也能看到。本书讲述了新中国成立后，上海在城市发展中不断创新，勇做改革开放"排头兵"的故事。其中的文章，既有站在今天的角度，对上海城市发展中重大事件和变迁的回顾；也有许多年前对于上海未来面貌和发展蓝图的展望。对照今日的现实，读来令人振奋而又感慨。回想70多年前，国民党政权在败逃台湾之际，对上海进行了破坏，将中国银行的黄金、白银、美元抢运一空，给新生的人民政权留下了一副烂摊子。但是，在中国共产党的坚强领导下，上海各界人民群众，团结一心，奋发图强，战胜了蒋介石派遣的飞机轰炸和特务破坏，粉碎了一些不法商人发起的经济金融方面的进攻，稳定了人心，稳定了市场，并且很快展开了热火朝天的社会主义建设，并取得了一个又一个让世界震惊的成就。上海的城市面貌发生了翻天覆地的巨变，探索走出了一条具有中国特色、时代特征、上海特点的超大城市发展新路，已成为中国改革开放的重要窗口和发展成就的生动缩影。

一千多年前的上海只有东部地区有一些海滩边的渔村，而今天上海已是全国最大的城市和国际性大都市。沧海桑田，上海从海滨渔村发展成为现代化大城市，反映了上海的历史变迁。另外，上海又是个如诗如画、有着江南田园美景的城市，1840年后，随着国门打开，上海的面貌也发生了变迁，田园般的宁静被打破。新中国成立后，中国共产党在领导社会主义建设时，非常注意环境保护和综合治理环境污染。特别是在中国最大的工业城市上海，改革开放以来，政府不断地投入巨资，治理黄浦江和苏州河，近年来已见成

前 言

古人云:"温故而知新。"我以为,我们每年编《上海滩》丛书,从杂志历年发表的文章中择其佳作,分门别类按不同主题推出,其实就是一个"温故而知新"的过程。

这种"新",在我们今年编辑出版的一套六种《上海滩》丛书中,集中体现在中国共产党领导广大人民群众,在推翻帝国主义和封建主义的剥削压迫,在领导亿万人民群众消除绝对贫困,在建设中国特色社会主义新征程中所取得的巨大成就中。

比如,《淬火成钢——穿越烽烟的红色战士》一书讲述了一大批优秀共产党员在上海展开对敌斗争的英雄事迹,以及上海部分红色遗址中所蕴含的革命历史。其中工人出身的共产党员陶悉根,在大革命失败后,并没有被敌人的残酷杀戮所吓倒,而是咬着牙从血泊中爬起来,擦干净身上的血迹,含泪辞别自己的老母亲和妻儿,辗转千里寻找到党组织,继续进行革命斗争,我们被这样的事迹所震撼! 这位老共产党员告诉我们,只有在中国共产党的领导下,才能实现中国广大工农群众翻身解放的伟大目标。

在《上海担当——70年对口援建帮扶实录》中,我们同样可以看到,只有在中国共产党领导下,上海广大干部、科技人员、企业家才能在东西部对口支援、合作帮扶工作中,帮助成千上万的贫困群众完成消除绝对贫困、走向小康生活的伟大历史任务。早在新中国成立之初的1950年,上海金融战线的2 000多名职工,就热烈响应党和国家的号召,开始了对大西北等地的对口援建。70余年来,

图书在版编目(CIP)数据

砥砺前行：上海城市更新之路/上海通志馆，《上海滩》杂志编辑部编.—上海：上海大学出版社，2021.5

（上海地情普及系列.《上海滩》丛书）

ISBN 978-7-5671-4197-1

Ⅰ.①砥… Ⅱ.①上… Ⅲ.①城市-发展-研究-上海-现代 Ⅳ.① F299.275.1

中国版本图书馆 CIP 数据核字（2021）第 072025 号

本书由上大社·锦珂优秀图书出版基金资助出版

责任编辑　陈　强
封面设计　缪炎栩
技术编辑　金　鑫　钱宇坤

砥砺前行
——上海城市更新之路

上海通志馆
《上海滩》杂志编辑部　编

上海大学出版社出版发行
（上海市上大路99号　邮政编码200444）
（http://www.shupress.cn　发行热线021-66135112）
出版人　戴骏豪

*

南京展望文化发展有限公司排版
上海华教印务有限公司印刷　各地新华书店经销
开本710mm×1000mm　1/16　印张24.75　字数310千
2021年5月第1版　2021年5月第1次印刷
ISBN 978-7-5671-4197-1/F·213　定价　55.00元

版权所有　侵权必究
如发现本书有印装质量问题请与印刷厂质量科联系
联系电话：021-36393676

效：上海天蓝了，山青了，水绿了，许多岛屿飞鸟翔集，瓜果飘香，成了人们休闲游玩的好去处。如今，我们需要一个现代化的上海，更需要一个人与自然和谐的美丽上海。《沪江游踪——海天之间的上海风景》既讲述了上海山水岛屿的地情知识，又涉及上海人早期旅游的故事，对上海的自然和人文地理多有涉及。

中国对世界各种文化采取的是"海纳百川，互相学习"的做法。尤其是上海，在一百多年时间里，将西方的先进文化，糅合到我国的传统文化中，产生了一种更加自信、更有活力的海派文化。于是，上海成为中国最大的工业城市，中国最发达的科创中心，中国最繁华的国际大都市。为此，在今年的丛书中，我们编选了《海纳百川——近代上海的中西碰撞与交融》一书，供读者了解海派文化的形成过程和重要作用。这本书与前两年编辑出版的红色文化读物（即《申江赤魂——中国共产党诞生地纪事》《海上潮涌——纪念上海改革开放40周年》《五月黎明——纪念上海解放70周年》）和江南文化读物（《海派之源——江南文化在上海》《城市之根——上海老城厢忆往》《年味乡愁——上海滩民俗记趣》等一起，为读者系统学习了解红色文化、江南文化和海派文化，提供了珍贵而生动的教材。

今年出版的《上海滩》丛书的第六种是《戏剧人生——沪上百年戏苑逸闻》。这是因为去年我们编辑出版了反映上海电影界历史的《影坛春秋——上海百年电影故事》后，有些读者提出，几十年来《上海滩》杂志发表了许多戏剧界的故事，其中有对各剧种的介绍，也有对一出戏盛衰的讲述，更有不少戏剧表演艺术家和著名演员在中国共产党的领导和影响下，以各种方式反抗日本帝国主义和国民党当局的统治的感人故事，如果能择其精彩内容编成一册，颇有意义。

我们认为，编辑出版这套丛书，不仅能为上海广大市民和青少年朋友了解上海革命和社会主义建设的历史提供一套有价值的读物，还是开展"四史"教育和党史学习的一套生动教材。尤其是在迎接和庆祝中国共产党诞生一百周年的日子里，这套《上海滩》丛书，可以帮助人们更深刻地理解中国共产党是一个善于将马克思主义同中国革命实际相结合的政党，是一个始终将人民的利益放在最高地位的政党。初心绽放，爱我中华，百年政党正青春，未来我们将更加自觉地团结在以习近平同志为核心的党中央周围，砥砺前行，排除万难，去夺取更大的胜利！

上海通志馆

《上海滩》丛书项目组

2021年3月23日

目录

1/ 上海：决策远见决定开发格局

14/ 浦东开发开放：上海迈向21世纪的梦想与光荣

26/ 建设上海国际航运中心决策始末

39/ 闵行卫星城的故事
　　——兼叙闵行饭店的珍闻趣事

51/ 崇明岛千年大开发

61/ 漕河泾开发区的十个"第一"

79/ "虹开发"：上海第一个CBD诞生始末

86/ 宝山：上海第一个城乡一体化改革试点

96/ 金山工程：新中国第一次成功围海造地

104/ 改革开放后第一家民办寄宿学校诞生记

109/ 上海金融风云录
　　——20世纪90年代浦东金融市场诞生记

119/ 上海：世纪之交崛起的国际会议中心

125/ "华电"风雨沧桑录

135/ 李平书与上海自来水

144/	大上海制服地面沉降
155/	生命幕后英雄：上海血库
161/	十区十县的上海
164/	地图见证上海改革开放的巨大变化
171/	1963年的南京东路改建
178/	上海高楼大厦瞭望
185/	2002年：新一轮浦东开发的绚丽画卷
192/	南外滩：世界级黄金水景岸线
200/	北外滩：21世纪的上海新亮点
208/	八万人体育场建设之最
215/	世纪经典：上海大剧院
224/	从国际饭店到金茂大厦
232/	新世纪的人民广场
242/	肇嘉浜百年巨变
253/	打浦桥二十年巨变
260/	迪士尼与上海的前世今生

267/ 杨浦滨江：每一米都是精雕细刻

274/ 上海的弄堂和小区

278/ 田野里崛起的天山新村

284/ 邮电二村：申城首座智能化小区

289/ 1949—1953：黄浦江打捞沉船纪实

296/ 长江口探险记

303/ 通往世界的大港

308/ 为上海国际航运中心建设提供"风云"数据

318/ 从老地图看上海交通变迁

321/ 追赶飞机的大兵
　　——虹桥国际机场落成记

342/ 浦东国际机场展翅欲飞

350/ 恢宏瑰丽的新大门
　　——上海新火车站诞生记

356/ 上海"地下大动脉"

362/ 明珠线：空中银色长龙

368/ 杨浦大桥建造始末

374/ 大桥隧道：六上六下过浦江

380/ 沪太路忆旧

384/ 江川路：火红年代里的一号路

上海：决策远见决定开发格局

吴祥明 口述　吕鲜林 整理

在中国人心目中，上海一直是大气优雅、繁荣昌盛的代名词。然而20世纪80年代初，因人口剧增，城市基础设施落后，人们日益增长的物质文化需要同落后的社会生产之间的矛盾日益加剧，上海的经济发展困难重重。

鉴于此，市委领导向党中央提出，上海急需改变，希望开辟一个新的城市功能区，建设"新上海"，减压"老上海"。1990年4月，在邓小平的直接关心推动下，党中央作出了浦东开发开放的战略决策。然而，上海在响应中央号召，决定"开发浦东、振兴上海、服务全国、面向世界"的同时，很快又面临一个双重难题：改旧建新，即一边是陈旧拥挤的老区改造，步履维艰；一边是一穷二白的新区建设，筚路蓝缕。拼搏的是信心与勇气，考验的却是主政者的格局与襟怀。

无疑，这首先就需要一张可行性宏伟蓝图——规划来指导实践。当时我在市政府计划委员会工作，后又调任市建委主任、市政府副秘书长，有幸在市委、市政府主要领导身边，亲历整个蓝图的绘制过程，参与了城市的交通、供水、电力、燃气、通信、防汛、环保等一系列基础设施的规划建设。结合当前的"四史"学习，同大家分享几段鲜为人知的幕后故事。

朱镕基：参照国际大城市规模制订城市规划

我在《上海市基础设施规划与建设》的学术报告中曾经写过一段当时的认识：上海位于中国海岸线中部，有广阔的长江流域腹地，具有在对内对外开放的两个辐射扇面中起枢纽作用的有利条件。上海城市总体规划将从长远考虑，面向21世纪，要将上海规划建设成为经济繁荣、科技先进、文化发达、布局合理、交通便捷、信息灵通、环境整洁的大都市；要将上海规划建设成为国际经济、金融、贸易和航运中心之一。上海城市规划与建设要改变"同心圆圈层式"发展和"见缝插针"的老路，通过中心城的建设和改造，逐步形成"多心开敞式"的布局，有计划地疏解中心城；统一规划，相对集中，综合开发，有步骤地规划建设。

这个规划出台时，大家看到的是高屋建瓴与纲举目张，但它的形成过程却经历了一段鲜为人知的、从迷茫震惊到逐渐被理解被接受的过程。

1988年5月，上海市人民政府召开"浦东新区开发开放国际研讨会"。时任市委书记江泽民、市长朱镕基和市政府顾问汪道涵，与来自国内外的140多位专家学者齐聚一堂，共商开发浦东大计。在研讨会上，江泽民指出："上海作为全国最大、位置最重要的一座开放城市，应该更进一步改革开放。开发浦东，建设国际化、枢纽化、现代化的世界一流新市区。"

但是，上海究竟如何"更进一步"改革开放？浦东究竟如何开发？整个环境规划究竟怎么做？市委讨论以后，朱镕基市长要我调查后给他做一个初步方案。记得当时他还特别交代说："你先查一下国际上大城市有多大，我们也得把上海规划成这么大。"调查结果发现，国际上大都市的城市化范围基本上都有500多平方公里。而当时

规划有市政大厦、博物馆、地下停车库、地下商场、220千伏地下变电站和地铁换乘中心的人民广场

上海的城市化范围只有140多平方公里,那就等于要再规划建设三个当时的上海才能达到朱市长的目标,感觉好像不太可能。然而,当我把这个想法向朱市长汇报后,没想到他竟明确指示:"就按照这个规模做方案!"

　　做这样大的规划方案实在是个大难题,我不知如何下手。第二天,我约了市规划局的同志到规划设计院一起讨论,半天讨论下来大家都是一头雾水。下午,大家惴惴不安地一起试着作图,准备先把500平方公里的范围画出来再深化研究。于是,西边一条线将虹桥机场划在外边,向南正好到莘庄;由莘庄向东,基本上是南汇、川沙的分界作为南面的边界;两条边界确定后,再按500平方公里计算另外两条边界,最后确定东南角定在孙小桥,以这个框架构成了上海的外环线。这就是当时我们认为的上海城市化范围。然后在浦东内部再划分为四个组团(后来分别命名为张江、金桥、外高桥、陆家嘴开发区),每个组团内部都规划有生产、生活、休闲等完整的功能区。组团与组团之间,在城市的上风向预留一个较大的低容积空间,以解决城市通风、改善大环境。就这样勉强形成了一个初稿。随后，我赶紧向倪天增副市长汇报，请他一起研究完善。所幸，倪天增副市长看后，认为我们的初稿基本上贯彻了市委领导的意图，大家心里悬着的石头才算落了地。随后经过修饰加工，我们终于完成第一张浦东开发地图。定稿后，由倪天增副市长带到市委审查，很快便随附市委报告一起上报给了中央。

如今，500平方公里的规划早就成了事实，经济的发展真是很难预测。回过头来看看，幸有当初市委、市政府领导的高瞻远瞩，否则今天的城区格局就很难做到如此收放自如了。

黄菊：参照发达国家中产家庭需求 确定基础设施供给能力

总体规划确定后，城市基础设施，包括道路、桥梁等交通设施，以及水、电、燃气、通信等设施的具体规模如何确定，又成为一个新难题。当时的黄菊副市长指示："基础设施供给能力一定要满足经济发展以后的需求。"并指示我去调查一下发达国家的居民消费情况，"以发达国家中产家庭的消费作为规划上海居民的平均需求"。于是我们利用到美国考察和在国内与外国客人交往的机会调研。调研发现有两项数据特别惊人：一是90年代美国每个中产家庭基本上都有两部电话（夫妇分别使用）；二是每月用电数百至上千度（冰箱和空调）。而当时的上海家庭基本没有电话，一般家庭用电仅有照明、收音机等，每月只用几度电。

我们依照调研结果与上海邮电局讨论落实规划措施，一致认为为适应上海经济发展、保障信息流通畅，增加电话设备是必需的。但当时全市电话总共只有10万台。改革开放以后，上海究竟需要多少部电话？真的说不清楚。最后市政府决定从"九四专项"里提供

1995年11月25日，上海电话网八位拨号工程割接仪式

5 000万美元外汇额度，请邮电局先引进安装20万门程控交换机。对此，邮电部领导极为重视，专程来上海讨论落实，成立邮电部和上海市联合通信建设领导小组。每年一次会议，极为有效。到1998年底，上海本地实现全网程控化，交换机容量达618万门，基本上实现了"即要即装"。

在与上海电力局和申能公司研究落实供电能力的过程中，除了建设电厂和电网的投资、选址外，最困难的问题是如何将220千伏的超高压电源安全送到中心城区的千家万户。那时，市里正好启动人民广场改建规划，我们就考虑能否在人民广场地下建造一座220千伏超高压地下变电站。电力专家论证后，认为可以在福州路外滩的黄浦江底下建一条专用隧道，将浦东的220千伏超高压电源用电缆输送到人民广场。有了这个变电站，再以110千伏和35千伏电缆送往各居民区就好办得多了。但好事多磨，极为复杂的地下空间规划非常麻烦，当时人民广场边上已经建了电信大楼。这是上海对外通信的枢纽所在，邮电专家非常担心超高压变电站对他们复杂的弱电系统产生干扰，反对这个新邻居。好在上海专家多，经几次论证会议以后，专家们提出了一整套防护和隔离措施，终于解决了这个难题。

市领导：参照国际枢纽港要求建设浦东机场

现代城市运行的重要保证之一，就是人流、物流、信息流、资金流的畅通无阻，这也是上海"四个中心"建设的初衷所在。但好的规划总是超前的、创新的，甚至不被理解的。比如当初规划浦东机场时，就曾遇到过很大阻力。

1994年，上海市委决定建设浦东机场。当时有关专业部门却认为近期要不了那么大的规模，建议用扩建虹桥机场的办法来替代。但市委出于"国际大都市"战略考虑，兴建新机场决策已定。随后，朱镕基副总理决定将原属民航总局管理的虹桥机场下放上海市管理，新机场的建设由上海市决策。1995年，黄菊市长决定让我兼任浦东机场建设指挥部总指挥。作为项目负责人，我请示黄菊市长：浦东机场要建多大才合适？黄菊市长说："要建一个国际枢纽机场。"国际枢纽机场究竟什么样子？我们大家都讲不清楚。只能先做调查研究，提出几项主要指标后再做国际招标，让专家帮助发散思维。最后竟

浦东国际机场一期工程

标时，我们选择了规划4条跑道、8 000万至1亿人次客流量、400万吨货运量的三个方案，报市政府领导抉择。这可以说是当时国内规模最大的机场规划。市领导最终选定法国建筑师提交的那个环境设计最好的方案。

在解决重大问题的实践中，连锁反应往往层出不穷。机场项目虽然定了，但如何与周围环境相协调，又成为新的棘手问题。浦东机场选址的东海滩涂，原是候鸟过境上海的栖息地。于是就有专家通过《文汇报》发出警告："浦东机场撞在鸟口上！"一语惊动各级领导。实际上这是一个非常困难的决策：假如避开候鸟，就要西移场址。但机场西移后，川沙、南汇两座县城都将处在机场的噪声区内，环境问题将更加难以解决。我们详细研究后决定选址不变，采取"驱引"结合、动迁候鸟的举措。这虽是一个大胆的创新，但同时也是科学、经济的决策：在东侧海滩围海促淤，造地18平方公里，破坏吸引鸟类的生态环境，"驱"走鸟类；为补偿因此造成的生态环境影响，再在东距机场11公里的长江口第三代沙洲——九段沙上种植芦苇等植物，加强固沙、促进淤积，创造更好的鸟类生态环境，吸引候鸟迁徙。

3年后，我们在九段沙如期造出了一个非常好的适合鸟类栖息的生存环境。同时，充分利用所围土地，将浦东机场再东移700米，又少占农田5.6平方公里，圆满解决了鸟类影响飞行安全的大问题。通过一系列创新举措，不仅获得了良好的经济效益，还做到了工程建设与环境保护互相协调、互相促进。今天的九段沙早已成为水草丰茂且风景宜人的国家级自然生态保护区和鸟类的天堂。而顺利运营了20多年的浦东机场，也已经成为上海地标性人文景观。

李鹏：满足"三个中心"要抓紧建设深水港

上海是个海港城市，历史上依托黄浦江的优势，内通长江和苏浙皖内河、内湖，外连东海。几吨、几十吨的小木船和上万吨的大海轮都可以直接在黄浦江靠岸。因此，自1291年上海独立设县开始，便日渐成为商贾云集、贸易繁盛之地，且一直享有"江海之通津，东南之都会"之美誉。

随着世界海轮及港口建设技术的发展，大型海轮的运输成本越来越低，却无法进入上海现有的港口，因此传统上的国际枢纽港地位正在逐渐丧失。对此，历届市委市政府领导一直非常重视，许多专家都在积极寻找合适的深水港址，曾先后提出过长江口的外高桥、杭州湾的金山、外海的瞿黄（大瞿山、黄泽山）港、马迹山、绿华山等许多方案。浙江省领导也曾提出过扩建宁波北仑港的方案。但遗憾的是，都因种种原因，议而未决。

记得1994年李鹏总理来上海调研时说："你们'三个中心'都很好，但假如没有航运中心的支持，将会很困难。现在空港已经在建了，海港也要尽快落实。"随后，市委书记黄菊指示我："要抓紧研究，提出可行方案。"

于是我就到港务局要了当时所有8个可能性方案的资料，认真学习研读建港要求和必要条件，然后与港务局的同志一起乘船去现场考察。第一次先看上海的几个选址，码头和航道水深都不够；第二次又去看了宁波北仑港，发现北仑港的码头水深很好，但外港航道太狭窄，且陆上交通也不便，难以大规模扩建；第三次再看远海的几个选址。因为这几个地方都在嵊泗县附近，于是我们还特意邀请嵊泗县副县长钟达一起考察。在前往嵊泗的船上，我介绍了要考察的几个建港方案。钟副县长说："（瞿黄港）那个地方风浪太大，不太合适。"接着他问我："你们想要的深水港到底需要什么样的条件？"没想到他这一句话问到了要害。于是我根据前几天的学习体会，讲了理想港口的三大条件："一是码头前沿和航道水深15米以上，满足国际集装箱（最大的巴拿马级）班轮全天候进港条件；二是风浪较小，

8

便于班轮靠泊和装卸;三是尽可能靠近陆地,便于集散运输。"他这一问,同时也提醒了我,就顺便问道:"你经常在这个海里来回跑,可有好建议?"他想了一想说:"好像大、小洋山那里有可能。大、小洋山由60多个岛屿组成,是长江口外的两串岛链,那里风浪较小,有可能符合你讲的条件。"我们听了很好奇,也很兴奋,就约定明天先去看瞿黄港,回程时再看洋山。

第二天早晨,在嵊泗县菜园镇碧海山庄会合出发时,没想到钟副县长一夜之间竟然写出一份5页纸的《洋山港建港初步设想方案》,并列举了11条建港理由。随后,我们一行就乘坐中国渔政706号船,从嵊泗码头出发,前往大瞿山考察瞿黄港。到现场后,看到拟议的港址面向西北,风浪很大;且港址又远离陆地,建成后只能靠"水-水中转"运作,肯定不经济。于是我们在回程中重点围绕大、小洋山海域兜了一大圈,明显感觉那里风浪确实比外海小得多。

回来以后,大家赶紧拿出海图来接着研究,发现大、小洋山确是最靠近上海的深水区域。这个地区处于杭州湾8米等深线外,码头水深可达18米。而通行集装箱国际班轮的航道最浅的一段也有14米深,稍加疏浚即可满足全天候通航条件。且这里离上海南汇岸边只有30公里,绝大部分海床水深仅8米,有架桥的可能。经过现场勘察及对海图的研究,大家进一步确认,在洋山地区有建设上海深水港的基本条件,这真是"踏破铁鞋无觅处,得来全不费功夫"。

于是我们决定再次去现场深入调查建港可行性。这次,我们报告了市委领导并约市委副秘书长黄奇帆一起前往调查。在港务局领导和专家的共同努力下,最终确认了建设洋山深水港在技术上的可能性。由于建桥要避开杭州湾主航道,因此港区宜依托小洋山建设。当时我和黄奇帆都很高兴,委请黄奇帆向黄菊同志汇报。黄菊同志听到这个消息以后也非常高兴,决定亲自乘船实地查看。他考察之后,也认为依托小洋山建港条件基本具备。随后相关前期工作正式启动。

1995年底，上海正式将深水港建设列入"九五"计划。1996年初正式成立建设筹备组，由我任组长。非常遗憾的是，在具体方案的论证阶段，又产生了许多不同意见，以致"九五"计划期间未能正式启动。此后，我被派往承担高速磁浮项目建设和随后的磁浮科研工作，没有再介入这个项目。

2020年7月，我有幸实地参观建成运营的1—4期港口。看到拥有完全自主知识产权、100%国产的国际上最先进的无人操作现场，感到无比欣慰，也衷心为我国广大的港口建设者和港口设备生产者点赞！

倪天增：参照最高标准建设城市防洪设施

上海地处长江入海口，地势平坦低洼，因此，城市防洪设施既要解决暴雨造成的内涝，又要预防天然大潮；另外，黄浦江和苏州河实际上还是太湖流域的泄洪通道。历史上台风、大潮、洪水三碰头，一直是上海防洪的大难题。

1958年9月，国家为了解决苏南和浙北地区的内涝，太湖水利委员会提出开辟太浦河泄洪通道方案。太浦河规划西起江苏吴江，经平望至青浦练塘注入黄浦江，流经苏、浙、沪3省市15个乡镇，全长57.2公里。然而由于青浦地势低洼，上海市区的防洪能力薄弱，这条排洪通道开挖后将严重威胁到上海的城市安全。30年来，专家们虽经过多次论证，仍然议而难决。

太湖水患一直是国家水利部面临的一件民生大事。记得在1990年，倪天增副市长带领我们去参加协调此事的专题会议。听完太湖水利委员会专家的介绍后，他认为："水往低处流，上游的太湖洪水总得排向上海，才能消除苏南和浙北地区人民的洪涝灾害，这也是上海人民应该承担的义务。建议国家把太浦河途经青浦的沿线防护堤、水闸以及上海市区的防洪堤加高、加固工程一起列入建设计划，同步实施。市区的防洪设施按百年一遇的标准设计。"倪天增副市长的全局观念和主动承担责任的态度，赢得了与会专家和水利部领导的高度赞赏。

回沪向市委、市政府汇报后，时任市委书记吴邦国、市长黄菊非常支持倪副市长的意见。计划确定后，上海市成立由市长、市委副书记、副市长以及市政府9个大口的委办负责人组成的"上海市太湖治理领导小组"，并召开了"上海太浦河水利工程动员大会"。市委、市政府各委办局，各区、县组织义务劳动，分段负责包干。1991年11月5日，太浦河大堤工程破土动工，市委书记吴邦国、市长黄菊也到工地与全体军民一起挖土筑堤。工程历时45天，先后出动军民12万人次，大型机械设备400多台，顺利筑成了太浦河上海段15公里的两岸大堤。

上游问题破解后，下游的防洪堤也存在许多问题。比如市区外滩的防洪堤，原来仅1米左右高，市民可以站在岸边观看黄浦江，这也是上海的一大景点。按照新标准将防洪堤增高以后，这个观景点就被彻底破坏了。另外，外滩地区的中山东一路当时只有三条车道，是城市交通的一个严重堵点。与黄浦江防洪堤相关的还有苏州河的防洪堤，如果再把苏州河的防洪堤也一起纳入改建范围，财政又很难负担，当时真是为难啊！

感谢我们的水利和市政设计专家，他们跨专业合作，提出了一个非常精妙的方案：将黄浦江防汛墙做成一个下部依靠地桩支承的空心结构，既维持黄浦江原有的岸线，确保江水流动性不变；又创造了与城市地面规划相协调，依据地形不同，将防洪堤适当外移的可能（实际移出13—49米）；同时又将防汛墙顶标高提高到6.9米，达到千年一遇的防汛标准；厢廊顶部作为亲水平台，市民可以到平台上自由观景；厢廊的内部空间用于停车和商业旅游服务；地面道

1990年上海外滩改造工程

路也扩展到10条车道,甚至还预留了建绿化带的地方。然后又在苏州河口的乍浦路尽端新建一座挡潮闸桥,桥下暗藏的闸门放下时可以挡潮,桥面上可以行驶车辆。如此既免去了苏州河两岸的改造工程,又创造了乍浦路分流外滩交通的条件。这个方案,防洪、交通、环境一石三鸟,得到倪天增副市长的高度赞赏,该方案经批准后落地,形成了一个外滩综合改造工程,是一项非常成功的市政工程。

"雄关漫道真如铁,而今迈步从头越"

城市基础设施是城市赖以生存与发展的基础,目的在于满足城市的发展和人们对美好生活的向往。因此,为了让基础设施项目发挥长效作用,还必须考虑满足城市可持续发展的需求。

20世纪80年代以来,为营造改革开放的良好环境,保障城市的振兴和腾飞,我们花了很大力气研究落实城市基础设施的规划和建设,也积累了许多宝贵的经验与教训。"雄关漫道真如铁,而今迈步从头越。"回过头来再看看当年的构想与规划,我们可以欣慰地说,当初所有的付出与努力都是值得的!

但是,我们也应当看到,无论是公共投资项目,还是其他重大基建项目,都像大自然中不存在两片完全相同的树叶一样,世界上也不存在两个完全相同的建设项目。任何历史经验和教训,离开时代背景,都只是一个个孤立的案例。

今天,我们在借鉴这些历史经验的时候,必须认真分析当时、当地的客观条件,从实际出发,对这些案例的经验进行符合当前形势的再提炼与再升华。归根结底,人的"主观能动性"才是第一要素。

浦东开发开放：上海迈向21世纪的梦想与光荣

王新奎

1990年，邓小平同志作出了开发开放上海浦东的重大战略决策。我们这一代人深切地感受到，浦东开发开放为迈向21世纪的中国指明了道路和方向，使上海成为一个充满了梦想与光荣的城市。为讲好改革开放故事，传播改革开放精彩，本文由上海市政府参事室原主任王新奎撰文，回忆他亲身参与的几件与浦东开发开放相关的事情，真实地反映上海改革开放艰难曲折、波澜壮阔的历史画卷，凸显中国改革开放的历史

今日外滩

必然性及其普遍而持久的现实意义。

20世纪80年代：一群年轻人自发搞了一个浦东开发研究室

自1845年西方列强在黄浦江畔设立租界以来，中国人第一次有机会从上海这个窗口看到蓝色海洋另一边的现代资本主义工业文明世界，激发起中华民族复兴的紧迫感。于是，上海理所当然地成为几代人冀望实现复兴梦想的地方。中国的近代民族工业和第一批无产阶级产业工人在这里兴起和集结，各种思想和文化思潮在这里汇聚和碰撞。中国共产党在这里诞生，带领中国人民开启中华民族复兴的伟大征程。

近代以来，上海城市发展的空间在哪里？这是任何一位治理上海这个城市的中国政治和经济战略家都避不开的问题。回顾一下就可以发现，历史上曾经提出或实践过的拓展上海城市发展空间的设

昔日外滩

改革开放前的吴淞口

想和方案,基本上都是以原租界城市化核心地区为依托,沿黄浦江两岸展开。最先是沿黄浦江下游拓展的北进方案,国民政府时期以现江湾五角场地区为核心的大上海建设规划是典型代表。然后是沿黄浦江上游拓展的南进方案,1958年"大跃进"时期以现闵行地区为核心的城市工业区拓展规划是又一个典型代表。至于跨过黄浦江的东进方案,因为受过江交通设施建设的技术和成本的限制,长期以来成为一个可望而不可及的目标。在孙中山提出的东方大港建设方略中,甚至提出了把陆家嘴以南的黄浦江上游填为陆地,利用海潮在陆家嘴黄浦江与吴淞江交汇处冲出一个与长江直接相连接的大港的设想,可见近百年来,开发浦东一直是中国人心中挥之不去的梦想。

20世纪80年代中叶,在汪道涵市长的鼓励和支持下,我们一群年轻人自发地集合在黄浦江畔,驰骋幻想,勾画出一幅幅浦东开发

沪东造船厂的大门

开放的蓝图,内心充满着憧憬和激动。

当时由复旦大学陈志龙教授发起,我们借用浦东沪东船厂的办公楼成立了一个浦东开发研究室。那时候,从我家到浦东,早晨六点半先骑自行车到浦西合肥路,把自行车停在人行道上,乘隧道1线,经打浦路隧道到现在的浦南路浦南新村一带。然后,换乘郊区长途汽车,一路颠簸到达沪东船厂,路上大约要花3至4个小时。有好几年,我们这批年轻人常常从四面八方汇合到浦东,讨论浦东开发开放的必要性、可能性、名称及功能定位、浦东与浦西之间的关系,以及浦东开发区规划布局等与上海城市空间扩展相关的问题。会后,每人各自分工去收集世界各类开发区的资料,下一次再进行讨论。在极其艰苦的条件下,一点一点地积累浦东开发的信息与知识。

现在回想起来,当时我们已经开始摆脱单纯为拓展上海城市空间而开发浦东的思维方式,而是从中国改革和开放的新视角去认识浦东开发的必要性，为日后中央做出开发开放上海浦东的战略决策，以及拟订浦东新区建设规划方案，提供了宝贵的前期知识与理论储备。

这里仅举一例。记得在1990年浦东开发办公室成立不久，我们就被召集到长乐路一幢老洋房里（原建工局老干部活动室），墙上挂了一幅从上海警备区借来的大地图，大家一起用图上作业的方法研究浦东开发的空间布局规划。当时我们的建议是：在外高桥借鉴高雄港保税区建立外高桥保税区，在金桥借鉴新加坡裕廊工业区建立金桥出口加工区，在陆家嘴借鉴香港中环建立金融开发区，在张江借鉴台湾新竹和日本筑波建立高新技术开发区。现在回想起来，当年把各种功能性开发区组团式集聚的新区规划思路，是一种通过扩大对外开放推动城市化、符合当时中国国情和经济发展阶段的伟大创新。此后，浦东的这种新区规划思路很快被复制到全国，在很多地方一直延续至今。

20世纪90年代：还是这群年轻人 成立了浦东发展研究院

1990年4月18日，李鹏总理宣布党中央国务院决定开发开放上海浦东。5月3日，上海市人民政府浦东开发办公室和上海浦东开发规划研究设计院挂牌成立。几十年过去了，当年位于浦东大道的浦东文化馆那幢砖瓦结构小楼内人头攒动的盛况犹在眼前。无数曾以羡慕的眼光遥望深圳的青年才俊从上海的各委办、各区县、各高校奔向浦东，汇聚成一股浦东开发开放探索者的洪流，上海浦东开发开放的序幕正式拉开。

1993年，几乎是在浦东新区管委会正式成立的同时，由当时的上海社会科学院副院长姚锡棠发起，我们这群80年代研究浦东开发的年轻人又汇集到浦东，在浦东新区管委会的支持下成立了浦东发展研究院。浦东发展研究院成立不久，我就担任了上海对外贸易学

1997年,从东方明珠电视塔上俯瞰浦东

院的院长。在其后的几年中,除了在学校上班,我几乎每周至少有一天来回奔波于浦东发展研究院、高桥、金桥、陆家嘴和张江之间,研究各开发区的规划和功能定位,参与"土地滚动"开发方案的设计,研究陆家嘴建设规划的遴选,探索外高桥港区合一的改革方案,以及调研开发区园区政企分离的管理体制改革等,忙得不亦乐乎。

大约从1992年起,我开始参与市委市政府的重大课题"迈向21世纪的上海"的研究。这一研究是在浦东开发开放的大背景下,对上海今后很长一段时期内的城市功能进行重新定位。该研究最重要的成果是提出了上海"三、二、一"的产业结构调整和产业发展方

2006年,改造中的上海外滩

针,确定了上海"一龙头、三中心"的城市功能定位。

为了呼应"迈向21世纪的上海"的研究,根据浦东新区管委会的要求,浦东发展研究院同时启动了"迈向21世纪的浦东"的研究项目。专家们第一次提出了把浦东的发展重心从黄浦江沿岸向东海沿岸转移的"大浦东"开发设想。这一设想在90年代中期后逐步被上海市委和市政府采纳,先后在东海边布局了浦东国际机场、漕泾化工区、临港新城和临港产业区以及洋山深水港等重大开发项目。2009年,南汇区正式并入浦东新区,新区的面积从1992年成立之初的569平方公里扩展到1 210平方公里,标志着上海几代人拓展城市发展空间的梦想终于实现。

这里再举一例。21世纪初,我受上海市委市政府的委托,以专家身份参加了国务院专家组对洋山深水港建设方案的论证工作。当时,从中央到各兄弟省市,对上海提出的洋山港建设方案存在着很大的分歧,有很多不同的看法。在专家论证会上,我多次发言指出,建设洋山深水港对国家实施浦东开发开放战略和参与经济全球化进程的重要性、必要性和紧迫性,还为此提交了专题研究报告,成为专家组唯一收到的除技术论证报告以外的战略论证报告。该报告对推动中央各部门支持洋山深水港建设方案起到了一定的作用。这些战略咨询意见的提出,在很大程度上依赖于90年代在浦东发展研究院期间对"大浦东"方案的前期研究成果,因为在研究"大浦东"方案的时候就有专家提出过设想:在东海海域寻找一个岛屿,用跨海大桥与上海陆域连接,以解决上海建设国际贸易中心缺乏深水港条件的问题。

进入21世纪:上海WTO事务咨询中心落户浦东

2000年,在中国加入WTO前夕,上海市委市政府制定了《中国加入WTO上海行动计划》(16条)。其中,第一条就是成立"上海WTO事务咨询中心"。我当时任院长的上海外贸学院曾经是对外经济贸易部的直属院校,早在80年代中期就开始着手研究中国复关

2014年,王新奎在上海参事国是论坛作主题演讲

和入世的问题。因此，市委市政府就让我和王战同志负责中心的筹办工作。当时，浦东新区政府在原浦东管委会旧址为我们提供了办公场所和公务用车，给了筹备工作极大的支持。我从中心成立的第一天起就担任总裁一直至今，转眼18年过去了，当年浦东原管委会那幢新加坡人捐助的钢架结构临时办公楼内人声鼎沸的景象还历历在目。

在上海WTO事务咨询中心成立之初，我们的主要任务是培训公务员、作为上海市政府的WTO事务咨询点接受各国在华投资企业的政策咨询、在反倾销反补贴等贸易救济措施方面为中方涉案企业提供技术性的法律咨询服务。其间，浦东新区政府和中外企业一直是我们的主要服务对象。2005年以后，中心的功能开始转向为中央政府各部门参与全球多边、双边和区域贸易谈判提供技术性支撑的工作，我们一直把浦东新区的政府和企业作为最重要的观察和调研对象。浦东新区政府在贸易和投资管理方面的实践经验，为我国参与全球贸易投资谈判提供了坚实的支撑。

这里也举一例。2008年全球金融危机以后，我们中心的研究团队以浦东新区的跨国公司区域总部和研发中心为样本，对90年代初以来的全球价值链革命对我国的产业影响进行了深入的调研。我们发现，现行的海关贸易统计数据已经很难反映全球价值链革命条件下的国际贸易现状。2010年世博会期间，当时的WTO总干事拉米访问中心，我以浦东新区产业结构为例，与拉米总干事讨论了改革现有海关贸易统计的必要性，得到了他的高度认同。在拉米总干事的推动下，2014年，WTO与OECD（世界经济合作与发展组织）合作研发了全球价值贸易数据库，目前该数据库已成为研究全球价值链的主要统计依据。以此为基础，2014年的APEC北京峰会上，在商务部的支持下，上海WTO中心的专家提出了建设"亚太单一窗口电子口岸"和"APEC21国价值贸易数据库"的倡议。这一倡议得到成员方的支持，被写入"北京宣言"。目前，中国作为项目推进国，中央政府把这两个项目的推进办公室都放在了上海。其中，上海市政府专门成立了"亚太单一窗口电子口岸"建设领导小组，项目办公室设在市口岸办，浦东亿通国际股份有限公司负责项目的开发和协调。"APEC21国价值贸易数据库"项目办公室则设在上海WTO事务咨询中心。这是我们当年在设计浦东开发开放方案的过程中所没有预见到的。

李克强总理当场建议设立"上海自由贸易试验区"

2012年，在当时的韩正市长和商务部陈德铭部长的共同推动下，以上海WTO事务咨询中心为载体，成立了部市共建的"全球贸易投资政策研究咨询中心"。成立该中心的目的是对经济全球化发展的新趋势进行跟踪观察和研究。2013年初，上海WTO事务咨询中心牵头，由复旦大学、交通大学、上海市社会科学院、华东政法大学、上海对外经贸大学、上海图书馆情报研究所的专家组成的研究团队，完成了题为《APEC21国价值贸易数据库》的战略研究报告。

2013年春，李克强总理到浦东外高桥综合保税区进行调研，我在座谈会上就经济全球化发展新趋势及上海的地位和作用问题作了简要发言，并提出了建立"上海自由贸易园区"的设想。就在这次座谈会上，李克强总理提出了设立"上海自由贸易试验区"的设想，这一重大决策标志着上海浦东又一次走到了中国改革开放的前列。

我本人参与了上海自贸试验区的总体方案起草工作，特别是负面清单的设计工作。自贸试验区正式启动以后，我又兼任了上海财经大学上海自贸试验区研究院理事长，并与王战同志共同发起自贸试验区研究机构与上海市政府领导的双月座谈会，继续推进为自贸试验区建设献计献策。特别是在上海自贸试验区扩区以后，我作为

2016年,王新奎在浦东国际机场做"空港贸易便利化"课题调研

上海市政府参事室主任,又组织参事们研究如何改善自贸试验区的营商环境问题,取得了一系列的成果。2015年,我向李克强总理提交了《关于在上海自贸试验区率先实施生物制药行业政府监管体制综合配套模块化改革的建议》的报告。该《建议》得到李克强总理的高度重视,指示由中央编办牵头,召集相关7部委督办落实。经过近2年的努力,最后落实了9项重要的改革措施,其中,生物制药企业实行证照分离管理的改革首先在上海自贸试验区张江片区试点,对促进我国生物制药行业的创新和参与国际竞争产生了深远的影响。2016年,我和金亦民参事牵头,完成了题为"上海空港贸易便利化研究"的课题,为把上海浦东国际机场建设成国际航空货物中转中心提出了决策咨询建议,为此后的上海自由贸易港区建设方案的设计提供了支撑。2017年,为了进一步推进自贸试验区张江生物医药产业的发展,在进行深入调研的基础上,由我牵头,参事室又向国务院有关部门提交了《关于完善我国人类遗传资源管理工作的若干建议》。进入2018年,我们又在研究与自贸试验区张江生物医药产业有

关的微量科学试验用物质进出口便利化的问题。在我的眼睛里，浦东新区就像一个聚宝盆，有取之不尽、用之不竭的改革资源和红利。

我本人1982年从复旦大学研究生毕业便投身于中国改革开放的大潮之中，迄今已经有36年。在我即将正式退休之际，回顾一下近40年来自己做过的与浦东开发开放有关的一点工作，切实体会到浦东是我实现梦想的人生舞台，我深深怀念在浦东这个舞台上度过的激情岁月。

建设上海国际航运中心决策始末

徐匡迪 口述
徐建刚 谢黎萍 杨建勇 采访
刘 捷 张 励 整理

1992年召开的党的十四大明确提出要把上海建成"一个龙头、三个中心"的战略目标,而保障上海的国际经济、金融、贸易中心建设在新形势下持续深入巩固推进,航运中心建设就是一项非常关键的措施。从1992年担任上海市副市长开始,尤其是1995年2月担任上海市市长以后,我在抓好2001年APEC会议举办和2010年中国上海世界博览会申办工作的同时,在市委统一领导下,参与了上海国际航运中心建设,主要是深水港的前期论证工作。在这一过程中,给我印象最深的,一是关于究竟是实施长江口深水航道治理工程还

徐匡迪

是建设洋山深水港的争论,最后还是决定"两条腿走路",两个项目都要上;二是上海港从黄浦江两岸转移到长江口,再到跳出上海真正成为海港的"三步走"设想。

一项刻不容缓的决策

上海建设国际航运中心,是中央作出的一项重大战略决策。为什么这样说?首先,这与上海优越的区位优势有关。上海位于中国南北海岸线的中点,是万里长江的通海咽喉,对内可沿着长江辐射到流域内的九省二市,对外是西太平洋世界海上航路要冲之一,因此自1843年开埠以来便是中国内地与世界各地交流的一个重要口岸。内地的许多货物,如四川的桐油、云南的茶叶等,都可以通过长江集中到上海再销往海外;而洋油、洋棉、面粉、石油等国外运来的商品,也可经由上海转口卖到内陆各个省份。当时纺织工业被称为上海工业的"半壁江山",非常发达。但这些棉纺厂所用原料主要是从境外进口的棉花,织成棉布后一部分在内地销售,一部分出口到香港和东南亚等地。面粉工业也是如此,中国虽然也种植小麦,但由于土壤及气候原因,小麦的蛋白质含量不够高,适合制作炊饼和馒头,要制作面包、蛋糕的话,还是要使用进口面粉。

上海不仅是国内外物资流通的中心,而且是人员交流的中心。由于当时航空和铁路运输还不发达,不仅前往香港、日本乃至欧洲和美洲都需要在上海搭乘远洋轮船,像邓小平等赴法勤工俭学就是从上海搭乘邮轮出发的;连国内交通,无论是到长江沿岸的重庆、武汉、南昌、九江等城市,还是到长三角区域内的许多城市,也主要是坐船前往。我记得当时从上海出差去鞍钢,就是坐船一昼夜到大连,再乘坐火车到鞍山的。上海还是外国在华投资的中心,是我国对外开放的一个重要门户。随着19世纪末外商在中国通商口岸设厂

开埠后的上海外滩

和输入机器合法化，英、美、日等国资本进入上海，开设大批工厂，规模比较大的主要涉及食品、棉纺织、日用轻工业及印刷等行业。

其次是与我国社会主义现代化建设对港口现代化的迫切需求有关。随着时代的发展，航运业自身发生了很大的变化。在港口运输的货物方面，之前我国进口货物中棉花、小麦等占有很大比重，但在我国自己的优质小麦品种广泛推广之后，粮食进口逐步减少；同样，在我国新疆成功引进种植埃及长绒棉品种之后，棉花的进口也大为减少，同时上海对全市纺织工业布局也作出调整，许多工厂搬迁到更靠近棉花产地的河南、陕西乃至新疆等地，从而大大降低了运输成本。在港口运输的手段方面，过去港口货物运输都是由码头工人打包肩扛人挑的，20世纪60年代后开始出现快捷、规范的集装箱运输。在运输船舶的规模方面，实际上过去进出上海港的远洋船舶吨位并不大，多数在1万吨左右，白天从长江口停泊的锚地出发，乘潮从吴淞口进来一直到十六铺，晚上再乘着涨潮驶离。船舶大型化发展趋势使得黄浦江水深不够的问题，成了上海建设国际航运中心的最大制约。此外,铁路和公路交通的发展,尤其是改革开放以来航空业的快速发展,轮船的客运功能在逐渐弱化,客运人数日益减少。新中国成立之前,钱学森、朱光亚等人赴美国留学和归国都是乘坐轮船,现在去美国都是搭乘飞机了。

最后,这与上海推进改革开放的现实需求有关。过去外滩对面的浦东陆家嘴一带都是修船厂、堆货的仓库等,船舶驶入黄浦江后就停靠在那里卸载、维修。随着1990年党中央、国务院作出开发开放浦东的重要决策,地处外滩对岸的浦东开发开放核心区域——陆家嘴金融贸易区的岸线景观与其原有的定位、设施不相符。1992年,我曾带领一个上海市代表团去伦敦考察泰晤士河港口的改造。泰晤士河同我们的黄浦江一样,穿越整个伦敦市区,过去两岸都是一个一个的码头,后来这些码头先后被迁到泰晤士河入海口边上,而原先的码头则被改成高新技术园区,这对我们改造黄浦江岸线很有启发。

更进一步说,上海要建设国际经济、金融、贸易"三个中心",也需要建设国际航运中心来"保驾护航"。对于建设国际经济中心来说,如果没有国际航运中心建设的同步推进,在基础设施支撑结构上就存在一定缺陷,在沟通和连接国内外市场方面也缺少了能够有效吸纳、吞吐的"通道";对于建设国际金融中心来说,如果没有国际航运中心建设的配套,就难以依托广阔舞台,辐射和带动的范围会受到极大的制约和影响;对于建设国际贸易中心来说,建设国际航运中心的意义就更为直接和明显,贸易需要的人流、物流和信息流,更需要依托航运基础来实现。只有国际经济、金融、贸易、航运"四个中心"建设共同推进,上海才能真正被建设成为社会主义现代化国际大都市。

因此,不论是从国家的总体宏观考虑,还是从上海改革开放的现实需求来看,建立一个新型的国际航运中心、一个以集装箱运输为主的大型国际航运枢纽,是刻不容缓的。

1990年的上海浦西外滩俯瞰

"三步走"设想推动上海港从浦江走向深蓝

上海从20世纪90年代初提出要建设国际航运中心时,就有一个设想,这是经过市委、市政府多次务虚会和讨论形成的,即上海港跳出黄浦江的"三步走"设想。什么是"三步走"?

第一步是把装卸港口从当时的十六铺迁移到吴淞口的张华浜。张华浜位于当时的宝山县,当时我们觉得那里虽然离市区很远,但与十六铺相比,却有三大优势:一是岸线水深条件比较好,可以稳定保持在8米以上,而十六铺一带黄浦江的水深一般在3米,涨潮时顶多到6米多;二是腹地比较广阔,货物卸下来后可以堆放的地方比较多;三是交通也比较便利,沪宁线、沪杭线都有货运支线进去,一直可以进到港口内部。通过第一步的迁移,上海港的水深从3米多到8米,可确保5万吨船舶的通行。

第二步是从张华浜到位于长江口的外高桥。这样,上海港的水深从8米进一步达到12米,但搬迁到外高桥后的上海港面临最大的障碍就是长江口还有个"拦门沙"。6 300多公里的长江带下来很多泥沙,到长江口被海水顶推,流速变慢,泥沙凝聚沉降形成"拦门沙",最浅处的水深只有2米左右。

浦东外高桥

这样,连五六千箱的集装箱船也只能乘着涨潮才能进入外高桥。所以,我们第三步是想跳出长江口,在上海附近寻找一个24小时可以装卸的深水港。为什么要24小时装卸呢?因为对于航运业来说,船期是很重要的。在船主和货主看来,在航线基本一致的情况下,当然是船期时间越短越有利。因此,上海港建设的主要创新,就是想跳出黄浦江,建设24小时能够进港、卸货,水深在20米以上的深水港。

当时对于清理"拦门沙"和建设深水港,究竟哪个优先推进的问题上,国家交通部和上海市有着不一样的想法。交通部提出实施长江口深水航道治理工程,希望通过"束水冲沙"的方式,就是在长江入海之前,在两面堆起一个喇叭形的坝,加快水流速度,把"拦门沙"中淤积的泥沙冲走,使长江口主航道的水深达到10至13米,这样不仅打通了长江口,而且可以把长江沿岸的港口搞活。位于南京的河海大学的专家教授们非常支持这一方案,他们还对"束水冲沙"方案作出详细论证,建了很大的数学模型、物理模型。我也去看过,这从理论上来讲是没有问题的,但10至13米的水深只能满足江海联运的需求,因为在长江里航行本来就不需要很大的船只。我记得当时给市委、市政府曾做过一份分析报告,提出进入长江80%的船吃水在12米左右。虽然这一航道治理工程对于上海张华浜、外高桥等港口的发展有着很大的好处,但仍然完成不了上海要建设成为世界一流大港的既定目标。因为在亚洲与上海竞争国际航运中心的大阪、神户、釜山、高雄等港口的水深条件都非常优越,而且我们当时估计,集装箱船还会继续朝着大型化方向发展,尤其是装载6 600标准箱以上的第六代集装箱船要求进港航道和靠泊码头必须要有15米以上水深。因此,市委、市政府认为上海必须拥有自己的深水港。

这场争论大约持续了一年多的时间,双方相持不下。后来,上海市委、市政府通过反复考虑,大家统一了思想,决定"两条腿走路",既支持交通部实施长江口深水航道治理工程,该出钱就出钱,该出人就出人。最后我们与交通部和兄弟省市达成协议,资金主要由交通部负责,上海出一部分,但上海提供的人力支持比较多;同时也开始寻求交通部、水利部和浙江省对上海建设深水港方案的支持。对于这件事情,时任上海市委书记黄菊同志是非常用心的。因为深水港项目是一项事关各方的重大工程,面临许多前所未有的新问题,尤其是与长三角地区其他省市之间关系如何协调。黄菊同志是中共中央政治局委员又是上海市委书记,与浙江省、江苏省之间的联系沟通工作主要由他出面。当时我担任上海市常务副市长,又是第一批工程院院士,因此负责争取国家计委、交通部、水利部等中央相关部门领导和学术界各位专家的支持。交通部部长黄镇东同志和我关系很好,我就向他表态在长江口深水航道治理工程上,你们该要上海出多少钱就出多少钱,争取他对上海深水港方案的支持。水利部老部长钱正英同志既是老革命又是老专家,当年毛泽东主席题词"一定要把淮河修好",钱正英同志作为治淮工程的主要负责人之一,是有功劳的。我向她说明建设深水港对于上海国际航运中心建设的重要意义,介绍上海市委、市政府"两条腿走路"的方针,最终取得了她的支持。

应该说,当时上海市委、市政府确定的"两条腿走路"的方针是非常正确的。因为从20世纪90年代中期到2005年洋山深水港一期工程建成投入使用,中间毕竟还有10年时间,其间经由上海港的货物吞吐量还是在不断增长的。通过实施长江口深水航道治理工程,消除了千百年来长江口"拦门沙"对航运的制约,打造出一条从长江口到南京的430公里12.5米深水航道,5万吨级的海轮可以直达南京,张华浜、外高桥可以进出10万吨级的船舶。于是,我们就在张华浜建了一期二期、在外高桥建了一期二期三期。这一方针既服从了中央的决定、支持了兄弟省市发展,同时又为上海下一步发展做了准备。

物畅其流实现多方互利共赢

建设深水港是上海历届市委、市政府十分牵挂的一件事。早在20世纪80年代中期,陈国栋、胡立教、汪道涵担任上海市领导期间,就已把深水港建设纳入了上海中长期发展战略的重点规划中。

1996年1月,时任国务院总理李鹏在沪主持召开专题会议,提出建设上海国际航运中心的任务,并明确了近期需要抓紧落实组建上海组合港,成立上海航运交易所,开通宁波至美国东海岸国际集装箱班轮航线,推进上海港外高桥港区一期改造和新建二期集装箱码头等一批集装箱码头建设,组织开展上海国际航运中心新港址论

上海吴淞口国际邮轮港

证,继续深化长江口深水航道治理工程可行性研究等6项工作。当年5月,上海市委、市政府决定建立上海国际航运中心上海地区领导小组,下设办公室,以切实推动包括深水港港址论证在内的上海国际航运中心建设各项工作。

那么,上海的深水港究竟选址在哪里呢?最初,上海曾着眼于市域范围之内,提出"北上"宝山罗泾、"东进"外高桥和"南下"杭州湾三个方向,但始终没有找到合适的深水港港址。最后不得不跳出上海市域,选择浙江舟山嵊泗崎岖列岛的大、小洋山作为港址。那里距离上海南汇芦潮港东南约30公里,航道平均水深15米以上,是距离上海最近的天然深水港址。

为了更深入地了解大、小洋山的情况,1998年8月13日,由我带队,一行人专程乘船前往考察。我们在岛上待了一个多小时,还登上山顶俯瞰全岛情况,山虽然并不高,只有六七十米,但那时正是三伏天,天很热,大家的衬衫都湿透了。不过大、小洋山距离上海很近,能够收看到上海电视台的节目,当地的居民们对上海的领导都很熟悉。我们在岛上受到当地百姓的"夹道欢迎",他们欢迎客人的最高礼仪是用淡水请你擦脸,因为岛上淡水非常宝贵,贵客来了,就会在门口放一脸盆淡水和一条新毛巾,用新毛巾蘸着淡水请你擦把脸,从中可以看出当地居民对上海在洋山建设深水港的支持。

然而,各方围绕洋山深水港建设仍然存在一定的争论,导致港区建设实际上处于停滞状态。随着周边国家和地区对于东北亚航运中心的竞争日益激烈,中央主要领导认识到,上海能否建成东北亚航运中心已不仅仅是个经济问题,还是个重大的政治问题,洋山深水港区建设的争论再拖下去,上海、江苏、浙江和国家都会受到影响,因此专门作出批示。

为落实批示要求,2001年1月30日,时任国务院副总理吴邦国同志在上海西郊宾馆召开了一次会议,交通部和上海、浙江的相关领导都参加了。在会议召开之前,吴邦国同志会同国家发展计划委员会主任曾培炎、国家经贸委员会主任盛华仁、交通部部长黄镇东、国务院副秘书长尤权、国家发展计划委员会副主任张国宝、交通部副部长翁孟勇,在上海市委书记黄菊、浙江省副省长卢文舸和我的陪同下,顶着风浪,从芦潮港乘船前往大、小洋山进行实地考察。出于天气和安全因素考虑,我们没有登上小洋山山顶,只是绕着小洋山看了看,并乘船察看了大洋山岛,再回到西郊宾馆开会。这次会议决定了三件事情:第一,建设洋山深水港是必要的、紧迫的;第二,建设洋山深水港技术上是可行的、立得住脚的;第三,长江口深水航道治理、北仑港和洋山港三者之间的关系要处理好。航道问题是交通部提出来的,大、小洋山原来只是个渔港,只有小型的渔船进出,大型的轮船是不经过的,因而这里也没有航道。没有航道就等于陆上道路没有路标,船只开进去非常危险,船东也不愿意往这里走。会上明确,在交通部牵头下上海、宁波参加,要在洋山港开辟航道。

这次会议后,在党中央、国务院领导的直接关心下,2002年3月,国家正式批准了洋山深水港区建设的工程可行性报告,随后洋山深水港工程建设正式启动。由于我已于2001年12月调北京,担任中国工程院党组书记,洋山深水港施工这个阶段具体工作,主要是由当时的上海市副市长韩正同志、市政府副秘书长杨雄同志和曾任建委主任吴祥明同志在负责。

在建设过程中,上海始终坚持一条重要原则,就是黄菊同志所强调的,上海建设洋山深水港,要的是"物畅其流",是要解决上海港的吞吐问题,不是为了要赚钱。那个年代,大家的关注点还放在怎样实现GDP的增长、怎样增加税收上。但上海已经清醒地认识到,一个地区的发展不能只关注GDP和税收,而要实现更高质量的发展。尽管当时还没有提出科技创新,上海已经看到,经济效益的产生,要靠汽车、通信、医药制造等新兴产业的发展,要靠宝钢、金山石化这样大型实体经济企业的发展。通过投资洋山深水港建设,解决束缚上海港吞吐量增长的瓶颈问题,就能带动现代化产业的发展,从而产生更好的经济效益,这些经济效益肯定比建一个码头多得多。因此,上海无论在洋山深水港的建设上,还是在清理"拦门沙"的问题上,都摆出了"高姿态"。在洋山深水港的建设过程中,明确洋山的行政隶属关系仍归属浙江不变,但出于港口管理便利的考虑,港口的管辖权归属上海;土地施工由上海来,资金也由上海出,洋山的土地租金和产生的税收归浙江,所有领航费的收入也归浙江,并且原岛上的居民搬迁安置由居民自由选择,愿意迁往上海落户的由上海市负责安置。同时,将洋山港的集装箱运往上海,需要建设一座长达30公里以上的东海大桥,这需要巨额的投资。谁来出资?市委、市政府决定由上海市全额承担建设东海大桥的费用。为避免增加洋山港集装箱的运输成本和影响国际集装箱在此集散的积极性,上海市

2003年，建设中的洋山港

再次作出有战略眼光的决定，经过东海大桥的集装箱卡车不收过桥费，桥梁的建设费用由综合效益来还。可以说，浙江省和上海市在洋山深水港建设上是共建共享的，浙江省表现了大局观念，同时上海市也做出了"高姿态"。

2005年12月10日，上海国际航运中心洋山深水港区一期工程开港，当年整个上海港集装箱吞吐量是1 800万标准箱，位列世界第三。到2007年，达到2 600万标准箱，首次超过香港跃居全球第二。2018年上海港集装箱吞吐量超过4 200万标准箱，自2010年以来连续九年稳居世界第一。

上海港的快速发展与中国尚处于发展中国家的发展阶段有着密切的关系。作为新兴发展中国家，中国无论是经济的发展，还是基础设施的完善，都要进口不少机械装备以及石油、天然气、矿石等原料，同时出口包括钢铁、汽车板、铝材、玻璃、轻工业品在内的各类商品，这些都需要依靠集装箱运输。可以说，上海深水港的建设，既满足了国内外的需要，同时也达到了多方共赢的效果。

今日洋山港

当然，上海能有今天，必须要依托长三角，依托长江流域乃至全国的发展。所以，我在担任上海市市长后第一次接受上海电视台的采访时，记者问我想对市民讲的第一句话是什么，我说，上海是全国的上海，是全国人民建设出来的上海。在这里特别需要强调的是，上海建设国际航运中心，最重要的是靠中央的支持、兄弟省市的支持。

砥砺
前行

闵行卫星城的故事
——兼叙闵行饭店的珍闻趣事

骆贡祺

1958年1月和11月,国务院先后批准将江苏省松江专区包括松江、上海、青浦、嘉定、川沙、南汇、奉贤、金山、宝山、崇明十个县划给上海市。随即,上海市委和市政府宣布在当时还是上海县闵行镇的西北面建设"闵行卫星城",与正在热火朝天建设中的我国第一个发电设备工业制造基地及闵行机电工业区相配套。

刘少奇提议:一号路旁改种香樟树

闵行卫星城东起沪闵路,西至竹港河,南起华坪路,北至鹤庆路,占地2.1平方公里。一期工程于1959年4月3日破土动工。到9月底,东段南北两侧建成四、五层楼房31幢,共7.29万平方米,其中6幢底层为商店。同时竣工的还有包括闵行饭店在内的公共设施10项,建筑面积1.49万平方米。

1961年1月,二期工程向西延伸,至同年7月,建成了一号路(后改名江川路)从十二号路(后改名兰坪路)至十号路(后改名瑞丽路)段东西两侧住宅1.75万平方米,单身职工宿舍3幢,建筑面积1.18万平方米,公共建筑配套面积4976平方米。至此,"闵行卫星城"建成。其中一期工程一号路从沪闵路至十二号路段建设,仅用了78天时间。也就是在一期工程建成的当天——1959年9月28日，市政府在刚落成的闵行饭店举行外国驻沪领事和中外记者新闻发布会。当市政府副秘书长张甦平宣布"闵行卫星城一期工程仅用78天时间建成"时，会场上响起了热烈的掌声和惊叹声。尤其是一些外国驻沪领事，他们在三个月前曾经到闵行红园观摩闵行卫星城建设模型时，这里还是一片农田，想不到三个月后旧地重游，却万丈高楼平地起，大家无不啧啧赞叹。当时，党和国家领导人非常关心闵行卫星城镇的建设，尤其是刘少奇同志，在上海视察时专门询问闵行卫星城建设情况。

1959年12月的一天，刘少奇视察刚建成的闵行卫星城（一期工程）。他先到刚竣工开张的闵行饭店，他边看边称赞："这饭店造得很好嘛！"并勉励饭店经理胡铨"要做好接待外宾的工作"。接着，他

1958年，刘少奇视察设在闵行的上海电机制造学校

闵行区一号路（现江川路）

视察了闵行一条街（当时路名叫"一号路"，现名江川路）。他说："这是一条社会主义商业大街，造得很有气派！"但同时又对陪同的陈丕显指出两点美中不足的地方：一是街上的路灯电线应埋在地下；二是街道两旁的行道树种的是钻天杨，这种树冬季落叶，夏天又会孳生虫害，应改种四季常青的香樟树。

刘少奇关心闵行卫星城建设，同时也关心闵行人民群众的生活。这天下午，他在上海汽轮机厂会议室，听取闵行几家大厂党政领导的汇报。上海汽轮机厂党委书记龙跃讲到厂里男青年多，找不到对象，因为闵行都是重工业工厂，女青年少。龙跃还说："由于闵行文化设施少，业余活动比较枯燥，所以一到周末或节假日，员工都往市区跑。"刘少奇听了，立刻指出："作为社会主义的卫星城，不应该单纯发展重工业，而是应该各种行业齐全。"他指示陈丕显："是否可以加点纺织业和食品工业。还要有做衣服、做帽子的，缺一不可，各行

闵行饭店

各业要搭配。"他还要求领导干部注意：凡是服务性质的部门，可以多招收女青年，使职工男女比例平衡。在刘少奇同志的关心下，闵行的服务性行业得到了迅速发展，招收了大批女青年，缓解了男青年找不到对象的困难，并建造了堪称当时全市最好的影剧院——闵行剧院。

周总理两次陪同外宾参观闵行

闵行卫星城曾经有过多个"第一"——新中国的第一个卫星城、世界城市建设速度最快的城市、新中国第一个"街中有坊，坊中有街"设施完善的城市、上海工人住宅中最舒适漂亮的新村、上海最宽阔平坦的林荫大道——一号路、上海郊区通向市区的第一条6车道（有的路段8车道）高等级公路、上海绿化率最高的地区、中国唯一一条以行道树香樟命名的"中华香樟街"、上海解放后建造的第一座花园式饭店——闵行饭店。

有了这样多的"第一",自然引起了中外人士和新闻媒体的关注,以至沪闵路上车水马龙,参观者络绎不绝。作为涉外饭店的闵行饭店曾经接待过数不清的贵宾,其中包括中央领导和外国元首及各界人士。而在接待中所发生的故事,足以佐证昔日闵行卫星城的辉煌。

当时正值党中央在上海锦江饭店召开工作会议,许多中央领导先后来到闵行卫星城视察。闵行饭店第一任经理胡铨说:"那时是我接待中央领导最多的一段辰光,光是元帅就有朱德、贺龙、陈毅、罗荣桓、聂荣臻、刘伯承,还有罗瑞卿大将和李克农上将及副总理谭震林、李富春等。这些曾经率领千军万马的元帅和将军,平易近人,和颜悦色地向我问长问短。当他们在闵行饭店屋顶鸟瞰闵行卫星城景象时,无不啧啧赞叹。"陈毅元帅是新中国第一任上海市长。他用"士别三日,刮目相看"的成语,称赞闵行的巨变。时任公安部长的罗瑞卿还问胡铨原来是做什么工作的,当胡铨回答原先是在闸北公安分局工作时,罗部长立刻高兴地说:"很好!做过公安工作的保卫意识强。"然后,拍拍胡铨的肩膀鼓励说:"小伙子,好好干,你的担子很重哎!"

胡铨说,周总理是我国领导人中最忙碌的人,但他接待过周总理两次。一次是周总理陪几内亚塞古·杜尔总统,另一次是他陪加纳总统恩克奴玛。这两次,总理陪同两位总统参观闵行卫星城时,还特地走进了闵行百货公司和幸福妇女儿童用品商店。

饭店员工义护24幅国画

闵行饭店有三样宝贝:一是上海中国画院大师们赠送的24幅国画珍品;二是郭沫若《游闵行诗》墨宝;三是上海工艺美术大师们创作的《闵行卫星城落成图》大型黄杨木雕。这三样宝贝,可以说是闵行饭店的"镇店之宝"。

这"三宝"是怎样得来的呢?

先说24幅国画。1959年11月初,上海中国画院唐云、张大壮、江寒汀、叶露渊、俞子才、孙雪泥、陈佩秋、孙祖白、唐大石等著名国画家来闵行卫星城体验生活,住进了当时环境设施堪称一流的闵行饭店,生活上得到饭店悉心的照顾。画家们在闵行饭店住了20多天,共创作26幅国画,其中一幅赠送给市政府张甦平副秘书长,一幅赠送给上海汽轮机厂厂长王佐群,其余24幅赠送给了闵行饭店作环境布置。

几十年来,这24幅国画历尽沧桑。一任任饭店经理和一代代职工,像爱护自己的生命一样,把这24幅国画珍品保护下来。"文革"期间,造反派要把这批国画当作"四旧"销毁,饭店领导冒着风险,把这批国画以5元钱一幅卖给员工收藏,才使这批珍品逃过一劫。难能可贵的是,十年动乱后,这些员工又将这些画以原价还给了饭店,一幅都没少。

俗话说"树大招风",这24幅名画悬挂在客厅里,引起了歹徒的贼心。窃贼偷了两幅唐云先生的作品,误以为是明朝画家唐寅的真迹,想卖个好价钱,结果自投罗网,被公安局逮个正着。

这24幅国画,幅幅都是珍品。如江寒汀、张大壮、叶露渊、孙祖白、孙雪泥、唐云合作的《鸭趣图》,取北宋大诗人苏轼的名句"春江水暖鸭先知"之意境,寓意深刻,象征着新中国社会主义建设高潮已经到来。多年来,曾有许多单位和个人想方设法来闵行饭店,交涉转让或高价收购这批国画,但都被一一回绝。

郭沫若留在闵行的五幅墨宝

关于郭沫若《游闵行诗》这幅墨宝,说来话长。那是1961年10

月29日下午，闵行饭店经理胡铨接到市交际处打来的电话，说第二天上午10时，全国人大常委会副委员长郭沫若将莅临闵行参观卫星城。胡铨年轻脑子灵，马上想到郭沫若是大诗人又是著名书法家，在请示王范区长同意后，迅速派人到南京路朵云轩买来文房四宝，提前做好准备。

第二天上午10时许，一辆银灰色轿车缓缓驶进闵行饭店，见郭老偕夫人于立群、两个孩子和一位随从人员走下车来，满头白发的王范区长和闵行饭店经理胡铨立刻迎上前去。

郭老一行先到与饭店一路之隔的东风二村参观，访问了上海汽轮机厂职工刘林翠、缪瑞甫两家，了解他们的生活和工作情况，及孩子们上学读书的表现。当郭老看到普通工人家庭住着这样宽敞、舒适的花园式公房，不禁连声叫好。返回闵行饭店后，郭老一行登上饭店屋顶平台鸟瞰闵行全景。是日天高气爽，但见一幢幢红瓦尖顶的多层住宅，星罗棋布地分布在闵行卫星城一号路商业街（江川路）两边的绿荫丛中，放眼望去，那高耸入云的烟囱和鳞次栉比的厂房，饶有气势地屹立在黄浦江边。这时，郭老诗兴勃发，当即吟出一首七言律诗："不到闵行廿四年，重来开辟出新天。万家居舍联霄汉，四野工厂冒远烟。蟹饱鱼肥红米熟，日高风定白云绵。谁能不信工程速，跃进红旗在眼前。"郭老赋诗后，对陪同人员说，他早先到过闵行——那是1937年，他从日本潜回上海，在闵行从黄浦江摆渡到沪杭公路，尔后辗转内地参加抗日战争，所以对闵行印象很深。他又说："闵行这个地方，自古就是军事要地，早在明朝洪武年间，在这里就设立'闵港黄浦巡司'了。但24年前我经过这里时，还是黄浦江上游的一个古镇，想不到如今起了翻天覆地的变化！"

这天闵行饭店招待郭老一行的午餐，菜肴有大闸蟹、青鱼划水等，郭老边吃边打趣地对饭店经理胡铨说："哎，我刚在吟咏'蟹饱鱼肥红米熟'，你倒真的给我吃蟹和鱼了！"引得全桌人哄堂大笑。

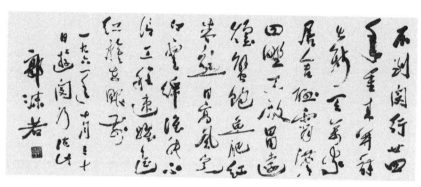

1961年郭沫若在闵行饭店书写《游闵行》赠予闵行饭店

午饭后郭老休息片刻,见客厅的长桌上已准备好文房四宝,墨也磨好了,郭老点头微笑着走上前去,挥毫书写了上午在观看闵行卫星城时吟咏的诗作,书赠闵行饭店。这时,他的夫人于立群取出笔记本,记下了这首诗,后来收入了《郭沫若诗集》中,诗的题目为《游闵行诗》。

这天郭老兴致很浓,还挥毫连写了四幅墨宝,赠闵行饭店经理胡铨的一幅是他上个月刚创作的《过西陵峡》:"秭归胜迹溯源长,峡入西陵气混茫。屈子衣冠犹有冢,明妃脂粉尚流香。兵书宝剑存形似,马肺牛肝说寇狂。三斗坪前今日过,它年水坝起高墙。"郭老还将自己所作的《看〈孙悟空三打白骨精〉》诗作书赠闵行区长王范。

郭老十分欣赏毛主席的诗词,他书赠闵行区委的一幅书法作品是毛主席的《沁园春·雪》。写就四幅字后,他意犹未尽,风趣地说:"砚台里还有点墨汁不能浪费。"于是又写了"实事求是"四个大字,赠给闵行区人民委员会。

这天,郭老随身没有带图章,便叫胡铨经理派人将写好的五幅书法作品拿到他住的锦江饭店补盖图章。

1963年秋天,郭沫若到上海视察时,又一次来到闵行饭店。时任经理的张超对郭老说:"您书赠给我们饭店的墨宝,早已裱褙好悬挂在客厅了。"郭老看了非常满意。

3元钱买下黄杨木浮雕

闵行饭店的第三件宝贝黄杨木浮雕《闵行卫星城落成图》,得来颇具戏剧性。1964年春,闵行饭店经理张超接到上海工艺美术公司陈经理的电话,说是有一件大型黄杨木浮雕《闵行卫星城落成图》,系当年闵行卫星城建成时由多位工艺美术家合作雕刻而成,放在工艺美术商店卖不出去。所以,他想来想去,这件艺术品的最好归宿是卖给闵行饭店。张超一听,连声回答说,买不起。陈经理连忙在电话里解释说:"不是想卖多少钱,而是寻个最好的归宿,反正都是国有企业,钱多钱少都是同一只袋袋,随便你们付几块钱意思意思,我也好销这笔账。"张超听了,在电话里开玩笑说:"侬3块钱卖哦?"想不到陈经理竟然满口答应。张超听后还不相信,以为陈经理是在开玩笑。当他赶到工艺美术公司,陈经理还是重复这句话:"不是想卖多少钱,而是为它找个最好的归宿,我们也好销掉这笔账。"张超大喜过望,立刻成交并雇车运回了这件珍品。在当时,3元钱相当于一斤大闸蟹的价钱。而这件长276厘米、宽83厘米的栩栩如生的《闵行卫星城落成图》大型黄杨木雕,现在却成了闵行饭店的无价之宝。

黄杨木浮雕《闵行卫星城落成图》

董必武："我是一名普通公务员，用不着特殊接待"

张超从1962年3月接任经理到1982年底调离，是闵行饭店任职时间最长和接待贵宾最多的一位经理。他说，当时闵行区政府的接待办公室就设在闵行饭店，所以他有幸见到了许多党和国家领导人、各界名人和外国来宾。他深情地回忆说："在接待过的中央首长中，印象最深的是董老（董必武）。记得1963年5月的一天下午，有位蓄着山羊胡子的老人轻车简从地来到饭店。他与随行人员在客厅坐定后，和颜悦色地说是从北京来的，看了万吨水压机，再到闵行卫星城看看。我见他和随行人员都不讲自己的姓名职务，也就不便问，只是向他们简要介绍了闵行卫星城的情况。当我问他们是否要到饭店屋顶看看卫星城的全貌时，这位长者摇摇手说：'不用麻烦了，我们只是在这里歇一会，马上就走。'当我送走了这位老人后，才猛然想起，他不是董老吗？再想说什么已经晚了。"

1964年夏天，董老陪同埃塞俄比亚元首塞拉西皇帝参观闵行卫星城，再次光临闵行饭店时，张超一见到董老就立刻道歉说："去年您光临我们饭店时，我失礼了。"董老慈祥地微笑着说："你招待得很好嘛。"然后意味深长地说："我是一名普通的公务员，用不着特殊接待。"这时，在一旁的王光美笑呵呵地插话说："董老德高望重，是我们晚辈学习的楷模！"

1963年5月初的一天，闵行饭店会客厅里发生了一个激动人心的场面——时任最高人民检察院检察长的张鼎丞与中共闵行区委书记张振华相见时，两人热烈拥抱，喜极而泣。原来，他俩抗战时曾在一起浴血奋战，张鼎丞是司令员，张振华是团长。虽然是上下级关系，但两人亲如兄弟，由于戎马倥偬，天各一方，离别多年。这次，张鼎丞到上海视察工作，顺便到闵行卫星城参观，无意中发现分别多年的战友张振华在此当区委书记。于是,他急不可待地对张超说:"赶快把你们区委书记张振华请来!"之后,就发生了那动人的一幕。

范文同:"想吃中国腐乳"

张超说,虽说往事如烟,但许多名人参观闵行卫星城时在闵行饭店留下的印象,至今还历历在目。1963年初夏,时任中共华北局第三书记的李立三偕妻子、儿女在参观闵行卫星城后,来到饭店要自己详细介绍闵行卫星城建设的始末。他的夫人是外国人,不懂中文,他一边记,一边翻译给他妻子听。同时,他叫儿子"毛毛"和两个年幼的女儿也好好听着。听完我的介绍后,他们登上饭店屋顶鸟瞰闵行卫星城全景时,李立三由衷地感叹:"确实了不起!"

1963年6月,李先念副总理陪越南总理范文同参观闵行卫星城,在闵行饭店吃午餐时,范文同提出"想吃中国腐乳"。张超立刻到一号路商业街庆丰食品店,买来三瓶上海"鼎丰"牌腐乳(奉贤南桥镇鼎丰酿造厂生产),一瓶端上餐桌供范文同总理品尝,范总理吃得

闵行饭店历任总经理与本文作者合影

津津有味。张超回忆说,当他把其余两瓶腐乳当礼物赠送给范文同时,范文同握着他的手用汉语说:"十分感谢!"

闵行饭店建店五十多年来,一直秉承和发扬饭店的优良传统,在经营管理和文明建设中走在前列,多次被评为区、市先进,已连续获得六届(12年)"上海市文明单位"称号。闵行饭店还被上海市国资委评为"创先进党组织,争当优秀共产党员活动先进基层党支部"。现任总经理刘关明说:"闵行饭店自1962年归口上海饮食服务公司后,开拓了多渠道经营,历经多年的锤炼,现已成为锦江国际集团旗下的一家具有现代风貌的星级饭店。"集团董事长、党委书记俞敏亮说:"闵行饭店是新中国成立后上海建造的第一家花园式饭店,规模虽然不是很大,但效益一直很好,在地区很有影响力。"

崇明岛千年大开发

瀛洲居

21世纪崇明岛大开发，是上海继浦东开发之后的又一个经济发展热点，她独特的地理位置和良好的投资环境，已引起全世界的关注。其实，早在一千多年前崇明岛聚沙成岛之后，就有一批又一批敢于吃"蟹"的移民登岛开发，尤其是上海解放以后，各行各业数以百万计的职工、街道社会青年、知识青年等参加的崇明围垦，向荒滩要粮，更是艰苦卓绝，气贯长虹……

1 300年前，6姓渔民樵夫最先登岛辟草垦荒

浩荡奔腾的万里长江，孕育了祖国第三大岛崇明。

夹带着大量泥沙的长江水，自青海曲折流经西藏、四川、湖北、湖南、江西、安徽、江苏、上海，奔入东海。就在临近喇叭口状的入海处，江面骤然开阔，水势突然平缓，泥沙下沉，日积月累，渐次积起了一个又一个水下暗沙洲。

星移斗转，至唐高祖武德年间（618至626），长江口水下的暗沙洲中，有两个涨出了水面。一个在东，名为东沙；一个在西，名曰西沙。两沙相隔70余里，这便是崇明岛的发源地。

随着时间的推移，东、西沙地形渐高，面积渐广，到了武则天

万岁通天元年（696），技高胆大的黄、顾、施、陆、董、宋六姓渔民、樵夫驾舟登岛，白手起家营建自己的栖身处。这些崇明人的第一代祖先伐树木为梁，割芦苇为墙，刈草为顶，搭起了挡风避雨的简易住所，继而辟草垦荒，结网捕鱼，崇明岛始有房舍、农田和渔场。

经过200多年，东、西两沙人丁增多，田舍渐广，引起了州郡长官的重视。唐哀帝天佑四年（907），朝廷下令在西沙设置行政机构崇明镇，"崇明"之名即始于此。

宋仁宗天圣三年（1025），东沙北边又露出一个新的沙洲，有姚、刘两姓捷足先登垦土居住，史称姚刘沙。宋徽宗靖国元年（1101），姚刘沙西北50里处，又一个沙洲出水，因经三次迭涨而成，又因由句容的朱、陈、张三姓首先移住此沙，所以人称三沙。

早期的崇明岛，以其得天独厚的地理优势，丰富的渔、盐资源，而颇受达官显贵、商贾贤良的重视，就连南宋王朝的显贵清河郡王张俊、平原郡王韩侂胄等，也在岛上开垦荒地，建造庄园。宋宁宗嘉定十五年（1222），在三沙设天赐盐场，隶属通州府（今南通市），由官府掌管崇明的食盐开发。

元朝建立，横州知州薛文虎以钦差大臣身份巡视崇明。他以崇明属江海重镇、边防要塞，奏请升格为州。元世祖准奏，至元十四年（1277）降旨置崇明州，隶属扬州路，任命薛文虎为崇明知州。

明洪武二年（1369），崇明改州为县，之后一直以县为建制，相沿至今。

宋明以来，崇明盐业、渔业、航运业已呈兴旺景象

自从有6姓人家成为崇明的先祖后，1 000余年来，来自常熟、嘉定、宝山、江阴、句容、通州、海门等地的大批移民陆续登上崇明岛，掀起了一轮又一轮的开发热潮。南宋设天赐盐场后，官府从

浙江、青浦、江湾组织盐民，来崇明专事煮盐。明清两代，农、盐、渔、航运诸业已成为崇明经济的支柱。

崇明东临大海，是个天然盐场，居民都煮盐自给。后官府设置盐场，派定盐田盐灶盐课，允许居民自给而外，可交盐场收购，销往靖江等地。明朝万历二十九年（1601），又许居民直接自卖食盐补偿课税，限一个运途肩挑62斤8两。煮盐增加了朝廷课税，于岛民又有利可图，故而几乎家家都有盐田，而盐灶更是星罗棋布，那雪白的生盐熟盐堆积如山，宛若厚厚积雪。崇明八景中的"蓰场积雪"，就生动反映了崇明早期开发时盐业的兴旺景象。

崇明在江海会合处，故渔产丰富，最早上岛栖身的便是渔民。他们以各种工具捕捞江海鱼虾，崇明八景中"渔艇迎潮"的壮观景象，正是崇明先民开发渔业的生动写照。凤尾鱼、黄花鱼、刀鱼、银鱼、鲫鱼、鲟鱼等20余种水中珍品，至今仍是人们喜爱的盘中美味。

崇明岛四面环水，为了与外界交通贸易，先民们首先发展航运业。经过多少代崇明人的努力，终于研制出了适应性强、用途广的我国古代四大船型之一的崇明沙船，以其出自崇明沙而得名。

崇明沙船船身扁浅宽大，底平，首尾俱方，重心低，船面建筑少，可减少受风面积，使航行平稳，又因吃水浅而不畏暗沙，即使搁浅也不易倾覆或损坏。它的另一个特点是多桅多帆、风帆高大，能充分利用风力来提高航速。故而崇明沙船风行于元明清三朝。其间，崇明人朱清就是驾驶着崇明沙船，成功地开辟了北洋航线，开创了海运漕粮。

鸦片开衅之后，李凤苞诸先贤
兴洋务办教育，洋学堂遍布岛上

清末民初，崇明岛进行了又一轮开发。

1840年鸦片战争,国门洞开,朝野上下兴办洋务,引进了西方先进科学技术。崇明与得风气之先的上海只半江之隔,自然受到影响。经由一批放眼看世界的崇明籍朝野人士的传播与倡导,崇明岛也跨入了前进的历史洪流之中,其中首推清朝外交大臣李凤苞。

李凤苞是崇明城桥镇人,精通外语,曾任江南制造局编译,得以广览西书,了解西方的社会与自然科学。光绪三年(1877),

五国公使李凤苞塑像

奉派率船政留学生赴英、法学习,次年任驻德国公使,后又兼任奥地利、意大利、荷兰、法国公使。他久住海外,熟悉洋务,不料为权臣妒忌陷害,免官还乡。于是他从事著述,将所写之《使德日记》及译作《海战新义》《陆操新义》《行海要术》等西方科技向国内及家乡父老介绍,引起同道乡贤们的强烈兴趣。其《使德日记》一书,在20世纪80年代被编入《走向世界丛书》。这一时期的崇明开发,首先是学习西方的教育模式。清政府诏令全国设立学校是在光绪三十一年(1905),而崇明在此前三年,就已经开风气之先,有了王清治等贤达在县城同仁堂仁园创办了崇实公学(小学),这是崇明近代教育之始。继而乐群公学、义务学堂等如雨后春笋纷纷设立,至宣统二年(1910)的七八年间,全县已有私立公立小学89所。教学课程也引入了西学的内容。

光绪三十年(1904),留学日本宏文书范的林友兰回到崇明,首创师范传习所于城内,培养出一批适应学堂教育的新型教师。

辛亥革命后,崇明的教育迅速发展,至1920年已有小学195所,并相继创办了中学、农校、商校。不久,旨在打破千年陋俗、体现男女平等的尚志女小学,由徐应田和崇明妇女解放运动先驱施淑懿创办。敦行、闺训、启明等女子中学亦相继开办。

清末民初,崇明已建客运、电信、电气等新产业,小布已出口

近代以来,崇明人往上海谋生者渐多,沙船已不能适应客货运的要求。光绪二十二年(1896)西洋轮船"海珠"号首航成功,开辟了上海与崇明间的客轮航线,继而又有"新长和""瑞昌"号投入营运。光绪三十三年(1907),热心桑梓建设的清廷商部右丞、江苏省商办铁路公司总理王清穆,领衔集资创办崇明轮船公司,购置载重200余吨的"朝阳"轮,行驶于沪崇之间。以后又有崇明交通轮船公司、崇明永裕轮船公司,加入崇沪线客运。

近代崇明的电信,也发肇于清末。光绪二十一年(1895),崇明与吴淞间敷设了江底电缆,始通电报。光绪三十一年(1905)在县城孙家楼设无线电局。

旧有"无崇不成台"之说,反映了崇明早期从事电信工作的人员众多以及电信事业发达的情况。其间,还出了个名扬遐迩的电信专家陶胜百。他创建了中华无线电研究社,成功改装了全国第一台短波机,并在上海创办了中华无线电厂,为崇明同乡、肇兴轮船公司总船长陈干青属下的大小轮船安装了无线电通信设备,使中国航运界跟上了现代通信的世界潮流。陶胜百还创设了中华无线电夜校,培养了近200名无线电专业人才,其中绝大多数是崇明籍人,他们遍布全国各地,为我国的无线电通信事业做出了重要贡献。

光绪二十七年(1901),县城内县前街始设邮政所,光绪三十三

年（1907）升为邮政局，桥镇、庙镇、新开河、堡镇等主要集镇则设立了邮政所。

随着崇明由闭塞到开放，对外交通交流的拓展，"出口"贸易增加了，尤以小布这一遍及全县农村的家庭手工业品见长。

岛上农家差不多家家自备织布机，不论老少女子，都会织布。崇明八景中的"玉宇机声"图上，茅屋数间，环以疏篱，星空明月，银光普洒，透过门窗，可见村妇灯下夜织忙。题图诗云："碧空如洗瀛江城，静夜遥传机杼声。篱落人家织妇娴，户户抛梭伴月明。"

那心灵手巧的千万崇明织女，一梭复一梭，累寸累尺累丈成匹，不论是挥汗如雨的三伏盛夏，还是冰冻雪飘的数九严冬，织布声夜夜鸣响。"上机忘漏滴，弄杼杂鸡鸣"，为赶紧完机落布，几多织女直织到五更鸡啼，一清早又都匆匆赶去就近布庄卖小布。小布一业，成了全县"生计命脉"。

大通、富安纱厂相继开办后，洋纱多了起来，织洋纱布"出口"，成了千门万户织女的新行当。崇明小布以门幅大小分两种，一

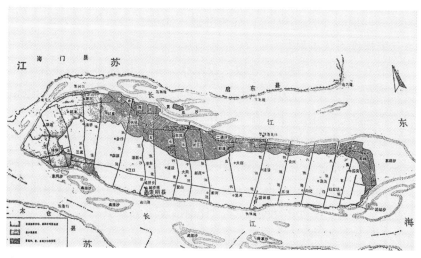

崇明县围垦示意图

种阔一尺,4丈为匹;另一种阔一尺八寸,8丈为匹。它虽是在土布机上织成,却都紧密平滑,柔软坚牢,又花色品种繁多,有格子布、芦菲花布、柳条布、蚂蚁布,可与洋布媲美,故而声誉日隆,销往福建、浙江、江苏、山东、河北、辽宁,还曾一度远销南洋群岛各埠,成为崇明历史上第一个名副其实的外销产品。

20世纪六七十年代,崇明围垦,数百里滩涂变良田

新中国成立后,崇明有了新的发展。1958年12月,崇明划归上海市,人们高兴地奔走相告,期盼着崇明岛新一轮开发。

果然,1960年,中共上海市委、市政府发出了"变崇明芦滩、草滩为城市副食品供应基地"的号召,成立围垦指挥部,开始了在崇明岛围海造田的壮举。崇明岛新一轮大开发开始了!

历史上,崇明的沙洲有涨有坍,此坍彼涨,涨坍不定。1949年后,全岛军民修筑江堤,兴建海塘,保障了人民生活与生命财产的

上海市区职工参加围垦热火朝天

1970年冬，崇明县3 000多名社员在新建农场围堤造田

安全，又控制了坍势，最终确保有涨无坍。这与日俱增的大片淤涨的滩涂，成了可围垦的处女地。

从1960年9月起，上海由各级干部、青年学生、工人、店员等组成的围垦大军浩浩荡荡地开进了崇明岛。

围垦生活极其艰苦，他们住的是用芦苇搭起的环洞舍，睡的是芦苇垫底的地铺。吃得差，干活累。虽然夏天酷热不围垦，但是秋日里蚊叮虫咬，冬日里风寒刺骨，在这种令人难熬环境之下，战士们依然热情高涨，干得热火朝天，垒起一道道高高的挡水长堤。

黄浦区的工人、店员、吴淞区的钢铁工人以及高校部分师生共10 000多人组成的围垦队，在崇明新安沙安营扎寨，经4个月奋战，于1961年1月间筑堤13公里，围地24 000亩，建起了黄浦、吴淞、高教局畜牧场。以后各区、局委均照此办理，在围垦地上建造牧场，往往当年就能喜获胜利果实。

由卢湾、徐汇、长宁、普陀4个区抽调的百余名战士围垦合隆沙时，适逢连日冷空气南下，严重冰冻，挖土筑堤时铁锹插不下去，只得点燃芦苇烘化冻土后作业。大堤合龙时，由于水流湍急出现险情，市政府急调船只运来大批草包，装土填塞，终于合龙成功。18.2公里长堤巍然屹立，围地近40 000亩。

来自市区的围垦职工帮助崇明农民安装抽水机

百万沙是由静安、南市、杨浦、闸北4个区的8 000名战士围垦的,他们先筑防潮小堤,后筑大堤。1961年5月大堤合龙时,上海市副市长宋日昌亲临指挥,共围地37 000余亩。

1961年至1962年,市轻工业局与市基本建设委员会先后围垦大新沙,后又有崇明的5个公社出动12 000名民工,继续围垦大新沙,得土地13 000亩。

驻沪部队也加入了崇明大围垦的行列。1962年,上海警备区和东海舰队,各自围垦得可耕地4 500亩,作为部队的农副产品生产供应基地。

崇明县政府不但为上海围垦大军提供后勤保障,还动员大批干部群众参加围垦。规模较大的有聚兴沙转垦,得地12 400亩,两度围垦开沙,得地100 000亩;围垦东平沙,得地57 000余亩;三次围垦老鼠沙,得地45 000亩。本着"一盘棋"的思想,崇明县把围垦得来的相当数量的土地交给了市围垦指挥部,用以建立市属国营农场。

据《崇明县志》(1989年版)记载,至1984年,市县组织了大小围垦共55次,围地612 560.7亩,占全岛土地面积的38.4%。

20世纪60年代,在围垦的土地上,先后建起8个国营农场、2个部队农场、2个县属乡。崇明的各个公社、镇,也都在各自的围垦地上,建起了畜牧场、水产养殖场、果园和苗圃。

8个国营农场建立后,引来大量市区居民来农场工作。"文革"十年中,又有20万上海知识青年到崇明围垦农场安家落户,成了农场的主力军,占崇明岛总人数的25%。他们用汗水把农场逐渐建设成大上海的粮、棉、油以及畜、禽、水产等各种副食品的供应基地。

从1970年起,各农场开始兴办工业,机电、轻工、食品、医药、建材、仪表、化工、纺织等行业蒸蒸日上,其中不少产品已是外贸出口产品。

20多万农场职工及其家属亲友的相互探望,使崇明岛变得热闹起来。首先表现在客运交通。围垦前一年的1959年,南门港、堡镇港与上海的年客流量总共54.1万人次。围垦后的第一年往来人次就翻了一番,1969年增至188万人次,最多时达到416万人次!常年不息的庞大人流离岛回岛,促进了岛上的商品流通,崇明的老毛蟹、甜芦粟、老白酒、家养鸡、金瓜、白山羊肉等土特产,被大量购买带回市区。对此,崇明的农民高兴地说:"有了农场知青,这些东西有了出路还卖了巧价钱!"

精明的崇明人发现,城里人不但喜欢崇明的土特产品,同时也喜欢崇明的洁净水土、清新空气、自然风光和人文景观。于是,古迹寿安寺、学宫、金鳌山、唐一岑墓整修开放;日跃东海、水格分涛、金鳌镜影、寿利烟林、林海鹿鸣、青龙盘岛、牛棚观潮等新景点陆续开辟;瀛洲公园、澹园、森林公园相继迎客,吸引了无数外来游客观光和投资。由围海造田发肇的崇明大开发连锁效应在继续扩大。

漕河泾开发区的十个"第一"

叶孙安 口述　潘君祥 整理

漕河泾开发区位于上海市区西南部,所辖地块原属上海县的虹桥乡、梅陇乡,后划归徐汇区。初期开发面积约为5平方公里:东起桂林路,含路东的上海通信设备厂,西至虹梅路及路西的1.6平方公里,北临浦汇塘,南到漕宝路,含路南生物工程中试基地。从初期

1986年9月,上海市领导汪道涵(左三)、黄菊(左一)、刘振元(左五)为漕河泾开发区开工奠基典礼剪彩

开发到现在,已经整整35年了。我有幸和当年的创业同事一起,参与了"摸着石头过河"一路走来的历程,把人生最有活力的岁月贡献给了上海城市产业探索和转变的事业,创造出"十个第一",现在回想,此生无悔!

上海第一个高科技园区

新中国建立以后,在国家计划指导下,上海的传统工业有过很大发展。但改革开放后,各地城乡经济蓬勃发展,国家由计划经济转型为社会主义市场经济,在价格双轨制下产品计划调拨发生困难。随着各地的纺织工业兴起,原先供应上海的棉花调拨不动,加上上海发电厂用煤告急,需组织卡车从山西拉煤到秦皇岛,再用船运到上海。这种"两白一黑"(即粮食大米、棉纺织用棉花、燃料煤炭)调拨的困境,反映出上海原有产业缺乏原料、燃料的短板,已经难以为继了。

当然,当时上海还是有自己的独特优势。上海拥有51所大学、上千个科研院所、10 000多家工厂和近百万科技人员。如何发挥上海科技优势,调整产业结构,发展高新技术产业,走可持续发展道路,成为上海经济发展的一个重要战略抉择。

开发区是国家改革开放的产物。20世纪80年代初,在上海市人民代表大会上,就有代表提出了关于建立微电子工业区的提案,引起了汪道涵市长的注意。1984年,汪道涵提议筹建上海漕河泾微电子工业区。在他的倡导下,1985年专门成立了上海漕河泾微电子工业区开发公司,政府拨款1亿元,用于微电子工业区的开发。

说到我参与开发区建设工作,还有一段小故事。1983年时,我担任上海有色金属研究所所长,主要从事有色稀有金属、半导体、超导材料的研发,其中半导体硅材料这一研究方向和微电子企业为上下游关系。1984年底,上海市经委主任李家镐找我谈话,向我介绍了上海正在筹建微电子工业区的情况,并希望我能参与开发区建设工作。虽然当时我工作已经33年,但从来没有过和开发区相关的工作经验。李家镐主任对我说:"人才有两种,一种是专业型,一种是综合型。我看过你的材料,知道你学过四个专业,上海财政经济学院的工业统计专业、上海业余动力学院的热能动力装置专业、上海交通大学的稀有冶金专业、虹口区业余大学的建筑结构专业,你属于综合型人才。开发区需要综合型人才,你去工作是合适的。"

1985年市政府下发8号文件《关于漕河泾微电子工业区开发规划和有关政策的几点通知》:上海市人民政府同意成立上海市微电子工业区开发公司,该公司为独立经营、自负盈亏的经济实体,隶属市经委领导。1985年4月3日市经委决定公司领导班子由下列同志组成:齐敏生任经理,我和周汉鸿、俞峥任副经理。我主要分管规划设计、工程建设以及科技产业化。

江泽民曾任中国电子工业部部长,在他没有调回上海工作前,就对电子工业的发展有一套较为成熟的思路。在上海酝酿微电子工业的初期,他就提出政府要切实解决电子工业的战略地位问题,所以他来上海担任市长后对发展微电子工业尤其关心。1986年4月,江泽民主持召开了有关微电子专业的专家和领导的座谈会,提出了要解决的问题:第一,上海的微电子和计算机技术力量是很强的,大学、研究所和工厂企业里人才济济,门类齐全。要把上海的优势发挥出来,只有一条出路:联合。要抓应用促发展,抓竞争促提高。第二,要有组织保证,要制定联合作战计划。第三,要从资金和政策上保证微电子和计算机技术有更快发展。

在漕河泾微电子工业区奠基典礼前一年,漕河泾开发区的创建投资还经历了一场会不会"跳黄浦"(即失败)的争论。为此,我们专门向江泽民汇报了已经开展的工作情况和存在的问题。后来,江

1986年9月,漕河泾微电子工业区奠基仪式

泽民批示:按原计划执行。这时上海漕河泾微电子工业区市计委项目立项也批下来了,我们就立即抓紧基础设施工程的规划设计、征地动迁、施工准备等前期工作。1986年9月10日上午,我和周汉鸿通过市委刘文庆副秘书长的安排,在市常委会中间的休息时间向江泽民汇报了工作进展,并拟定于9月26日举行奠基开工典礼。江泽民听了感到很高兴,但因9月26日他要到北京参加一个中央的会议,故而不能出席奠基典礼。

9月26日下午,奠基开工典礼如期举行,由我主持仪式,齐敏生做了工作汇报,老市长汪道涵、黄菊副市长和刘振元副市长为开工奠基剪彩。江泽民为奠基题词:"上海市漕河泾微电子工业区奠基 江泽民 一九八六年九月。"全市局级以上干部及有关人员400余人参加大会,上海电视台进行了现场转播和宣传。

全国第一个"双冠名"国家级开发区

1987年底,国家领导人到上海视察,随员阮崇武由刘振元副市长陪同来开发区视察。当时,开发区第一期开发共998亩的市政基础设施已经基本形成框架。阮崇武向刘振元建议:由江泽民市长向中央领导汇报,在已建微电子工业区基础上扩大建立漕河泾新兴技术开发区,享受国家经济技术开发区的优惠政策。会上,国务院特区办副主任张戈、国家科委阮崇武表示支持,中央领导同志也表示同意。江泽民在我公司的报告上批示:要加快上报国务院。1988年2月,江泽民签发市政府报告,国务院于1988年6月7日批复上海市政府,同意将上海漕河泾新兴技术开发区作为国家(第十四个)经济技术开发区,执行中央、国务院关于沿海城市经济技术开发区的各项政策规定。

1988年6月,国务院批准建立漕河泾新兴技术开发区,享受经济技术开发区的政策,明确开发区的任务是引进国内外高新技术,发展高新技术产业。1988年7月,上海市人民政府宣布建立上海漕河泾新兴技术开发区。

1991年3月6日,国务院国发〔1991〕12号文《国务院关于批准国家高新技术产业开发区和有关政策规定的通知》中明确指出,"上海漕河泾新兴技术开发区已是国家经济技术开发区,也确定为国家高新技术产业开发区"。由此,漕河泾新兴技术开发区成为国内唯一戴有国家经济技术开发区和国家高新技术开发区"两顶帽子"的开发区,是名副其实的"双冠名"国家级开发区,全面享有国家经济技术开发区和高新技术产业开发区各项优惠政策。

说起漕河泾开发区的"两顶帽子",还有一个差点被"摘帽"的"乌龙"。1995年的某天,国务院特区办来电话询问道:"我们接上海市政府报告,要求取消上海漕河泾新兴技术开发区的国家经济技术开发区待遇,单享受国家高新技术产业开发区待遇,归口国家科技部管理。你公司是否知情?我们特区办对此没有意见。"我们说毫不知情,会立即向市领导请示。正好次日市府在友谊电影院召开上海市的干部大会,中午一散会,我和王志洪总经理立即向徐匡迪市长反映。徐匡迪说:"是有此事,据市科委意见,国家高新技术开发区政策比经济技术开发区更加优惠,所以市政府才打报告给国务院、国家科技部、特区办,漕河泾开发区只要享受高新技术开发区的优惠政策,取消经济技术开发区享受的政策。"我们当即指出:"市科委意见有错误,经济技术开发区对三资企业政策比高新区更优惠,如取消漕河泾经济技术开发区的政策,则开发区内的三资企业将会'大搬家',希望请市府办公厅同志调查清楚。"徐匡迪即令办公厅调查后,再发文国务院特区办、国家科技部澄清纠正。事后市科委负责同志还带着有关副总工前来我们公司致歉。

上海第一个企业"孵化器"

1987年5月,联合国开发计划署科技促进发展基金会主任、企业孵化器专家拉卡卡会见国务委员、国家科委主任宋健。拉卡卡向他介绍了一些发达国家为加速科技成果转化,引入科技企业孵化器,培育高科技企业、新技术企业的信息。于是,国家科委组织进行了可行性研究。1988年国务院批准由国家科委实施发展高科技产业的"火炬计划"。主要有四大内容:一是建立高科技产业开发区;二是发展科技创业服务中心(简称科技创业中心,即企业孵化器);三是确定一批高科技火炬项目;四是培训懂技术会经营的科技企业家。漕河泾开发区顺势而为,将科技创业服务中心列为重要工作内容。

国务院在批准上海市漕河泾开发区成立时,明确要求发展上海的高新技术产业。1995年时,漕河泾开发区就已有近300家高新技术内外资企业。有趣的是,1986年美国百事可乐副总裁找到我们,说:"可口可乐公司已经落户在闵行开发区了,我们不希望和他们在闵行开发区唱对台戏。我们能否落到漕河泾开发区来?"我们只得如实对他们说:"很抱歉,我们是高新技术开发区,饮料生产不算高新技术,你们到哪里都可以,就是不能到我们这儿来,否则就会砸了我们自己的牌子。"

科技创业中心是一个企业"孵化器",它的作用就是促使科技成果产业化,孵化培育科技企业和科技企业家。1989年,开发区利用当时农舍改建的科技一村、二村来推进高校科技成果的转化,面积有5 000多平方米,租金非常便宜。于是很快就有科技企业进入,成为开发区的第一代"孵化器"。像刘幸偕等在1992年建立的上海高智科技发展有限公司,原先是由上海高教局下面研究所里的三十几个搞计算机的青年技术人员组织起来的,注册资本30万元,几年后就在开发区批租土地建起办公大楼,成为一家资产上亿,在国内外卫星通信领域享有良好声誉的、专业从事计算机卫星通信产品研制开发和应用服务的民营科技企业。

1994年,开发区投资1 500万元,建成标准厂房2 900平方米,成立上海新兴技术创业公司。经过一年多的运作,孵化器的厂房再一次"客满"。1996年,开发区又投资6 000万元建了16 000平方米的科技创业中心大厦,总公司成立了上海漕河泾新兴技术开发区科技创业中心,我任首届董事长,韩宝富任总经理。1997年,科技创业中心已被科技部和联合国共同认定为国际"孵化器",1998年被国家科技部批准为国家级高新技术创业服务中心。上海市政府认定创业中心为市科技成果转化基地,也被上海市教育局、人事局认定为上海留学生归国创业园。1999年,开发区又投资一亿元,建造38 000平方米的科技产业化大楼,2000年底投入运营。

上海第一部开发区地方法律

我进入开发区工作以后,常常遇到开发工作中的法律问题,公司就聘请上海市第一律师事务所主任担任公司的法律顾问。但我认为，有些法律知识作为管理者是必须要了解的。所以1985年，我报名参加了上海市司法局组织的经济法专修班。那时我已经年近50岁了，每天都在繁忙的工作中抽出时间来学习。记得1986年9月26日那天，漕河泾开发区举行动工奠基典礼，晚上公司庆祝聚餐会上，相互敬酒，我赶紧婉谢："明天我还要参加全国司法考试，不少考试的内容我还要梳理一遍，晚上还要复习，该背的主要法律条文要背背熟呢。"这样，我在1986年9月27、28日参加了全国第一次律师资格统考，并于1988年由市司法局授予律师资格证书。此后，我分管公司的法律事务，并全面负责参与漕河泾开发区暂行条例的制订。

1989年5月由朱镕基市长签发的《上海市漕河泾新兴技术开发区暂行条例（草案）》呈送上海市人大常委会，自1989年8月市九届人大常委会第十次会议审议起，经过多次讨论、修改与定稿，1990年4月在第十七次人大常委会会议通过，并公告施行。这是由地方最高权力机构为开发区立的法律，是漕河泾开发区为规范自身和发展的一部"宪法"，也是上海第一部管理开发区的条例。

第一次为上海人才引进"开绿灯"

开发区的发展需要多种资源引进，其中人才资源是多种资源中的核心资源。

1989年初，黄菊副市长由市人事局石涛局长陪同来开发区，就开发区条例中引进人才政策的条款进行调研。黄菊副市长问我们："上海户口紧张，城市建设欠账多，住房很紧缺，但你们开发区要放开户口引进人才，这个问题你们是怎么考虑的？"当时上海的户口很紧张，大学生毕业后分配工作，夫妻两人两地分居的话，就需要由单位出面向人事局申请，先要按年资排队，争取分配名额。每引进一个人就必须要缴纳城市建设费4万元，如果是引进人员连家属一家四口，那么就要交付16万元，单位不堪重负。

我向黄菊副市长介绍了当时发达国家不同的户籍制度，说："我们现在的户口政策，在美国、加拿大等国就叫移民政策。他们的移民政策只有两种：资金移民和智力移民。香港、台湾地区有很多人带了一百万美金到美国购置房产，就可以取得绿卡，这叫资金移民；大陆的教授被美国的政府或企业聘用，留在美国工作，也给绿卡，这叫智力移民。您看发达国家对智力移民是持开放政策的，何况我们还是发展中国家，对国内的人才如果还不开放，科技人员进不来，就很难发展上海的高新技术产业。"

黄菊副市长听了我的分析以后说："你的说法也有道理，我们上海也应该对人才实行开放政策。"他当场问人事局石涛局长："上海的开发区如果实行这种对人才倾斜的政策，会有哪些社会影响？"石局长说："漕河泾现有的开发区只有5平方公里，人口也不多，高新技术人才进来对上海人口的影响也不会太大。"于是，黄菊副市长当即表示同意开发区引进人才的优惠政策，回去即向朱镕基市长作汇报。后来由朱市长签发的《上海市漕河泾新兴技术开发区暂行条例（草案）》提交市人大常委审议，其中第七章"人才管理"第三十七条，就写进了"经市人事等部门批准，外地优秀科技人员可以到开发区工作，并报进本市户口；经市人口控制部门批准，可以减免缴纳城市建设费"的条文。从此我们就为开发区的人才引进打破了屏障，开了"绿灯"。

为此，人事局专门在开发区设立了人才服务交流中心，凡是开发区内的三资企业、海归企业和国内来开发区的国企、民营高科技企业，都可以向全国招聘引进高科技人才。

漕河泾开发区的历史证明，人才是发展的第一资源。后来浦东新区等都推广了这一政策,上海引进人才的渠道由此获得了开放。

第一次采用"共同甲方"体制

1986年9月26日,漕河泾开发区的基础设施工程正式开工。整个工程由刘振元副市长任总指挥,建委吴祥霖秘书长和齐敏生任工程指挥,决定由开发区公司和各主管局组成"共同甲方"统一进行综合开发,实行建设单位、工程施工、质量监督、管理维护单位和后接管单位"一条龙"的管理体制,并建立工程指挥部办公室,由我兼任办公室主任。开发区市政公用工程是创造投资环境的基础设施,在上千亩农田上实施"七通一平",工程量大,涉及面广,这个工程又没有列入市府重点实事工程项目,在施工材料供应和人力上难以保证,工程难度很大。

1987年,上水、煤气、电话局等单位为确保市政府重点实事工程项目而拉走施工队伍,延误了开发区工程进度。后又因缺少铺设路面材料的沥青砼,被迫停工,而工程推进的关键就是沥青砼。工程部经理姜永祥找到了他们的上级,他们同意在一季度完成市里的

1986年,负责漕河泾开发的五位领导(左起):叶孙安、郎广恒、齐敏生、张铮、周汉鸿

重大工程项目后,二季度就优先供应沥青砼三万吨给我们的开发区工程。为解决上水管道连连爆裂,影响工程进度的问题,我们争取到市公用事业局的支持,让上水公司返工重新铺设宜山路、虹漕路直径500毫米以上水管900米。在市政、公用、电讯、电力等单位通力合作下,开发区第一期市政公用工程终于在1988年3月基本完成。经过建设和质检单位、接管单位逐项检验,以及半年的通车、通水运营和暴雨、酷暑的考验,工程质量绝大部分都达到合格标准,且没有发生重大伤亡事故。

第一期市政公用工程竣工,为开发区的初步发展创造了良好的投资环境。至1988年,已经有上百批外商到开发区参观洽谈,已批准进区项目12个,其中三资企业8个,吸引外资5 500万美元。第一期开发的土地已有近一半签订了使用或预约合同。在总结大会上,

1997年,时任上海市委副书记陈至立(左四)视察漕河泾科技创业中心

工程指挥、建委吴祥霖秘书长称赞道:"开发区总公司同志们的'钉'劲很足,速度比闵行、虹桥开发区快,与其他市政工程的道路来比更是大跃进速度。"市政公用单位的同志也说:"要不是你们抓得这样紧,这个工程再拖一年也不稀奇。"

刘振元、倪天增副市长现场视察后表示满意,并肯定我们开发区改革了城市开发建设体制,赞扬了开发区总公司与各个分管局组成"共同甲方"和"一条龙"管理体制的成功经验。

回想漕河泾开发区初创时,公司地无寸土,只得租借临时工房,在农田里搭建的铁皮施工棚办公。夏天铁皮屋里炎热难当,冬天则要穿着棉大衣御寒。在起初的两年里,吃一顿午饭就要步行二十分钟。当时为拿到规划批件,两个月一共跑了87次,才终于如愿。实施规划中的征地、管线、衔接等都是不能等的,都要及时协调。征地办的同志写了一首打油诗:"头顶烈日当空照,终日野外到处跑,脱掉一层皮,跑穿一双鞋,瘦掉几斤肉,一定要把土地尽快征下来,打响开发建设第一炮。"

第一次为开发区创造"软环境"

开发区的发展中,区政管理服务也是一种软环境。开始,徐汇区区长认为开发区工作增加了区财政的负担,对于配合我们的工作积极性不高。我当时是徐汇区的人大代表,在区人代会上,我告诉区长:"根据国务院批准的开发区规定,开发区的财政收入以1988年为基数,五年内新增加部分全部留存,可以作开发区开发建设管理服务用(后又延长五年)。"区长还不知道有这一政策,就找财政局去问,后来查出确有此政策。因为大企业一般注册在市工商局,归市财政口子管理,小企业注册在区工商局,归区财政口子管理,开发区新增的小科技企业,很多就是区财政新税源,不需分成上缴。

明白了这个新政策，区政府就有积极性了。开发区还帮助徐汇区建造了虹梅街道办事处、派出所、环卫所、幼儿园、菜场等设施，全部都是无偿地交由区里管理。

开始的时候，徐汇区工商局将开发区的科技小企业当作个体工商户来看待和管理，让科技企业的负责人与菜场里卖菜、卖鱼的小商贩在一起开会，一些科技企业家对此有意见。我们就向区工商管理局的领导反映，建议科技小企业有必要时让他们单独开会，专门对他们宣讲工商税收等政策。还有一个搞IC设计的归国留学生，开设了一家集成电路设计公司要落户在开发区，他只持有中国护照，原先的身份证在出国办理手续时交上去换成了出国护照，但当时工商管理局一定要有身份证才能给办理注册手续。我陪同他一起到区工商局找局长、书记反映，说明护照在国外就是中国公民身份的证明。最后局长、书记被我说服，他们出具了党委书记签发的给这位留学归国人员办理工商营业执照手续的证明，说如果上面来核查出具证明的责任，他们负责解决。这样一来，海归人员申请开设的企业营业执照就办下来了。

在建设中，我们还碰到了开发区地块由上海县管辖划归徐汇区管理的行政变动。由于区、县两个政府部门在区划交接中存在的一些问题未能彻底协调解决，致使区划范围内原居民户口、粮油关系、各类票证、子女升学以及粮、煤、油供应点等关系居民切身利益的问题拖延了近两年，征地农民对此很不满意，曾经成批地到公司提意见，也增加了动迁的难度。为此，我们曾专门向刘振元、吴振昌汇报，并多次拜访徐汇区张区长，争取得到支持。市办公厅区政处处长景云曾多次专程到徐汇区、上海县协调。后来，我们又专门向黄菊汇报。在黄菊的关心下，徐汇区向上海县作了些让步，我公司也给徐汇区以适当的经济补偿。1988年9月，徐汇区和上海县两个公安分局就开发区农户的户口关系、治安管理进行交接，我公司征地办同志还主动参加区、县、乡、街道的协调工作,帮助办理3 080名征地农民粮卡转移,受到徐汇区政府和征地农户的赞扬。

中国高新区第一次与国际科技园区合作

1992年,上海有3个由英国资助赴英培训名额。由市委组织部推选,经英国文化委员会考试,我和陆家嘴金融开发区一位总经理、黄浦区的一位区长考试通过。我选择赴英学习考察的主题是:英国促进科技成果产业化的科技园区和孵化器。组织部长罗世谦很关心,找我谈话:"市里外派培训干部一般要在50岁以下,你已55岁,但因正好有名额,漕河泾开发区也需要培训外向型干部,你本人又一贯好学,就决定派你去。"罗部长还问我在英国有无亲友,我说没有。他告诉我:"如果有事,可找在伦敦我国驻英大使馆商务参赞庄玉麟,他曾任上海外经贸委主任。"

1992年初,我到英国后,曾先后进行英语进修,在伯莱福特大学主修"投资计划评估与管理"课程,这是世界银行、联合国工业发展署、英国文化委员会专为发展中国家培训投资开发机构负责官员安排的。课程有政府经济发展投资政策、项目评估、市场和技术预测、资金筹措与财务管理等

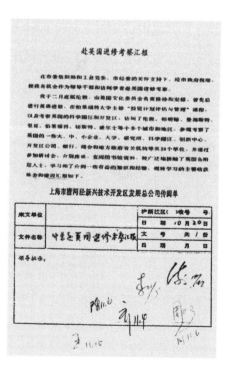

1992年9月,叶孙安赴英国考察进修汇报

20余门。1992年7月下旬，我在考察英国威尔士新技术科学园区和创新中心时，与该园区主管兼英国科学园区协会主席阿伦博士探讨双方合作意向，一致认为建立长期合作关系对双方将是有益的，并讨论起草了"中国上海漕河泾新兴技术开发区发展总公司与英国威尔士科学园区及创新中心合作意向书"。合作领域包括：信息与经验交流、人员互访、学术交流和培训以及园区企业之间的合作、技术转让、市场营销和合资等。

这份合作意向书经电传回公司总经理室审阅后同意，我即代表公司邀请阿伦博士于8月14日访问我公司，与齐敏生签署双方合作意向书。这也是我国高新区第一次与国际科技园的合作，是开发区走向国际合作的标志。

1993年，阿伦博士根据双方合作意向书，应邀到开发区科技创业中心，培训孵化科技企业主管，讲授科技企业的技术开发和经营管理，由我当翻译。之后，开发区和科创中心领导曾率团访问英国科技园区进行考察交流，并先后与美国、芬兰、德国、法国、意大利、西班牙、澳大利亚、南非、智利等国近20个科学园区建立友好园区关系。

第一次举办"企业孵化器管理人员国际培训班"

随着我国高科技领域的"火炬计划"的实施，联合国开发计划署企业孵化器专家拉卡卡向中国科技部提出："中国是联合国安理会五大常任理事国之一，虽然还是发展中国家，但'火炬计划'企业孵化器促进经济发展的成功经验应向发展中国家介绍推广。"为此，科技部国际合作司司长吴贻康专程到上海来与我们商议："国家科技部决定为发展中国家组织举办'企业孵化器管理人员国际培训班'，学员由驻外使馆科技处联系落实，首期培训班拟委托漕河泾新兴技术开发区科技创业中心承办,办班经费由科技部向财政部申请专款拨给,不足的部分由你们承担。"这是国家科技部对我们开发区科技创业中心的肯定和信任。

1998年10月,开发区受国家科技部委托,举办首届第三世界企业孵化器管理人员国际培训班,有来自以色列、土耳其、捷克、波兰、俄罗斯、韩国、柬埔寨、泰国、马来西亚、南非等十个国家的11位学员参加,另有十余名国内高新区科创中心孵化器管理人员参加。除了请内地的专家来交流讲课,也请了香港、台湾的专家来讲课交流,我本人也作了题为"科技企业成功的四大因素"的讲演。因反响很好,1999和2000年,科技部又举办了第二期、第三期,先后在兄弟高新区举办培训班,都是为发展中国家做孵化器的管理人员开设的。

2000年3月下旬,应德国技术和企业孵化器中心协会的邀请,由

2000年,世界企业孵化与技术创新大会上,韩宝富(左一)、拉卡卡(左二)、宋健(左三)和本文作者(左四)合影

中国国际科技合作协会组织的中国孵化器代表团赴德考察，我是一行六人之一。2000年4月，世界企业孵化与技术创新大会在上海举行。本次大会是由上海市政府、中国科技部、外经贸部、教育部、中国科学院、中国工程院和联合国开发计划署共同主办的，大会的主题是：21世纪世界企业孵化展望与技术创新。来自海内外近五百名代表汇聚这一高科技产业化领域的国际盛会，就企业孵化器相关的理论、管理机制等进行探讨、研究，并发表《上海宣言》。闭幕式当晚上海市人民政府举行招待会，我和韩宝富应邀参加。

今天，漕河泾开发区创业中心的功能已深化扩展为"孵化器+X""苗圃+孵化器+加速器"。开发区科技创业中心已成为上海科技创新创业服务名牌，工作范围已经扩展到上海的浦江、临港、松江、桃浦、康桥、南桥，以及浙江海宁、江苏盐城、海南海口等地。

吸引第一家500强跨国企业研发机构落户

美国罗克韦尔公司是国际自动化控制领域的大公司、世界500强之一。1999年4月，该公司设立罗克韦尔公司上海自动化研究中心，进驻漕河泾开发区科技创业中心。这是首家入驻国内开发区的跨国企业研发机构。此项目是复旦大学电子工程系陈教授介绍的，罗克韦尔公司副总裁专程来我们创业中心商谈并签约。他们看重我国科技人才资源，认为在这里可以找到中国优秀的科技人员，并且漕河泾开发区有吸引高科技人才落户上海的优惠政策。这也是国内第一个引进国外大公司的研发机构。

当时开发区设法引进三资企业，因为能增加地方国内生产总值、增加出口创汇和财政税收，但研发机构没有GDP、出口外汇和税收。而我认为，引进国外研发机构能让中外科技人员有机会深入交流，有利于促进我国科技水平的提高。国家科技部知悉后很重视，徐冠华部长专程来开发区视察调研研究中心的工作。当徐部长问及员工工资时，员工们回答："月薪在一万元以上。"这比当时国内教授的薪金高一倍以上。徐部长听了以后说："这体现了知识的价值。"

随着改革开放深入发展，外国科研、设计、金融、服务、公司总部等机构被积极引进，2020年1月1日起施行的《中华人民共和国外商投资法》，全面实行准入前国民待遇加负面清单管理制度，推动新一轮高水平开放，同时终止实行近40年的"外资三资企业法"。现在回忆起来，当时"摸着石头过河"的每一步都是很有意义的。

2000年底，我退休了。回过头看以往走过的路，生活在改革开放新时代，我深感幸福。很幸运自己有机会成为一名漕河泾开发区的开创者、建设者、见证者。

"虹开发":上海第一个CBD诞生始末

姚志康

"虹开发",是上海虹桥经济技术开发区的简称。20世纪90年代,当浦东还处在一片工地之时,虹开发已然成为上海城市的一张新名片。虹开发很小,东至中山西路,西至古北路,南至延安西路,北至仙霞路,总面积0.652平方公里,常被称为"弹丸之地"。80年代初,这片土地还是上海县新泾人民公社延安大队马家角生产队的耕地和村宅。

或许人们要问,是什么样的历史机缘造就了虹开发的沧桑巨变?

2012年拍摄的虹桥开发区全景,呈三角形的绿地是新虹桥中心花园

善于补"短板",12年打造一个CBD

计划经济年代,上海企业没有进出口贸易的自主权,对内贸易是政府指令性的三级批发,对外贸易则由国家外经贸部统一管理。因此,那时的上海乃至全国并没有CBD(中央商务区),或者说以贸易为主体功能的集聚区。

改革开放后,外企纷纷涌入上海,全市竟找不到一幢像样的写字楼,以安顿这些跨国企业的入驻,贸易功能"短板"瞬间暴露。于是,坐落于延安东路100号的联谊大厦拔地而起。这幢专为贸易建造的大厦,于1985年竣工投入使用,吸引了花旗银行、ABB公司、三洋电机、新鸿基、法国达飞轮船有限公司等众多世界知名金融贸易机构入驻,解决了上海当时的燃眉之急。

同时,上海市政府有了更长远的谋划。1982年,"在毗邻虹桥机场,紧靠中心城的虹桥路沿线划出一片发展上海商贸办公、领馆建设用地"的决策出台,即划定虹开发这一区域的建设。1986年,经国务院批准,该区域成为全国14个国家级开发区之一,被正式命名为"上海虹桥经济技术开发区"。实质上,虹开发也是一个以贸易功能为主的CBD。

1982年以前,虹桥路全线基本在上海县境内。当虹开发的蓝图出炉后,"虹桥"便与"长宁"相拥一体。虹开发选址马家角生产队,马家角村民就得"农转非"。这批离地农民进入市区总得有归属,放在上海县,一路之隔的虹桥乡尚在农村状态,显然不合适;而同样是一路之隔,开发区北侧仙霞路却属于长宁区,于是马家角村民摇身一变成为长宁区居民。开发区的行政区划也随之划入长宁区,并专门成立虹桥街道。了解这一背景的市民开玩笑说:"长宁捡了一只大'皮夹子'!"

虹桥开发区选址新泾乡延安大队马家角生产队土地

从1983年春打下第一根桩基起,虹开发的大规模建设一直延续至1995年,用12年的时间打造出了一个崭新的CBD。与此同时,后来号称"全国三大中央商务区"的上海陆家嘴CBD、北京朝阳CBD和广州天河CBD,不是正在建设中,就是尚停留于图纸上。虹开发的先行一步,无疑为后来者提供了经验与样本。

1995年"上海十大城市新景观"评选,虹开发位列榜首。而"虹桥"与"长宁"似乎也画上了等号,长宁人到异地,向朋友们介绍时总不忘加一句:"侬晓得虹桥开发区哦?那里就是长宁区。"

勇于"吃螃蟹",首创"土地使用权"转让

1988年7月2日上午10点,在外白渡桥南侧的中山东一路33号

1988年7月,虹桥开发区26号地块有偿出让签约仪式

(上海市房地局原办公地),举行了"中国大陆第一块土地使用权有偿转让国际招标开标会"。当时,设在上海、香港的两个标箱内共有6份投标书,投标者分别来自美国、日本、中国香港与内地。投入香港标箱内的标书,由专人护送,空运抵沪,与上海标箱内的标书一起开标。最终,日本孙氏企业有限公司以2 805万美元的出让金,获得了虹桥经济技术开发区第26号地块50年的土地使用权。事后,孙氏企业董事长孙忠利在接受采访时,对记者说了这么一句话:"我在虹桥的投资,就好比在上海撒下一粒种子。"1993年,一幢名为"太阳广场"的双子座大厦,在26号地块上矗立起来,6 500平方米办公用房和52 000平方米公寓被租售一空。孙忠利获得了丰厚的投资回报。

事实上,收获的不仅仅是孙忠利一个人。在思想藩篱尚未完全打破之际,26号地块的成功出让,无疑是一次"吃螃蟹"的壮举,同时也在全国范围内,率先探索出一条以土地使用权商品化拓宽融资渠道开展城市建设的新路。

"被动开店"的虹桥友谊成为商业神话

1992年初,商务楼已经开始接纳外企入驻,时任市长黄菊收到一份"专报",反映虹开发内外籍商务人士购物难的问题。黄菊当即批示:责成上海市友谊华侨公司和虹桥开发区联合发展有限公司(简称虹联公司)在开发区内建设商业项目。很快,友谊、虹联公司和香港嵘高贸易有限公司(后转让给香港均联投资有限公司)三家合资的经营主体"上海虹桥友谊商城有限公司"组建完成。

由于最初的总体规划中并没有安排商业项目,因此除靠近古北路的外事保留用地外,虹开发已无建设用地。不过,在交行大厦和丽晶大厦之间,有一块原本规划为公共空间的狭小地块,进入了规划者的视线。受容积率限制,建筑高度不能超过20米,建筑面积只能在2万平方米以内,若要建造商城,就像在两座大山中间堆一个小丘。华东建筑设计院副总建筑师张耀曾被邀请前来主持设计,他采用当时国际最先进的设计理念,在商场中部安排了一个挑高四层的中庭,让原本局促的空间豁然开朗。

1994年3月26日,虹桥友谊商城开门营业,9个月实现销售1.8亿元,出人意料地成为一则商业神话。此后的18年,虹桥友谊商城始终保持着良好的销售业绩,2011年实现销售7.5亿元,还曾创出上海乃至全国百货业平方米效益"老大"的业绩。

虹桥友谊商城的第一任总经理,是上海商界的"老法师"林声勇,曾任上海友谊商店的副总经理。那时,同行听说他要去"虹桥友谊",都替他捏了一把汗。要知道,虹开发北侧是老公房密集的居民区,而"友谊"在老上海的眼中等同于"高档",不是工薪族消费的地方。那些写字楼、酒店里的商务客源,究竟能不能支撑商场的日常运营?

林声勇和他的经营团队决定"反其道而行之",索性将虹桥友谊商城定位高档百货。

这一定位,应了"天时"。20世纪90年代初,上海还没有一处可供富裕阶层购物的商场,"虹桥友谊"生逢其时。虽然平时商城里的顾客稀稀拉拉,但客单价却惊人,四位数起板,五位数常见,六位数也不稀奇。作家王唯铭在《少数人的上海》一书中,就将"虹桥友谊"描写为少数人购物的钟情之地。至2013年,"虹桥友谊"的VIP客户始终保持在5万人左右,其中外省市人士占15%。这些客户看中的就是虹桥友谊商城的优雅环境,以及令人放心的商品品质。1999年,西班牙"情歌王子"胡里奥来上海举办演唱会,在邀请方陪同下,他也曾到"虹桥友谊"购物,放松心情。

朱镕基关心下诞生的翡翠绿地

1998年国务院总理朱镕基来上海视察工作,出机场后中巴车载着老市长一行,从延安高架路一路向东行驶。望着车窗外鳞次栉比的高楼大厦,朱镕基皱起了眉头说:"上海中心城区的绿色太少了,城市建设不能光盖大楼,不建绿化。"

此刻,上海正在进行第一轮365万平方米旧区改造,也就是"365旧改"。在朱镕基的关心下,上海市政府实施了中心城区结合旧区改造"拆旧建绿"的规划。延安路是上海中心城区的东西轴线,"拆旧建绿"的成效最为显著。延中绿地率先开建,紧接着新虹桥中心花园、华山绿地、凯桥绿地,再后就是延虹绿地和延天绿地。

新虹桥中心花园于1999年3月动工兴建,2000年国庆节开园迎客。这座与虹开发紧邻的"四星级公园"占地约13万平方米,位于延安高架路南侧,镶嵌在延安西路、虹桥路和伊犁路之间,高空鸟瞰就像一把绿色的"三角尺"。新世纪初,新虹桥中心花园是婚纱摄影的首选外景地。春夏秋三季里,只要是晴朗天气,拍外景的车辆从伊犁路绵延至虹桥路。长宁区民政局更因此将婚姻登记处也搬进公园,让新人们登记、摄影两不误。

事实上,新虹桥中心花园地块的原规划是会展建设用地,建设方为虹联公司。当初在虹开发,世贸商城和上海国贸中心展馆只能举办纺织、服装、轻工、艺术品等轻量级展会,无力承办涉及汽车、重型装备等的制造业会展,于是预留了土地准备扩容。然而,站在全市角度考虑,这块地并不是最佳选择。上海市政府最终将这一功能性项目放在了浦东,也就是今天龙阳路上的浦东新国际博览中心。

土地改性后的新虹桥中心花园,仍由虹联公司负责建设和维护。当年工程投资5 800万元,开园以来年均养护费400万元以上。而这块翡翠般的绿地为虹开发的生态建设涂上了浓重的一笔。

宝山：上海第一个城乡一体化改革试点

包信宝 口述
陈 亮 朱晓明 郭莹吉 采访
朱晓明 整理

包信宝接受口述专访

宝山，地处上海市东北郊，长江与黄浦江在此汇流于吴淞口，奔向滚滚东海。这里是上海的水上门户，史上曾为兵家与商家必争之地。新中国成立后，该地区是上海重点规划建设的钢铁、港口、能源基地和农副产品生产基地，在整个上海的发展大局中举足轻重。改革开放后，宝山又义无反顾地成为上海城乡一体化发展的排头兵与先行者。本文为新宝山区第一任区委书记包信宝（市人大常委会原副主任）的珍贵口述，以揭开那段鲜为人知的改革内幕。

宝山县始建于清雍正二年（1724），是上海的"水上门户"。1843年的鸦片战争吴淞之战，1932年的"一·二八"、1937年的"八一三"两次淞沪抗战，宝山都是主战场，在中华儿女团结一致抗击外来侵略者的斗争中留下了许多可歌可泣的故事。1949年5月的解放上海战役，中国人民解放军第三野战军在宝山鏖战16天，打开了通往吴淞口的大门,为上海战役的全面胜利奠定了基础。新中国成立后,宝山获得了新生。1958年1月,宝山县从江苏省划入上海市。

"一地二主"与"三不管"

上海的区县合并、撤县建区,是市委、市政府深思熟虑、精心谋划上海发展的一项重大决策,经国务院批准于20世纪80年代后期开始实施。这是上海行政区划的一次重大调整和改革,对于上海的长远发展具有重要影响。

早在1984年9月,市委、市政府就对上海市区行政区划进行了调整扩大,市区范围从原来的230平方公里扩大到375平方公里。这是上海自1949年后调整市区面积最大的一次。1986年1月,市委、市政府召开的农村工作会议上,又首次明确提出城乡一体化的方针。当时会议认为:从地域上看,城乡融合、相互渗透的趋势越来越明显;从市场上看,城乡的相互依存也越来越密切;从经济比重上看,产值的增长、财政收入的增加,还有要创汇、翻番,都越来越离不开郊区。会议要求,全市各级干部要有城乡一体化的全局观念,不能只看到市区375平方公里范围,而应该把立足点放在全市6 340平方公里的广阔土地上,在规划未来、发展经济、安排布局、进行建设、内外开放等方面,都要把市区和郊区作为一个整体来考虑。

市委、市政府的一系列决策,为当时上海的改革开放创造了新的历史机遇和发展空间,但在实践过程中也出现了一些新的矛盾和问题,尤其是像宝山县、吴淞区"一块土地、两个主人"的矛盾在当时就比较突出。

宝山县、吴淞区是有着历史渊源的,在同一片土地上,虽然区、县之间本着顾全大局、相互支持、协作配合的精神,做了大量工作,但由于区、县体制没有从根本上理顺，矛盾依然存在。当时的宝山县、吴淞区，县中建区，区中有县，这样就人为地把资源割裂开了。比如，区、县都有自己的一套规划，这些规划从各自占位来看，都是合理的，但从整个地区来看，是不太合理的，发挥不了全局优势。如友谊路地区，既是宝山县政府所在地，又是吴淞区友谊路街道所在地，这里已有了县少年宫，可是在相距不到200米的地方又新建了一所区少年宫。治安管理方面，在友谊路地区同时有宝山县、吴淞区和宝钢三个公安分局的派出所，宝钢的派出所管厂内的治安，县里的派出所管白天，到了晚上，只剩下区里的派出所在管。我刚到区里工作时，就有人告诉我一个故事，说是宝山影剧院坐落在吴淞区里，但它的产权是属于宝山县的。按照区、县的治安分工，影剧院内发生治安事件，由县公安局的派出所管，出了影剧院就归吴淞区管。如果案件从影剧院内发展到影剧院外，该谁来管？就曾发生过不应该发生的笑话。

江泽民：建设城乡一体的新宝山

对此，每年市、区县召开人代会时，都有不少代表对宝山县和吴淞区的区划矛盾提出意见和建议，而市委、市政府、市人大领导也都非常重视这些意见，多次研究商量解决办法。市委、市政府经过慎重考虑，反复比较，确定"撤销宝山县、吴淞区建制，组建宝山区"（简称"撤二建一"）的方案，并将这一方案上报国务院审批。

1988年1月21日，国务院作出《关于上海市撤销宝山县和吴淞区设立宝山区的批复》。6月16日，市委、市政府在宝山影剧院召开宝山区干部大会，时任市委副书记的吴邦国同志代表市委、市政府对宝山新区工作提出明确要求。我代表区委在会上作了题为"全区人民团结起来，为建设城乡一体化的宝山区而奋斗"的讲话，要求在全区干部群众中开展"讲大局、讲党性、讲原则、讲团结、讲纪律"教育活动。经过一个月的紧张工作，区委各职能部门相继组建完成，中共宝山区委于7月16日上午正式挂牌并启用印章。

1988年8月4日，当时担任上海市委书记的江泽民同志来到建区一个多月的宝山区，为宝山区的建设、发展描绘蓝图，指明方向。我记得，那天下午由于天气酷热，他身着的灰色短袖衬衫印着汗渍。到区委二楼办公大楼会议室刚刚坐定，江泽民同志就提出要同新区委领导班子见面。在听取了我和其他区领导关于建区进展的工作汇报后，他首先肯定了新班子的工作"很有进展"。接着，对宝山如何发挥城乡一体化综合优势、探索出一条城市快速发展建设的新路子作了重要指示。在场同志听了他的讲话，倍受鼓舞，大家感到宝山区今后的发展建设有了大方向，有了主心骨。随后，江泽民同志要求："领导班子的成员要团结一致，拧成一股劲，共同把新区建设好。一切有利于新区的事就去干，不利于新区的事就不干。"临别时，我们请江泽民同志为宝山题词，他欣然同意，当场挥毫题写了"齐心协力，开拓前进，建设城乡一体的新宝山"的题词，为宝山区的发展指明了方向。

宝山区作为上海第一个采用

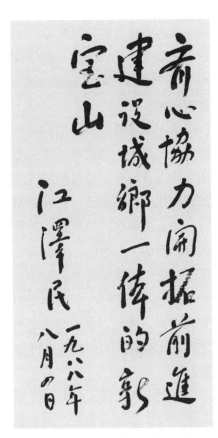

1988年8月4日，江泽民为宝山题词

"撤二建一"的方式建立的区，对于上海后续几个区县的"撤二建一"或是撤县建区，都具有典型示范意义。按照市委、市政府的要求，区委带领全区人民在破解城乡二元结构、推进改革发展方面进行了积极的探索和大胆的实践。1991年11月，我们在全国率先召开了"城乡一体化研讨会"，市委办公厅、市委研究室、市体改办和全国沿海八个省市的70多名专家学者参加了会议。

吴邦国：物质文明和精神文明一起抓

从人类社会的发展来看，我认为，城市和乡村都是变动的概念，它们随着生产力的发展一般依次都会经历这么几个发展阶段，即城市孕育于农村、城乡对立与城乡一体三个阶段，形成"我中有你，你中有我"的格局。

从上海来看，20世纪80年代中后期，随着改革开放的深入，郊区农村经历着一场前所未有的变革。农村的主体产业，开始由农业向乡镇工业转移；农村的经济结构、劳动力结构和生产方式发生了深刻变化；农村商品生产发展迅猛，农副业生产开始向适度规模经营转化；原来在不同轨道上运行的城乡经济也开始互为渗透、相互促进，推动了农村生产力水平的快速提高。农民也不再是过去的农民了，他们的思想观念、生活方式等开始摆脱旧的习惯，向城里人看齐，学做城里人。可以说，到80年代中后期，打破城乡二元结构、实现城乡一体化，成为当时上海郊区农村商品经济大发展的必然，是经济社会发展的必然，也可以说是郊区广大农民群众热切的期盼和追求。

在宝山区干部大会上，吴邦国同志指出：市委、市政府对"撤二建一"工作十分重视，因为撤销宝山县和吴淞区，建立宝山区，是上海经济体制改革和政治体制改革过程中的一个尝试，一个不小的举动,所以步子必须稳妥。建立宝山区,不仅是为了解决宝山县和吴淞区的区划矛盾,更重要的是为了加快这一地区的经济和社会发展。宝山区工作的指导思想应以经济建设为中心,既突出工农业生产,又突出城市建设和管理,物质文明和精神文明一起抓。

宝山30年:改革开放的一个缩影

按照市委、市政府对宝山"撤二建一"的总体部署和要求,我们认真学习领会,抢抓机遇,切实加以贯彻落实。1978年党的十一届三中全会以后,南方沿海的一些城市,经济发展可以用"突飞猛进"来形容。而在这一段时间,上海虽然也在发展,但是与兄弟省市相比还是比较慢的,总是处在"保四争五"阶段(即经济发展的年增长速度保持4%,争取5%)。问题是,即便"保四争五"也是比较吃力。如何调整上海的产业结构,实现加速发展?因此,当时市里决心要加大发展力度,引进一些大的企业,像宝钢、上海大众等。还有一个问题,就是如何整合地区资源,发挥地区重组优势?如何发挥上海城乡结合、城乡一体化的优势来推动上海发展?

当时市委明确提出了上海郊区农村经济已经和城市经济连成一片,上海经济的繁荣离不开郊区,要求全市各级干部都要树立城乡一体化的观念,

1978年12月31日,上海市人民政府宝钢地区办事处成立(位于漠河路108号居民楼内)

在规划未来、发展经济、安排布局、进行建设和内外开放等方面，都要把市区和郊区作为一个整体来考虑。宝山县是郊区农村经济比较发达的一个地区，全县的经济社会发展亟待通过城市化来进一步带动。

宝山建区30年的发展变化，是我国改革开放取得历史性成就的一个缩影。30年来，宝山实现了经济总量的大跨越与质量的大提升。2017年，全区GDP达到1 147.4亿元，是建区时的94.3倍；区级财政收入达到151.1亿元，是建区时的42.7倍。与此同时，经济得到快速发展，产业结构进一步优化。经济增长格局已由过去主要依靠第二产业推动，逐步转变为以现代服务业、先进制造业为主体的第三产业、第二产业共同推动的新格局。

在经济发展的同时，城市服务功能大大增强，城乡结合的优势得到了更大发挥，吴淞国际邮轮港、地铁1号线（北延伸段）、3号线、7号线、外环线、郊环线、逸仙路高架、沪太路、江杨路、宝杨路、潘泾路等重大基础设施项目相继建成，吴淞工业区、南大地区环境综合整治和功能转型取得实效，人民群众的生活水平和生活质量不断得到改善。宝山的天比以前更蓝了，地比以前更绿了，水比以前更清了，老百姓的出行比以前更方便了。当年市委、市政府的殷切希望可以说已经基本实现。

"撤二建一"建设新宝山的重要启示

"撤二建一"——撤销宝山县和吴淞区，建立宝山区，宝山率先探索城乡一体化建设，这对此后上海其他区县的撤县建区政策有着重要的示范意义和启示作用。

启示之一，"撤二建一"涉及面广、政策性强，要积极稳妥地推进。1988年6月宝山区正式成立后，两个地区加起来户籍人口有52万人（其中吴淞区20.6万人，宝山县31.4万人），农业人口占52.3%；区域面积425.18平方公里（其中吴淞区54.45平方公里，宝山县370.73平方公里），两个地方的财政收入加起来不到4亿元。应该说，任务重，困难大。当时市委把我调过去担任区委书记，把夏德润同志调去担任副书记，提名为区长候选人，和原先吴淞区和宝山县的五位领导干部组成区委常委会领导班子。就是在新的区人大、政府班子选举出来前，在区委领导下，由宝山县和吴淞区两套架构先各自运作，三个月内筹备召开新区人代会，产生新的区领导机构。在此期间，由市委任命的区委常委会来领导和主持全区工作。这是当时市委、市政府赋予我们的任务和工作要求。接下来，我们又借鉴区里"撤二建一"的做法，经市政府批准，1989年6月宝山区启动乡、镇、街道"撤二建一"工作，进一步优化了发展环境和资源配置。

启示之二，实行稳妥的干部政策是关键。经过一段时间的筹备和选举，产生了新的宝山区领导班子。从区领导班子到下属各个局，

1991年11月，宝山区举行"城乡一体化研讨会"，时任区委书记的包信宝（前排左九）与会议代表合影

干部们都来自原先的宝山县和吴淞区。撤并前,区、县干部总编制数是1 261人(吴淞区519人,宝山县742人)。市委明确,总体上要贯彻改革和精简原则,但可多于其他市区和县,新宝山区的干部总人数控制在1 000人以内。机构设置的原则是,区和县原来都有的机构要"撤二建一";区和县原来没有的机构(除农口单位外),原则上不再新设;临时机构尽量不设,由各职能部门承担。当时出现了两个情况,引起了我的注意。一个情况是,原宝山县的有些同志觉得原吴淞区地方小财力又少,那里的干部是搞街道社区工作的,对经济工作不熟悉;而来自原吴淞区的有些同志则认为原宝山县来的干部是农村的,不熟悉城市管理。这些想法的存在,说明了干部彼此之间还有点不太信任,这对大家今后相处共事是不利的。另外的一个情况是,"撤二建一"的模式本来是两个区、县的四套班子干部,现在必须合并为一个区的四套班子,就好比原先安安稳稳在两条长凳上坐着的人,现在要抽掉一条长凳,只留下一半的人。哪些人坐着?哪些人站起来?这个事情挺复杂,势必会有相当一部分干部要作出牺牲,这对当时在位子上的干部来说是一场考验。这种情况下,实行稳妥的干部政策是关键。我记得,在建区过程中,我就找过300多名局、处级干部谈心,尤其对那些没有进班子的同志,耐心地做工作。谈下来总的感觉是,干部们都十分顾全大局,因为大家都明白,不管你来自哪里,现在都是宝山区的干部;只有大家心齐,才能把工作做好。

启示之三,积极利用好"撤二建一"后的有利条件和各项政策。宝山区成立后,管理成本大大降低了,资源配置也得到了优化,应该说是上海城乡一体化较好的一个尝试。我明显感受到,"撤二建一"后,更加有利于统一制定规划,有利于产业的优化布局,有利于加强基础设施建设。比如,宝山区境内的吴淞大桥是上海北部地区的交通咽喉,是宝山通往市区的重要通道,但该桥当时仅为两车道。

随着宝钢落户宝山,当时该桥日通过机动车辆达1.7万辆,交通阻塞最为严重时要几个小时,大桥不堪重负。"撤二建一"后,我们从实际出发,采取了贷款改建、车辆过桥费还贷的办法,用社会集资来建设吴淞大桥,开创了上海城市建设史上采用地方集资建设的先例。同时,"撤二建一"也有利于促进产业结构调整,有利于加快城镇建设步伐。我们当时去搞调研,根据宝山区的实际情况做出了宝山以"第一产业为基础,第二产业为支柱,大力发展第三产业"的决定,这一产业导向应该说为后来宝山的跨越式发展打下了基础。

启示之四,通过扎扎实实抓好党的建设来促进经济社会的发展。80年代末的各种思潮给党的建设造成了影响。后来我就着重思考,在宝山怎样加强党的建设,一个是领导班子建设,还有一个是基层组织建设。我们在经济发展上有个五年计划,在党建方面,也应该形成一个计划、规划。我就带了区委组织部、宣传部、办公室的同志下乡调研,一个星期跑一个乡或者一个镇,吃住都在那儿,一共跑了8个乡镇和他们下面所有的村,做调研、听汇报,跟乡镇、村两级干部进行个别交心。这是我直接接触基层、面对面地了解基层情况的机会,同时也为我撰写调研报告做了准备。在深入调研的基础上,我们制定了宝山区党建工作三年规划,并在区委全会上审议通过。通过抓好基层党建,促进宝山经济社会的发展。

日月如梭,光阴似箭。一转眼,"撤二建一",建立宝山区已30多年了。在市委、市政府的坚强领导下,历届区委、区政府带领宝山人民奋力拼搏,大胆实践,宝山城乡发生了历史性巨变,走上了一条城乡一体化发展的新路。实践证明,当年市委、市政府作出"撤二建一"的决策是完全正确的。能够得到市委和宝山人民的信任,担任新宝山区第一任区委书记,和宝山人民一道经历"撤二建一"起步阶段的探索实践,让我深感荣幸。

金山工程：新中国第一次成功围海造地

乔丽华

1971年9月，毛泽东主席巡视南方，在列车上听到列车员因为买不到当时最时髦的"的确良"而抱怨。回到北京，毛主席找来了国务院总理周恩来商量：要学发达国家的办法，加快发展石油化工工业，解决8亿人民的穿衣问题。1972年1月16日，国家计委向国务院呈报《关于进口成套化纤、化肥技术设备的报告》。22日，国务院副总理李先念、华国锋、余秋里将报告转呈毛主席和周总理；2月5日，两位最高领导圈阅批准了报告。之后，国家轻工部决定将四套进口化纤技术设备中的一套设在上海。

金山卫海滩成为最佳选址

1972年4月，上海市组织市规划建筑设计院、上海勘察院等单位，对建设上海石油化工基地的厂址开展勘测与选择。在历时两个月的艰苦工作中，对上海市所属金山县金山卫、奉贤县柘林、南汇县泥城和川沙县高桥4个厂址候选点作实地勘测与调查，按照中央"少占农田，减少污染，水源充足，交通方便，布局合理，符合战备"的建厂选址原则，经科学论证与勘定证明，提出了金山卫海滩是最具备建造石油化工生产厂条件的建议。1972年6月18日，中共上海市委决定：在金山卫建设上海石油化工总厂。同一天，上海石油化工总厂筹建指挥部成立。

从1972年开始，上海勘察院、上海水文地质大队、上海市城建局测量总队、市民用工程设计院等单位，按专业分工，对金山卫地区的地质、地震、地形、土壤、水文、气候等进行了全方位的勘测。7月，上海市城建局测量总队，首次测定出金山卫滩地的最低标高线，绘制出金山卫滩地第一张图例1∶2000地形图，这为之后的围海造地工程提供了科学依据。

10月21日，上海石油化工总厂围堤指挥部成立。12月25日，金山县委围堤土方工程指挥部成立。由此，在上海西南的金山卫海滩上，波澜壮阔的围海造地战役打响了！

现在上海石化展示馆内的醒目位置放着一张被放大的珍贵老照片，是由当年上海石化《战地快报》摄影记者陶渊如拍摄的。照片记载的是1974年4月，上海市城建局测量总队第二测量队和总厂员工一起组成的测量班，在刚刚完成的金山卫一期围海造地工程的万亩滩地上，为总厂及各分厂进行建厂坐标定位测量。测量班的同志们肩扛简易的勘测工具，一字排开，顶着春寒料峭的海风，行走在湿漉漉的滩地上，充分展现了当年异常艰苦的工作场景。

第一次成功围海造地

临海的围海造地一定与海潮潮汛紧密相关。金山卫地处杭州湾北岸，潮汛期里常常遇有台风，随时上涨的高潮位若再遇大风大浪，一定会给海堤作业带来极大的安全问题。由此，总厂围堤指挥部决定：金山卫海滩围堤工程必须抢在大潮汛到来之前完成。

1972年12月正值金山卫沿海的最低潮位期，上海石化总厂围堤指挥部和金山县围堤土方工程指挥部先后调集金山县金卫、山阳、漕泾、张堰、松隐、朱行、钱圩、新农、亭新、枫围、兴塔、廊下、干巷、吕巷、朱泾等15个公社和浙江省平湖县全塘、大桥、黄姑、黄山4个公社，共计5.12万名民工，自带粮草、铺盖、工具，挑着担子住进了金山县和浙江平湖县沿堤的6 000户农民家中，他们被编成5 000多个班组，分布在沿岸长长的滩涂上，几天之内便形成"千军万马战金山"的壮丽场景，艰苦卓绝的大围堤土方工程建设就此开始。五万建设大军在这天寒地冻的恶劣环境里，头顶青天，脚踩海滩，手持扁担、箩筐、锄头、铁锹等简易工具，早出晚归，日夜奋战；没有交通工具就人拉肩扛，没有大型设备就用拖拉机牵引；为了减少人员进出海滩的折腾，指挥部组织了1 400多副饭担，每天送饭到工地。

经过七个月风餐露宿、战天斗地的艰苦奋斗，他们硬是赶在1973年初夏的大潮汛来临之前，完成了第一期围堤建设任务。

1973年7月5日，东起戚家墩、西至沪浙交界地金丝娘桥的裴家

1972年12月5日，5万民工开始围筑海堤

弄，全长8.4公里、高9.2米、顶宽11米的上海石化第一条海堤建成，共围得滩地706.07公顷，相当于10 591亩土地，为上海石化的一期工程提供了充足的用地资源；而这次围堤的总投入资金仅为1 572.5万元。

海滩生活区的"猪公馆"

上海石化建设初期，绝大多数建设者的生活条件是极其艰苦的，几万建设者大多是站在滩涂上吃饭，累了就在人堤临时搭建的简易棚里休息打盹。工程指挥部被安排住进农户的养猪圈，被尊称为"猪公馆"。还有化工一厂基建组领导以每节300元的价格，从市区拉回几节废旧的电车厢，给上海隧道建设者作"工作室"，在泥泞的滩涂上建起了"隧道新村"。

1975年8月开始，上海石化总厂组织第二期围堤工程，主要是为解决石化生活区的用地困难。围堤范围是东起戚家墩沪杭公路边、西

1973年12月，利用金卫公社八二大队养殖场猪棚改建的上海石化总厂筹建指挥部，被后人戏称为"猪公馆"

至纬一路,海堤全长2.37公里。至1980年5月工程结束,围得滩地88公顷。在这沿海的88公顷滩地上,总厂建起了七村、八村、九村、十村、十一村、十二村、十三村等石化城区,安排了成千上万的上海石化创业者入住。同时,为丰富职工业余生活,还建造了工人文化宫、商业街区和广场、体育场、少年宫、中小学等文化生活配套设施,就连如今的城市沙滩所用滩地也是当年第二次围堤工程所得。至90年代初,上海石化总厂已形成了一个厂区"小社会",生活区面积扩大到2平方公里,共建有24个居民新村,常住人口接近10万。

1991年7月,为方便石化城区居民出行,总厂用5个月时间,对沪杭路至纬一路生活区的老大堤实施降坡工程,将大堤路直接降坡至5米标高,并按国家二级公路标准修建路幅为14米的混凝土道路。在这条新建的大堤路上,特别为上海石化围海造地工程塑造了一座纪念碑。如今,这个纪念碑在大堤路上矗立了29年,退休的石化老员工常常会在这块纪念碑前默默站立,怀念曾经的波澜壮阔。

1976年6月,由上海石化投资的黄浦江大桥全面通车,金山铁路铺进了小城

组建"硬核"医疗小分队

1972年底,就在上海石化总厂围堤指挥部调集围堤工程建设者的同时,上海医科大学附属华山医院和第四人民医院先后派出4批医疗小分队,参加上海石化围堤工程现场医疗服务。医疗小分队抵达金山卫海滩时,只见天茫茫、地皑皑,狂风呼啸,雪天冻地,他们和几万名建设大军一起,战天斗地,在临时搭建的简易棚里救治伤员。

为了更好地救治与服务,医疗队在自己的办公地开设了综合性简易门诊室和简易病房,还设立了一间仅18平方米的手术室。至1975年5月前,共施行手指扩创手术205例,阑尾切除手术96例,胃穿孔修补手术、胃切除手术、肝脾破裂急诊手术、髌骨切除手术7例,等等。医疗队还组织现场指导开展传染病预防、饮用水、饮食卫生等环境卫生工作。每一位医护人员都尽着自己最大的努力,不计艰难地为建设上海的石油化工基地贡献一份力量。

20世纪70年代,前身为上海石化职工医院的金山医院创立

1975年8月，上海石化总厂职工医院（即金山医院的前身）建成，上海石化建设现场的医疗条件才得到真正的改善。

粟裕拍板开建原油码头

1980年开始，上海石化总厂进一步组织了4次大规模的围堤工程，主要都是为解决生产用地紧缺矛盾，围堤范围从生产区的纬二路至纬九路。与此同时，总厂还组织了4次厂区外的围堤建设，先后建成了陈山海堤、白沙湾海堤和戚家墩海堤，为上海石化、金山区乃至浙江沿海的后续发展奠定了基础，其中陈山海堤建设尤为突出。

原油码头是石油化工生产的咽喉，建设原油码头也是上海石化一期工程中的重点项目。在经过大量调查研究后，总厂提出了建设原油码头的工程方案。1973年7月4日，中央委员粟裕大将来上海石化视察，当看到总厂关于原油码头备选的浙江陈山、上海金山卫和高桥三个方案时，当即拍板说："我看陈山好。这里水深、靠山、地基牢固，从战备观点来看又隐蔽。这里是孙中山先生设想建设东方大港的地方，就把原油站建在这里。"经过精心准备，1975年2月，在浙江省的大力支持下，陈山围堤工程开始，至当年6月结束，堤线全长335米；10月，总厂在这里建成了国内首座钢结构外海岛式原油专用码头。

由于1975年组织围堤时，采用了就地取材的简易方法施工，海堤基础狭窄，安全系数不高。1986年，总厂组织第二次陈山围堤，经过近两年的努力，陈山海堤于1988年6月全线竣工，堤线全长826.4米，围得滩地14.67公顷。

从1972年12月开始至1992年12月，上海石化共组织了10次大规模的围海造地工程，修筑海堤总长为21.4公里，共圈围土地总面积达1 176.2公顷，相当于17 643亩土地，围堤总投资1.76亿元，基本解决了上海石化生产和生活用地。第九届全国政协副主席陈锦华当年评价上海石化的围海造地工程:"实在是为国辟疆、为民造福的大好事,在我国工业建设史上,这样大规模地、持续不断地填海造地,不算绝无仅有,也是首屈一指。"

70年代初"千军万马战金山"的万亩滩地,经过48年的建设与发展,如今早已成为拥有446亿元资产、国际国内三地上市、每年加工原油1 500万吨的现代化石油化工企业;至2019年,上海石化累计实现利税总额达2 100亿元,是70年代国家投资建厂的100倍,相当于建成了百座"金山"。48年前寸草不长的茫茫海滩,如今早已成为上海西南的"万亩桑田"。

改革开放后第一家民办寄宿学校诞生记

龙 钢

20世纪90年代初,改革开放进入快速推进阶段,上海基础教育领域也开始出现了一些大胆的新尝试,九年一贯制民办寄宿学校——白玉兰学校,在此时应运而生。

白玉兰学校教师在校门口合影

民进中央主席雷洁琼亲自题写校名

1992年,民进虹口区委有同志提出,民主党派应该根据自身特色,尽可能地为社会解决一些短板问题。当时,上海浦东开发开放刚起步,越来越多的人开始到上海谋求发展。民进虹口区委通过调研发现,这些人员在上海的最大顾虑,就是"孩子读书难"问题。于是,有人建议创办一所寄宿制义务教育民办学校,以帮助解决这部分人的后顾之忧。

20世纪90年代初,上海还没有一所义务教育寄宿制学校。在虹口区教育局的支持下,民进虹口区委决定在邯郸路小学的校址上,开办改革开放后全国第一家九年一贯制民办寄宿学校——白玉兰学校。

为何选址邯郸路小学?朱德润是白玉兰学校的常务副校长,当年负责筹备工作,他说:"邯郸路小学在运光新村附近,现在很少有人知道,运光新村曾是90年代上海市重点建设的住宅小区,配有运光新村第一小学和运光新村第二小学。两所小学的环境与设施相较于邯郸路小学而言,都要好很多,小区居民可以就近入学。而邯郸路小学那时刚从宝山区划到虹口区,学校设施陈旧,在那里办白玉兰学校,正好可以对原校舍进行改建,打造一个更好的教学环境。"

1993年2月,白玉兰学校正式开学,时任全国人大常委会副委员长、民进中央主席雷洁琼亲自为学校题写了校名。

招生告示贴出后吸引数百人争相报名

作为第一家民办寄宿制学校,白玉兰学校处在探索阶段,大家都是"摸着石子过河",所以在开办之初只招收小学三、四年级各一个班,每班名额设定为40名学生。

然而，学校的招生消息在社会上传开后，家长们却表现得相当踊跃，他们通过各种渠道到学校打听"是真的在招生吗？"当招生告示贴出后，竟然有300多人报名，最后学校董事会不得不将每个班的名额增加至44人，一度成为上海普教系统乃至社会上的新闻。

开学伊始，白玉兰学校提出对学生进行"三自""四会"的全面素质培养。朱德润说，所谓"三自"，其中自强，就是意志坚强，勇敢顽强，奋发图强；所谓自理，就是自己的事情自己做，不会的事情学着做，别人的事情帮着做，集体的事情主动做；所谓自学，就是要学生多思考，多发问，多创造，多积累。"四会"就是对学生掌握文化工具、提高技能技巧提出基础要求，包括会背100首古诗，会写一手好字，会用电脑学习，会用英语对话。这些办学理念的提出，在当时即受到家长的认同和赞誉。

白玉兰学校聘有学科老师和生活老师共10名（包括管理者），并规定所有老师必须和学生一起吃饭。凡遇学生在校期间过生日，学校还会组织全体教师与同班同学为其庆祝生日。四年级学生刘宏扬是第一个在学校过生日的学生。那天，班主任特意邀请刘宏扬的家长到学校，与校领导、全体教师以及全班同学一起为他热热闹闹地举办了一个10岁生日会，食堂还给刘宏扬准备了生日蛋糕。刘宏扬的家长激动地说："没有想到学校会为孩子过生日，而且还搞得这么热闹，很令人感动。"

学生们都盼着每周的体育拓展课

早前，我对民办学校的概念就是"弄堂里的学校"，招收的学生多是因为进不了公办学校，而选择民办学校的。在尚未推行计划生育政策的年代，公办学校"僧多粥少"，于是政府鼓励社会上有能力的人办学校，教育部门还规定：家里如有三个孩子在公办学校读书，第四个孩子必须到民办学校读书。直到1993年我到白玉兰学校担任兼课老师，才又重新认识了民办学校。

当时，白玉兰学校开设了文艺型、科技型、知识型三类兴趣拓展活动，包括手造技艺、星空探究、书法艺术、体育拓展等25个兴趣组。我在完成了自己学校的教学任务后，每周有两个下午到白玉兰学校为学生上体育拓展课。拓展课在今天已经是很普遍了，但在当时却是一个新名词。

白玉兰学校拓展课的上课形式很新颖，学生先是根据兴趣爱好自成一组，如喜欢跳绳的组成跳绳队，喜欢篮球的组成篮球队，喜欢羽毛球的组成羽毛球队，之后便在操场上进行练习，老师从旁给予相应的指导。这种按个人兴趣上课的方式，很受学生的欢迎，家长们也乐见其成。

我印象最深的是，白玉兰学校的学生特别喜欢篮球和民俗体育这两个拓展项目。那时，我主要是让学生们做篮球游戏和跳竹竿舞。教学时，我先准备四根长竹竿，再选四名学生在两头各执一对竹竿，并把其余学生分成两组。执竿者需将竹竿有节奏地在地上左右分合，让外围的学生有节奏地单脚跳进跳出，类似云南少数民族舞。上课时，学校操场上有做运球接力游戏的，有跳竹竿舞的，气氛相当活跃，完全没有上正规体育课的那种严肃。因此，学生们都盼着每周的体育拓展课。

拓展课是培养学生兴趣爱好的有效手段，我记得学校还开设了英语情景剧课、小记者采访写作课等，每学期专门组织家长现场观摩教学课。后来，白玉兰学校的许多做法都被教育部门采纳，如现在实行的校本课程等。

十年白玉兰成功显现"试验田"效应

白玉兰学校在社会上赢得了普遍赞誉。由于当时民办学校是件新生事物，甚至吸引了日本、韩国等国家的媒体前来上海采访报道。1993年，时任国家教委主任朱开轩来到白玉兰学校视察，对学校的办学宗旨和教学工作，予以了充分的肯定，并要求大家适应形势、不断开拓创新，进一步办好学校。随后，时任全国政协文化教育委员会主任、国家教委副主任邹时炎带领民办教育调查组来校专题调研白玉兰办学情况。1994年，时任民进中央副主席楚庄、张怀西、邓伟志专程视察白玉兰学校。

随着社会上对民办寄宿学校的需求不断增加，白玉兰学校董事会决定，将原先每个年级一个班级扩招至两个班级。1994年，在丹徒路300号，民进虹口区委又开办了白玉兰高级中学。1995年，随着小学生源逐步升入初中学段，学校开始初中招生，生源既有本校毕业生，也面向全市招生。此后，白玉兰学校的年级设置为三年级至九年级。

九年一贯制寄宿民办白玉兰学校，作为改革开放后上海基础教育领域的一块"试验田"，其成功办学给教育界很大的震动。之后，上海其他各区以及周边省市相继办起民办学校，作为公办学校的一种补充，满足家长的不同需求。

2003年，白玉兰学校建校10周年校庆之际，时任上海市副市长、民进中央副主席、民进上海市委主委严隽琪为学校题词："十年玉兰香，三自特色强。"

2004年，白玉兰学校停止了招生。2008年，白玉兰学校终止办学，并入民办瑞虹高级中学。虽然这所学校只短短地存在了十余年，但它的开创性及当时的一些做法和办学理念，还是给后来的民办学校提供了一定的借鉴。

作为曾经在这所学校执教过的一名老师，我有时路过邯郸路附近，还会特意前往曾经的学校（现为国家"指南针"计划基地）去看一看，当年操场上的欢声笑语似乎就在眼前……

上海金融风云录
——20世纪90年代浦东金融市场诞生记

唐旻红

1990年4月18日,李鹏总理代表党中央、国务院在上海宣布:"加快浦东地区的开发。"当月30日,市政府宣布开发浦东的十项优惠政策和措施。而文件上没写、但中央内部口径允许的另外一条,就是上海浦东新区创办证券交易所,进行资本市场的探索。短短8个月后的12月19日,上海证券交易所在北外滩正式开业,成为浦东开发第一个大动作,为上海国际金融中心建设拉开了序幕。

江泽民:有什么困难,可直接来找我

众所周知,新中国第一股"小飞乐"正是从申城起飞。但很多人不知道的是,在股份制改革的试点探索阶段,浦东本地企业也没有落后,并成功跻身上证所开业首日上市的"老八股"。这就是从川沙乡办企业转型的"申华"。

这与浦东川沙的实业经营传统、乡镇企业发展、乡民改革开放意识密切相关。该公司创始人瞿建国,早在1973年就作为小木匠与同村一些年轻人创办了川沙桥弄木器厂,他既是厂长也是销售员、办事员,经常往市区跑,积累了见识和经验。1979年前后,他先后担任村里的工业大队长和孙桥乡副乡长。80年代初,上海全市仅有

18万台电话机,桥弄村却已家家户户通了电话。1985年底,孙桥乡已跃升为上海两个亿元乡之一,经济指标在全国亿元乡里排进前十。也就在这一年,瞿建国发起成立了一个横向经济联合体,后依托此联合体,有了申华实业的雏形。

瞿建国一直认为,乡镇企业改革的根子在体制,当时上海农村发展工业有上海的特点,既不能像"苏南模式"那样把所有的农村经济合起来组成一个大的集体,也不能像"温州模式"那样鼓励个人去搞分散的小型企业。他想要创办有一定规模、实力和市场竞争力的法人性质的企业,于是就诞生了上海申华电工联合公司,横向联合三省一市18个乡镇企业,华西村也是其中之一,可以说确实打破了地区、所有制的限制。

这次改革虽因种种原因失败了,亏损40万元,但瞿建国仍然坚持从体制内辞职,欲下海创业搞股份制。起初乡党委不肯批,但时任川沙县委书记的孟建柱支持他,最终县委县政府讨论决定:"瞿建国要搞股份制,我们还是让他下海去试点吧!"

当时上海确定的股份制试点条件有三:一是产品符合国内外市场要求,经济生产力有前景;二是经营管理水平比较高,企业素质和经济效益相对比较好;三是企业产品结构、技术结构符合上海发展战略。市体改办、经委、商委等结合行政性公司改革,筛选了一批试点名单,几易其稿,第一批定的8家最后只留下1家,而且还要在工业、农业、国有、集体、服务业中搞普选。

瞿建国摸到这一信息后,觉得机会来了。当时上海已有好几家股份制试点企业,但农村一家都没有。通过各方组织据理力争,农村的试点最终落在申华公司。江泽民还曾当面听了瞿建国汇报,提出问题,最后表态:"建国的事情,就是我们市委、市政府的事情,有什么困难,可直接来找我。"

当时负责发行申华股票的农业银行提出股票全部放在川沙县,

万科申华并购的两位主角：王石（左）和瞿建国

面向农村低调发行。其时，浦东尚未跨出开发开放的步伐，虽有部分改革先行者，但普遍缺乏市场意识和金融头脑，很难全部消化。经与农行及市里相关部门多次洽谈，得出折中方案：川沙发行50万元，外滩发行50万元。事实上，川沙的其中16万元也被调拨至外滩销售，川沙当地的孙桥乡、桥弄村、洋泾乡仁和工业公司等认购了26万元法人股。

1990年3月1日申华上市后不久，浦东开发开放正式启动。申华看准时机，投资浦东的出租车队、张桥客运中心、申华大酒店和房产公司等，发展顺利。其后，诞生、成长于浦东的申华，渐成资本市场"宠儿"，先后经历深宝安、万科等企业入驻，在并购中前行。

庄晓天：必须在天亮前发完，不然要出大问题

当浦东开发开放号角吹响之后，上海的领导人和专家学者看到了发展和培育要素市场的突破口，不仅借助浦东开发顺利建成了上证所，且积极推动浦西企业走向浦东，实行股份制改革，为企业自身，也为浦东早期开发筹集了重要资金。1992年前后，根据浦东开

发的需要，外高桥、凌桥、陆家嘴等一批浦东概念股先后发行上市。其中，于1991年12月发起设立的"浦东大众"（现为"大众科创"），则是继"老八股"后在浦东新区发行的第一只股票，也是浦西企业借助浦东开发、进军浦东寻求股份制改革机遇的第一声号角。

当年，随着上海经济、市民生活的不断改善，出租汽车行业始终处于供不应求状态，企业要增加车辆、扩容发展，却受资金限制，向银行贷款也困难重重。1991年初，大众公司总经理杨国平请当时市体改办企业处处长蒋铁柱、"申华"董事长瞿建国及田雨霖、水行川等专家一起到公司，指导、讨论股份制试点等问题。当时有关股份制"姓资""姓社"的社会争论和压力还很大。会上，蒋铁柱表示要向国家有关部门反映，征得上级同意后，可以恢复试点。3月，经蒋铁柱联络，时任国家体改委企业司和国家工商管理总局有关领导来沪，与上海大众方进行专题讨论。企业司最后表态，可以借助浦东开发，组建"浦东大众"作为恢复股份制试点单位，但股份规模搞得小一点，因为有争论，随时有再次停止的可能。同时再三强调，只能试，不要公开宣传。

1991年12月8日，全国出租汽车行业中第一家股份制企业——上海市浦东大众出租汽车股份有限公司成立，股票发行总量1 400万股，其中发起人800万股，社会个人600万股。当天是星期天，原定上午8点开始发放购股券，但从周六晚开始就有人在虹口、江湾、七宝体育场等几个购券点排队，江湾体育场的铁门还被挤倒，有人受伤。分管副市长庄晓天带队巡视后当即决定，必须在天亮前发完，不然可能要出大问题。好在股票最终得以顺利发行上市。

当"浦东大众"新机制运行取得成功后，"大众出租"（现"大众交通"，俗称"西大众"，与浦东的"东大众"对应）也跃跃欲试准备整体上市。1992年5月，"大众出租"未被市建委推荐为A股上市，但市建委企管处向市体改办副主任蒋铁柱汇报后，获得2 500万股B股追加额度,定向给"大众出租"。5月19日大众出租获批股份制试点,发行社会个人股500万股,向社会法人募集500万股,B股2 500万股,公司总股本为8 590万股,7月22日B股上市,8月7日A股上市,成为全国出租汽车行业中首家发行A、B股的上市公司。

1994年6月30日,"大众法人股"又先后在上证所总经理尉文渊、中国证监会主席刘鸿儒和研究室主任徐雅萍等人的具体指导下,最终率先成功实施法人股向B股转让方案,54家法人单位1 000万股法人股全部"解放",成为第一家法人股向境外转让上市的中国公司,对开拓上市公司资产运作思路很有启迪。更重要的是,B股市场提升了中国在国际上的影响力,吸引更多外资流入,从而提供了浦东开发的部分外汇资金。

投资人最怕被误解为资本家或剥削者

上海市工商界爱国建设公司是改革开放后由老一辈工商业者创建的大陆首家民营企业,也是最早带有市场融资功能的企业,在邓小平关于原工商业者"钱要用起来,人要用起来"的鼓励下,由刘靖基、唐君远等联合海外人士1 000余人共同集资5 700余万元,于1979年9月22日创建。

虽然当时的爱建已经具备股份制企业的融资、经营能力和方法,但由于种种原因,没能成为第一批股份制企业。公司筹建之初,海内外工商业者都愿意拿钱参加,但他们也遇到了一个绕不过去的坎:怕当资本家,怕被看成是剥削。故酝酿章程时,集体反对用"股东"之称,而主张以"认款人"身份出资。甚至怕企业被误认为是资本主义企业,起初对是否叫"公司"、是否设"董事""监事"也有不同意见。认款利息方面,则坚决反对分配红利,否则又恐被认为是剥削了。

经多次反复研究，这些问题都在章程中做了相应规定，明确提出公司是"集资经营的社会主义性质的企业"：首先，经营目的是"以爱国建设为唯一宗旨，不以私人盈利为目的。根据自愿原则，筹集上海市原工商业者的多余款项，为祖国的社会主义现代化建设事业贡献力量"；其次，"经营业务所获得的利润，除依法缴纳国家税金外，全部作为公积金，继续用于发展祖国的社会主义现代化建设事业"，"提供资金的利息，每五年结算发付一次，按照中国人民银行规定的五年定期存款利率计算。"

爱建的这种认款办法在以计划经济为主导的条件下，受到的条条框框限制较少，发展顺利，创造了上海第一家合资企业"联合毛纺有限公司"、上海第一家地方航运企业"锦江航运公司"、中国第一家民营金融企业"爱建信托投资公司"等多个"第一"，为上海改革开放的起步做出了特殊贡献。

但随着改革开放步伐逐渐扩大，爱建的融资优势也在逐步消失，章程规定的认款5年一期、到期可取回，以及大大低于债券和试点股份制企业股息红利的利率，使得资金来源短期性与资金投放长期性的矛盾日益突出。第一个5年认款期满后，公司领导层即着手调研，认为唯一出路在于股份制改革。但是鉴于其特殊的政治环境，原拟于1990年7月成立的上海爱建股份有限公司，直至浦东开发开放和股份制改革全面启动后的1992年6月，才正式提出申请，7月获批，9月22日才正式成立，股票则于1993年4月在沪上市。

在改革开放初期的计划经济体制下，生产要素仍由国家掌握，通过计划进行统一分配。"爱建"创立之初的这种融资、经营模式，标志着市场体制转型的一个关键步骤，即以市场取代中央的计划资源分配职能。其意义显然超出了"大陆首家民营企业"的层面，是对股份制的一种试探，对其后的金融改革和股份制推进影响深远。

1992年9月22日,上海爱建股份有限公司成立大会暨第一次股东代表大会在上海展览馆举行

邓小平:你们办吧,办了再看

1989年后,西方七国集团对中国实行了经济制裁,邓小平等领导人非常希望采取适当的市场和政府行为,来向世界显示中国继续推进改革进程的决心和国际形象。当朱镕基当面向邓小平汇报成立上证所的设想时,邓小平说:"你们办吧,办了再看。办了不好,我们再改嘛!"同时,李鹏总理也公开表态:支持上海建设。1990年11月,时任国家主席江泽民在参加深圳和珠海经济特区成立10周年庆典期间,对股票市场问题做了调研,又在回京飞机上,和时任国家经济体制改革委员会副主任刘鸿儒进行了长达两个多小时的股市议题谈话,最后明确表示:可以把上海、深圳这两个试验点保留下来,继续试验不能撤,但是暂不扩大,谨慎进行,摸索经验。

1990年二季度,朱镕基在到我国香港和新加坡、美国宣布浦东开发开放计划时,明确上海证券交易所在当年底就要开业。之所以选定这个时间,是因为当年12月香港贸发局主席邓莲如将率一个大型香港贸易代表团来上海访问,朱镕基便邀请邓莲如参加开业典礼。

至于上证所的最初选址,当然不可能是一派田园风光、尚未开发的浦东。最终落址于北外滩的浦江饭店,则是一种偶然和因缘。

此前,负责上证所筹建的尉文渊找过汉口路旧上海交易所旧址、黄浦江和苏州河沿岸的旧仓库,甚至还看了北京东路的火车站售票大厅和金陵东路的船票售票大厅,都失望而归,正好有人告诉他黄浦路15号浦江饭店有个大厅。这个饭店是一幢建于1846年的欧式建筑,以前叫礼查饭店,虽已很破旧,但气势还在。

经过仅数月的紧张设计、施工和筹备,1990年12月19日上午,新中国第一家证券交易所——上海证券交易所在浦江饭店孔雀厅正式挂牌成立,朱镕基等市委、市政府主要领导,以及海外嘉宾和许

1990年12月19日,上海证券交易所在浦江饭店正式开业

1990年12月19日,上海证券交易所开业典礼,500多位中外金融界人士参加

多国际一流媒体,都应约出席了开业典礼。

1997年,上证所从浦江西岸的浦江饭店迁址浦江东岸浦东南路528号新的上海证券大厦。也正是在入驻浦东之后,它的英文名称才被正式确定为Shanghai Stock Exchange。

此前,由于顾虑Stock(国际上通用的直指股票的单词)这个词比较敏感,被认为是资本主义的东西,会遭到某些人士的攻击和批评,加之交易所成立之初只有8只股票交易,而国债的交易有十多个品种,故而"上海证券交易所"的英文被翻译成Shanghai Securities Exchange,既减掉锋芒,又符合实际。好在两者的缩写都是SSE,改名在操作层面影响不大。

浦东开发作为一项国家战略,为新中国资本市场的建立和发展提供了机遇。上证所筹建、落户、迁址,则是中国改革开放后股份制改革的一个阶段性成果,其"政治背景"和"高起点规划",使得它所承担的时代使命尤为重要。另一方面,它也在实际上促使更多直接融资和生产要素优化组合,为浦东开发提供了所需的大量建设资金,其开市引领着要素市场在浦东纷纷崛起,如上海期货交易所、上海联合产权交易所、中国金融期货交易所、上海钻石交易所等交易平台接踵而建,初步为上海搭建起现代化的金融体系。

可以说,上海证券市场的建立,不仅为浦东开发开放拉开了序幕,也为上海国际金融中心建设拉开了序幕。

砥砺前行

上海：世纪之交崛起的国际会议中心

龚柏顺

跨入21世纪的第一年，人们欣喜地看到，越来越多的重大国际会议选择在上海举行，上海已成为举世瞩目的国际会议中心。

国际会议在上海频频举行，从一个侧面显示出：中国的国际地位迅速提高，上海的国际知名度也日益提升。正如时任上海市市长徐匡迪在1999年《财富》论坛上海年会举行前夕时所言："上海的巨变，是中国巨变的缩影。我们将代表全国人民，向世界展示新中国建立半个世纪以来、特别是改革开放20年的巨大成就。"

2001年10月，亚太经合组织（APEC）高峰会议在上海召开，届时包括APEC 21个成员的领导人或代表在内的近万名境外嘉宾将聚会申城。这一盛会将再一次让我们感受到：上海不愧为一座世界名城。

峰会频频　世界瞩目

回眸改革开放以前，上海没有举行过国际会议。直至1980年6月，才在上海举行了第一次国际会议，即"基层妇幼保健组织区间讨论会"，有13个国家和世界卫生组织的代表与会。此后，随着中国加快改革开放的步伐，上海开始频频举办各类国际学术会议和经济、科技等方面的国际会议。其中，大型国际医学会议近百次、各类国际学术会议100余次,以及由中国工业经济协会与美国太平洋论坛在沪联合召开的"上海国际经济讨论会"和上海市与联合国技术合作发展部在沪举办的"大都市与地区规划国际研讨会"等。

至1996年,由中国、俄罗斯、哈萨克斯坦、吉尔吉斯斯坦、塔吉克斯坦五国元首举行的"上海五国"峰会,标志着国际会议在上海的发展进入一个更高的层次。合作、交流的国际大势和中国积极融入经济全球化的浪潮,进一步将上海推向了国际交流的前台。1999年9月,第五届《财富》年会全球论坛在刚建成不久的上海国际会议中心举行,吸引了全球500强中60家企业的领导人参加论坛,与会外国企业家达550多名。这次全球工商界的峰会的规模为历届《财富》论坛之最。

此后,联合国及其有关机构与中国政府方面的合作也日趋增多。

在金茂大厦举行的"2001中国投资论坛"

如2000年举办的"世界企业孵化和技术创新大会",由上海市政府与国家科技部、外经贸部、教育部、中国科学院、中国工程院和联合国开发计划署共同主办,来自国内外的近500名代表与会,是高新技术产业化领域的一次国际盛会;"亚太地区城市信息化高级论坛",由联合国、联合国开发计划署和上海市政府、信息产业部、中国科学院共同主办,联合国及其有关机构的高级官员、亚太地区30多个城市的市长和有关负责人、国内外的专家学者约600多人出席这一推进城市信息化建设的高层次论坛。

更为令人注目的是,"上海五国"第六次峰会,决定接受乌兹别克斯坦正式加入"上海五国",并举行建立"上海合作组织"的六国元首首次正式会晤。时任国家主席江泽民称赞本次上海峰会是一次承前启后、继往开来的世纪盛会,它将揭开"上海五国"未来发展

在上海国际会议中心举行的"21世纪国际企业家上海论坛"

的新篇章。以"消除数字鸿沟：城市信息化解决方案与最佳实践"为主题的第二届亚太城市信息化高级论坛于2001年5月24日在沪开幕，联合国经社理事会主席埃博托及亚太地区58个城市的800多位代表出席会议，开幕式上宣读了联合国秘书长安南、中国国务院副总理吴邦国发来的贺词。而2001年10月在上海召开的APEC高峰会议，是亚太地区级别最高的经济合作论坛，中国作为2001年亚太经合组织的东道主，在与各成员充分协商的基础上，确定了"新世纪、新挑战，参与、合作，促进共同繁荣"的会议主题，充分体现了亚太经合组织成员对新形势下携手迎接挑战，促进共同发展的共识。

接二连三的高峰会议在上海举行，引来了世界越来越多的掌声和喝彩。

议题深化　城市变化

有专家认为，随着上海不断提高城市综合经济实力、综合创新能力、综合发展环境、综合管理水平及强化综合服务功能，一个更加开放的上海将引来世界越来越多的目光和赞扬。上海的快速发展，吸引了国际会议组织者争相把会址选择在上海，如联合国及其有关机构、美国亚洲协会、英国经济学人集团等，都把一些重要会议安排在上海举行。而从国际会议主题的演变中，同样可以使人清楚地看到上海前进的时代步伐。

尤为引人注目的是上海市市长国际企业家咨询主题的12次演变，十分生动地反映出申城巨变的轨迹。1988年，时任上海市长的朱镕基接受中国国际信托投资公司经叔平先生的建议，报请中央批准，创立了上海市市长国际企业家咨询会议。12年来，每次市长国际企业家咨询会议都针对上海经济发展中的突出问题，确定一到两个专题进行讨论。同时，会议主题不断深化、层次不断提高，从上海如何成为金融中心、如何成为贸易和物流中心、如何创立中小企业、提高国有企业效益……到金融风险管理、创新和新兴产业的发展及政府宏观管理大都市、城区管理和现代化企业管理等。前11届会议，正值20世纪90年代上海城市形态建设和产业结构调整的高峰期，大多为单项和专业性的议题，即相对微观议题。到2000年则从微观走向宏观，研究上海跻身国际大都市亟待解决的政府宏观管理、大都市城区管理、现代化企业管理等重大议题，反映出上海面向新世纪的战略思考。

国际会议的召开也对提高上海市民综合素质提出了新的要求。2001年在上海举行的APEC会议，是新中国成立以来，在我国举办的层次最高、影响最大的多边国际会议。市民对在上海召开APEC会议感到无比自豪，各行各业皆以一流水平为目标积极进行筹备工作，期望以崭新的国际大都市整体功能和形象给世人一个惊喜。市民中广泛开展学英语和APEC知识竞赛活动，以及同样堪称一流水平的志愿者服务。提高自身素质，提升城市文明程度，已成为人们自觉的行动。

一位APEC高官、来自新西兰的资深国际会议组织者这样称赞上海市民："看得出，他们热情、敬业、知识丰富，他们的微笑能让人感到宾至如归。"

会议产业"金蛋"效应

把会议作为产业，这在上海市民中知道的还不多。其实，世界上几乎所有著名的国际大都市都十分重视发展会议产业，尤其是举办重大国际会议，已成为衡量国际大都市的重要标志之一。

随着申城在20世纪90年代实现两个"三年大变样"之后，一批高架道路、过江大桥、地铁和高星级宾馆建成和投入使用，使上海在通往国际会议中心的进程中迈上了一个新台阶。1997年春天,中共上海市委书记黄菊在有关会议上明确指出,上海要依据经济中心城市的资源优势,大力发展国内外会议、展览、旅游。正是根据这个要求,上海建成了专门的国际会议中心,以及此后相继建成的浦东国际机场、国际新闻中心和正在建设中的信息港。这些一流的设施向世人宣告:上海已具备了构筑面向世界的讲坛的能力,成为世界风云际会的场所。

如今,会议产业正在上海悄然崛起。近年来,上海每年举办国际性会议近百次,2000年在国际会议中心和各星级宾馆召开的各类大中型国际会议达150多次。同时,由于浦东开发开放对世界产生的巨大影响,已成为颇具国际会议举办竞争力的竞争者。仅2000年,在浦东举行的各类国际性会议就达30多次。而2001年上半年,位于浦东的国际会议中心和11家三星级以上的宾馆就累计举行各种类型的会议420多次,近5万人与会,其中国际性会议70多次。此外,上海市及浦东新区相继组建了专业化的国际会议服务公司,专门负责申办、组织、协调、安排国际会议和大型活动,从而使上海在城市综合吸引力、国际会议场馆的硬件设施和以专业会议组织机构为代表的软件这"三要素"方面,获得进军国际会议市场的"护照"。

会议产业还对相关行业带来了巨大商机,因而被称为"金蛋"产业。据浦东新区经贸局商业旅游处提供的资料,2001年1至6月份,浦东新区宾馆和饭店行业实现营业收入7.84亿元,比上年增长20.6%,上半年高星级宾馆客房出租率和房价同时实现历史新高,客房平均出租率比去年上升了一个百分点。同时,香格里拉、凯悦、假日等一批被国际会议经常选用的国际连锁饭店集团已纷纷抢滩浦东。随着越来越多的国际会议在上海举行,沪上会议产业的发展将更迅速、更壮大。

"华电"风雨沧桑录

晓 芬

在望达路以东、半淞园路与黄浦江的相间处,那里是南市发电厂,它的前身就是华商电气股份有限公司(简称华电)。这是一家在上海市政近代化进程中起了不小作用的著名民族企业。不少老上海都很熟悉它。

1918年的华商电气公司

李平书首倡"内电"觅奇才

华电兼营电力和电车，溯其肇端，那就要提到上海近代化的第一号功臣李平书了。

鸦片战争失败后，上海被迫开埠，辟建租界。在经历了痛苦的历程之后，一批怀着强烈民族意识而又能与时俱进的有识之士，既看到了西方列强咄咄逼人之势，痛心于领土和利权沦丧，又看到了移植西方格局和管理的新城区确实优于旧城厢，赞赏包括自来水、电灯、燃气和电车、汽车等公共交通在内的各种最新的市政物质文明，于是，发展图强成了他们的共识。19世纪末至20世纪初，租界当局和外资企业又正力图将水、电、公共交通经营向华界拓展。面对这一情势，他们力主自办，维护利权，李平书就是他们的突出代表。早在光绪九年（1883），他就试图引自来水进城。

光绪二十三年（1897），江海关道宪蔡和甫与上海知县黄爱棠，曾拨银四千两，在十六铺老太平码头办了一家小型发电厂，名南市电灯厂，这也是中国人自办的首家电厂，主要是为外马路等处的路灯供电。但官办企业弊端丛生，很快就难以维持了，李平书便倡议商办。光绪三十二年（1906），他正任上海城厢内外总工程局领袖总董，便联络王一亭、莫子经、朱志尧、张逸槎等，集股十万两白银，改组成立了上海内地电灯公司，设于紫霞殿，由张逸槎任经理，是为"华电"之嚆矢。

经过几年的努力，张逸槎深感困难重重，力不从心，便屡屡向李平书、王一亭提出辞职，只是无人接替，一直搁了下来。宣统三年（1911）正月下旬，李平书因事去北京，下榻中西旅馆时与朱志尧不期而遇。晤谈中，聊起了内地电灯公司事，李平书将目光投注到朱志尧身旁的一位叫陆伯鸿的年轻人身上。此人是李平书的好友陆裴庆的儿子，李平书很欣赏他英姿勃发、熟知时事，在李平书晚年的《自述》中就明白地写着"深爱其才"。于是，李平书私下向朱志尧提出请陆代张的方案。朱、陆两家婚姻、事业纠结甚多，过从极密。论辈分，陆伯鸿与朱志尧的侄儿是连襟，娶的都是苏州诸家的女儿，朱志尧又年长12岁，两人却是好朋友。所以，对李平书的建议，朱志尧当然十分赞同。在获得陆伯鸿的首肯后，李平书一回上海，

"华电"总经理陆伯鸿

很快征得莫、王、张的同意，陆伯鸿就当上了内地电灯公司的经理。

次年10月，法商电车电灯公司将轨道铺至斜桥，屡次提出要延伸至华界。美商古纳、东方万国等洋行，也向建立不久的上海都督府申办南市电车。时任上海民政总长的李平书十分着急，经与市政厅长莫子经等人商议和市议会议决，一致主张自办。李平书又找到了陆伯鸿，请他出面筹办。陆伯鸿担心招股不易，面现难色，李平书就说："趁我在任，立案招股，集成便办，不成暂缓。"陆伯鸿从命具文申请，李平书立马批准，更"星夜备文，亲往江宁（今南京）"，向江苏都督程德全面详一切，当场获准，旋即返沪。果然，有李平书振臂一呼，陆伯鸿在新舞台仅一天就集股20万元，成立了华商电车公司。

这一特事特办的细节，充分反映了李平书振兴华界、以发展抵制租界扩张的急迫心情。李平书倡议成立的内地电灯公司和华商电车公司，就是日后"华电"的两块基石。

陆伯鸿二司合并创"华电"

陆伯鸿果然是个奇才。他一接手内地电灯公司，就迅速转亏为

"华电"电车

盈，南市电灯数从1 000多盏增加到1918年的23 000多盏。华商电车公司组建后，暂借内地电灯公司筹办，先与市政厅签下经营南市电车30年的合约，向德商洋行订购电车、钢轨及各种材料，又于南车站路564号处购地，1914年建公司和停车场（今上海电力修造总厂）。1913年8月11日，小东门到高昌庙的一路电车正式开通。其实，要不是"二次革命"战事的影响，7月份就可通车的。接下来的两年中，自小东门分经北门与南门到老西门的三路电车和二路电车，还有老西门到高昌庙的四路电车，都相继开通。同时，法商电车也辟了一条从老西门到小东门的六路电车，与华商的二路和三路电车走同一条环形路线，只是华商走内圈，法商走外圈，行驶方向相反。

陆伯鸿是一个胸怀大志又颇有魄力的人。当电灯、电车两公司都进入了正轨，他便及时提出合并的打算，为实现宏图画下了浓重的一笔。已经十分信赖这位经理的两公司董事会，顺利通过了合并决议，1918年华商电气公司便正式成立了。

华商发电厂主机车间

"华电"成立后,作为总经理的陆伯鸿迈开了扩大经营规模的步伐。1918年、1924年共计向德国订购了三台发电机组,每台3 200千瓦,又多次向英国订购拔柏葛锅炉。到1928年,公司已拥有拔柏葛锅炉7台,发电能力从3 350千瓦提高到1.6万千瓦。1932年又向捷克订购3台斯科达锅炉。供电区域也早已超出了南市的范围,覆盖了漕河泾全区和法华、蒲淞两区的部分地块,连徐家汇天主教区的用电也由"华电"供应。1930年1月16日,还铺设了2条最早的黄浦江水底电力电缆,次年2月1日起向浦东用电大户和兴钢铁厂供电。1935年,供电范围扩大到虹桥、新桥,还售电给闵行振市电灯厂和松江电气公司。1936年,全年发电6 082万千瓦,并买电1 570万千瓦以敷所需,成为上海最大的民族电力工业企业。电车轨线总长也从1918年的14.47公里增至22.75公里,电车数量从54辆增至81辆。

陆伯鸿对此并不满足,他向董事会提交了进一步扩大经营的报告。对于一个年盈利已达一百万元的总经理提出的蓝图,董事会自然又是顺利通过。1935年10月，陆伯鸿开始实施他的新一轮发展规划，一是向德国西门子公司订购2台1.5万千瓦的汽轮发电机，向英国订购2台拔柏葛锅炉，向捷克订1台斯科达锅炉，二是向沈志贤购买毗邻的沈家花园西半部约10亩土地，准备营建新厂。

"华电"在上海市政近代化中的作用日显，资本总额也在急剧增长。1918年合并时，总资本才74万多元，1920年也只有100万元。1922年、1926年、1931年三次各增资100万元，1934年又两次各增资200万元，至1936年资本总额已达800万元，为1920年的8倍。在扩大资本的过程中，朱志尧一家予以特别有力的支持。"华电"虽是一家上市公司，但仅朱志尧的弟弟朱季琳一人就曾占股56%，1918年至1931年间担任着董事长，之后也一直是公司最大的股东。

杜月笙暗中窃取董事长

1932年"华电"发生董事长易人事件，新董事长就是海上帮会"大哥大"杜月笙。杜月笙在"华电"并无股份，缘何出任董事长呢？原来，"华电"是一个拥有千人以上的大企业，利润颇丰，自然成了社会恶势力垂涎的肥肉。恰好，20年代末到30年代初，中共领导的工运转入低潮，杜月笙便让门人暗中鼓捣，屡屡制造事端，为买一个太平，董事会不得不请杜"屈尊"。就这样，最大的股东朱季琳降为常务董事，杜月笙当上了董事长。当然，杜月笙只是挂个名，可他的几个门徒都进入了要害岗位，如孙志飞就当了业务科长，1947年后更当了总经理。他的儿子杜维垣，也在抗战胜利后进了"华电"，他与陆伯鸿的一个儿子，一不懂管理，二不懂技术，也不管什么事，每天来混上半天，一杯茶在手，相互侃大山，每月工资六七百元，实际上则是孙志飞对杜月笙和陆伯鸿的孝敬而已。

不过，有了杜月笙这块招牌，有些方面还是蛮管用的，例如处理窃电事件。当时窃电颇严重，公司也制订了一些条例，但这些条例只能管管平头百姓，如1918年6月，就处理了80多家窃电户，照章罚了四五千元钱，然而对军警政机关窃电就一筹莫展了。通过杜月笙的关系，竟说动了国民政府高层出面干预。1933年12月13日，由军委会委员长蒋介石、军政部长何应钦、建设委员会委员长张静江和内政部长黄绍竑联合署名，发出了第一号通令：如再有窃电，追究当事人责任，并依法究办。自此之后，窃电事件就少多了。

众员工气节忠贞不事敌

正当"华电"新一轮发展的帷幕缓缓拉开，新厂房地基已全面施工，安装新机组的基础工程也将完工，订购的新机组也已抵沪，发电总量将增两倍的前景已朦胧显现时，日寇挑起的侵华战争却打断了这一发展进程。

1937年8月14日、19日，日机两次轰炸上海铁路南站，南站、高昌庙镇陷于一片火海。"华电"位于镇东南，与南站一路相隔。轰炸中，"华电"虽未大损，但已无法正常生产。20日17时停止发电，改从租界电厂买电供应用户，一些重要设备即日起拆下，转移到法电仓库和萨坡赛路（今淡水路）、薛华立路（今建国中路）转角处一足球场内，临时搭建芦棚遮挡风雨。11月9日，中国军队西撤，15时停止供电。12月30日总经理陆伯鸿被刺，代董事长、广东人冯炳南主持董事会，在外滩汇丰银行大楼举行紧急会议，作出停业决定，并在辣斐德路（今复兴中路）502号设立由孙志飞负责的总管理处，处理员工遣散诸事。继又与德、捷洋行商退所购机组锅炉，退款用于发放职工遣散费和维持总管理处。1942年总管理处也告解散，由孙志飞一家长住502号，兼理余事。

1937年11月12日起，"华电"所留厂房设施悉沦于侵华日军之手，日军急欲恢复电力供应，无奈"华电"空空荡荡，找不到一个人。通过汉奸，日军找到了陆伯鸿，提出了恢复"华电"和由他担任南市维持会长的要求。接下来便众说纷纭了，有说他答应了，有说他是虚与委蛇，也有说是他的一个儿子想投日……反正，国民党情报人员的一颗子弹要了他的命。现在看来，关于陆伯鸿投日之说，似乎是"事出有因，查无实据"。陆伯鸿死后，日军找不到代理人，就干脆将"华电"变成了他们的华中水电株式会社南市支店，派了个叫久保精次郎的当了经理。为了尽快恢复供电，久保又贴告示又上门，想召回原"华电"的董事、监事及技职人员，虽有威胁之言，却多拉拢之意。可是，直到抗战胜利，没有一个"华电"的董监事或职工回公司替日军工作。一些主事的技职人员和工匠，为了躲避日军的胁迫，有的去了大后方，有的返乡，有的搬家改名，或投身抗战，或改从其他职业，甚至种田当苦力。仅此一点，也足以显示

遭日军劫掠后的华商发电厂主机车间

"华电"职工的民族气节。久保无奈,只得从日本招来40多人分充管理主管和技术骨干,勉强开始了运作。但撑了年余还是撑不下去,就将设施拆了卖给华北水电株式会社。

"华电"有好多工人参加了各种抗日地下组织与活动,内有一个组织是朱学范领导的勇进队。1940年10月10日晚,六名原是"华电"职工的勇进队员,潜入公司控制室,迫令值班人员拉闸,使供电区一片漆黑,还将值班人员绑了起来,教育了一番。此事极大地震动了日军当局,他们拼命追查缉捕。其中一位名叫王敏的,被迫逃回河北河间老家,并继续参加抗日,后来在一次执行任务时负伤被俘,壮烈牺牲。

童受民远东法庭索赔偿

抗战胜利后,"华电"收回了一个空壳子。原有的三台发电机和十台锅炉,都被拆卖到华北去了,电车、电杆、铁轨、电线也全被日军拆走了,厂房颓败不堪,厂区内野草过膝。那时,杜月笙正出任上海市水电业接收委员,"华电"董事会即推其为董事长兼总经理,同时担任"华电"接收委员,又聘原浦东电气公司副总经理童受民为经理,随杜月笙处理接收事。

童受民

童受民是浦东电气公司创办人童世亨的侄儿,是一个极富爱国心、又懂技术和管理的实业家和高级人才。他上任后,立即开展了缜密的调查,开具了损失细目清册,总计直接损失法币165.99亿元,间接损失2 618亿元。

1946年8月，由资源委员会工作的老上司翁文灏提议，童受民代表上海民族电力企业，赴日本远东国际军事法庭，指控侵华日军劫夺破坏的罪证并提出赔偿的要求。童受民携带了全部资料和指证书，到了东京。开庭前几天，庭方通知庭上只能使用英语，还不许携带文稿资料，只能口述。幸亏童受民在江苏省立第一商业学校求学时，对英语特别下功夫，不仅昼夜苦读，还常与外籍教师对答交流，离校后又与他们保持了通信，工作后再入商务印书馆英文函授学校进修，平时常阅读英文书报杂志，英文基础很扎实，故能在短短的几天中，将指证书等译成英文并熟读背出。为了对付辩护律师的质询，在出庭前夜，他与中方检察官裘劭恒、资源委员会经济研究室主任孙拯等进行了模拟练习。8月26日，在长达一个半小时的庭证中，童受民以流利的英语，铿锵有力的语调，进行了指证申述，从容应对美、日辩护律师不时插入的质询，取得了良好的效果。

　　然而充分的事实和有力的庭证，却不等于索赔的成功。索赔之路艰难万分。劫卖至北京石景山与山东淄博的那些发电机与锅炉，或因破损严重已无拆回价值，或因内战已起，道路阻隔，难以运回。申请赴日本拆机折赔，又遭盟军总部作梗而未成。所以，作为民族企业的"华电"在日本侵华战争中所蒙受的损失，与无数中国百姓受损的个人财产一样，至今没能获得赔偿，这也成为"华电"老人们难解的一个历史心结。

　　熬过了步履艰难的几年，迎来了新中国的成立。1950年2月，"华电"又遭到了国民党飞机的轰炸，损失颇重。接着便是1954年公私合营，次年更名南市发电厂，"华电"的历史画上了句号，而"华电"所开创的事业却更加发扬光大。

李平书与上海自来水

刘雪玑　史美俊

可有老上海人还记得原先矗立在城隍庙湖心亭前的那尊铜像吗？铜像塑的是近代上海闻人、著名绅董、营建了上海自来水厂的李平书。

当年，为了解决上海居民的用水问题，李平书可以说是呕心沥血，担水、卖水、开自来水厂。

河水腥黑　浊不堪用

上海县城原先河港交错，水流纵横，可算是一座水城。城内较大的河流有肇嘉浜、方浜、薛家浜、侯家浜、中心河等。如此一座"水城"，城中居民的用水本应该是毫无问题的。

李平书小时候就听爷爷说过，上海城中居民以前一般都是就近

李平书铜像

上海市民在老城厢河流中取水

取水的,既食用井水,也食用河水。比如方浜左右的居民"日用之水皆取汲于此"。由于取水、用水方便,所以"天雨时绝不用缸蓄贮"。

可是这样的好时光并不太长久。

后来,城河日益浅狭,水位常常很低。潮退时,有些地方甚至"河沟皆涸"。于是城内居民常常趁潮水上涨时,担水储备。不过潮水的到来,并非都是好事。秋潮时,水流常会"浊不堪饮",小沟积水,则"腥黑如墨"。而海潮盛至,咸水侵入,河水又"多不堪饮"了。

由于潮汐日至,带来了泥沙,城内河道渐渐淤塞狭窄了。

对于这种情形,李平书是有亲身体验的,他常常看见傍河人家,"日间室内所扫秽屑,夜间倾于河内"。他在《沪游杂记》一书中,也看到过"上洋潮退,河沟皆涸,一遇火灾,无可施救"的描写。

光绪四年至五年(1878—1879),李平书在上海的龙门书院读书。这两年,上海城内外迭遇火灾。由于上海城内木屋相连,街坊成片,所以烧起来非常可怕。河沟里无水可取,到城外浦江取水,真正是远水难救近火。每次失火,都只能眼睁睁地看着它延烧数十户人家,受灾人家苦不堪言。目睹此番情景的李平书,心潮久久难以平静。

龙门书院的刘融斋先生,是深受李平书敬重的恩师。可是刘师于光绪六年四月起患病,七月辞讲席,回籍养病。光绪七年的三月,刘师就谢世了。

龙门书院地处上海的西南角,常年饮用中心河和薛家浜的水,中心河和薛家浜的水又与肇嘉浜和方浜相通。由于上海的城河淤塞,潮水秽浊,饮用这样的不洁之水,极易染上疫疠。

李平书认为,刘融斋先生之死,就是被沪城这不洁的饮水害的!

水,和人民日常生活的关系是那样的密切。可是,要解决上海居民的用水问题,绝不是一件轻而易举的事情。

走街穿巷　挑担售水

光绪九年(1883)的五月,在上海的英美租界有一家英商自来水厂竣工了。

李平书闻讯后,对此很有兴趣。"自来水",光听这名称就够新鲜的,只要龙头一拧,水便哗哗地流出来了,既干净又方便。

李平书曾从书上获知,所谓"自来水",就是把取自水源的水经过净化、消毒后,加压力,通过管道输送给用户,满足居民生活、工业生产等方面的用水需要。不过,那时他还没有见过真正的自来水厂是啥样。

现在,一座实实在在的自来水厂造好了。迫不及待的李平书即以《字林沪报》编辑的身份与同乡姚安谷一起,趁着水厂竣工那天赶去考察。

李平书看得非常仔细:水塔设在什么地方?水池有多大体积?吸水机是怎么回事?推水机的结构又是怎样的?

水厂的警卫人员对这个30来岁的中国人产生了怀疑:别的来宾都在参加竣工庆典,他怎么到处乱钻,是不是想搞破坏?

警卫人员客气地请李平书回到接待厅去喝茶、吃水果。李平书哪有心思应酬？他知道同乡姚安谷的弟弟姚兰谷正好在这家水厂工作，便把他叫来，要兰谷找机会绘制一张自来水厂的图纸，姚兰谷一口答应。

很快，图纸送来了，可是李平书却犯难了。建造一座和英商同样规模的自来水厂，投资额甚高，李平书一时间到哪里去筹措这一大笔资金？另外，李平书和一些朋友商议办水厂之事，有些人似乎热情不高。办水厂？用水还要靠办厂？没听说过。是啊，只听说过办船厂，办钢铁厂，办纺织厂，办五金厂，或者开米行，设当铺等等，就是没听说过专门开个厂来白相水的，做这样的投资买卖，不亏才怪呢！

李平书不改初衷，水厂办不成，就想别的办法。上海城里的居民需要洁净的生活用水，这是肯定的。

李平书先建了一个供水站，把英商自来水厂的水接过来，然后雇用人力将自来水取出挑到居民家里去出售。可是前来买水吃的人寥寥无几，"每日销水不及百挑"。李平书又请了一些人四处去游说，劝大家用自来水，但应者依旧寥寥，无济于事。

问题出在哪里呢？

一天，李平书和一个挑夫一起担水到城里去卖。他们敲开了一户居民的家，从屋里出来的老太太看见自来水时，竟然非常害怕。

李平书急问老太太，何故如此畏惧焉？

老太太说，这水白花花的，还隐隐有些气味，既不是天上的雨水，又不是地下的河水、井水，是非常之源，喝了要得瘟病的！

哦，原来如此！

要解开老太太心头的疙瘩，说上一大堆科学道理是没有用的。李平书请老太太当场烧开一壶自来水，并且盛了一大碗，大口大口地喝着。

老太太的左邻右舍也都围过来看新鲜，大家议论纷纷：

"这自来水看上去比河水干净多了。"

"那怎么会有气味呢？"

"听说是加了消毒的药水。"

"这年轻人看上去蛮有学问的，他敢喝，大概没什么问题。"

第二年的春天，自来水的用户稍有增加。

李平书又与同乡姚安谷商议，将英商自来水厂的管道直接铺进上海县城，这样就免去了担水、卖水的繁琐，并且在法租界和县城交界地方"自设水管……立表计数偿值，划清界限，以保主权"。

李平书的用意很清楚，自己暂时没有能力建水厂，就借桥过河，直接用英商自来水厂里的水。"立表计数偿值"，就是告诉英商，你只管卖水收钱就行，城里的水如何销售，你不能干涉。

李平书的这个方案，深得上海道邵友濂的赞成，并且批交同仁辅元堂核议。然后，邵友濂委派水利局的张委员前去和英商自来水公司具体商议签订合同。

眼见自来水事业的形势看好，李平书赶紧和苏冶生一起，又向邵友濂呈交了一份在南市创设自来水厂的建议。

谁知这一步迈得太大了，无人赞同。既然如此，那就退而求其次，把铺设自来水管道、自立水表等事情先办起来。

正在这个时候，中法战争爆发了。

与英商自来水公司议订合同的水利局张委员，因为牵涉他案，被臬司"撤委提省"。力主此事的邵友濂"亦升任台湾藩司而去"，于是"沪城自来水又成泡影矣"。

李平书虽然仍坚持雇用人力担水售卖自来水，但到了年底，城内外销水仍不见旺，所收水费不敷开销。李平书乃与姚安谷磋商，到年终撤局。

不久，李平书去广东任职，自然就不再参与此事了。

奉命接管内地水厂

光绪二十八年（1902）六月，粤商杨文俊、唐荣俊与法商合资修建自来水管道，创办了上海内地自来水厂。

但是这个水厂因资金不足，设备不全，经营不善，到了光绪二十九年的四月，杨文俊和唐荣俊为了归还押款，差点将水厂"出卖"给法商。

这时候，李平书已经回到了上海，担任江南制造局的提调。上海道袁树勋认为李平书精明强干，处事有方，让他在任江南制造局提调的同时，接管上海内地自来水厂的工作。

光绪三十年，李平书正式接管上海内地自来水厂。他先以地方公款偿付欠款，接着"酌断成本规银一百二十五万两，息借官商各款并集股本以偿之"。

李平书尽力整顿水厂这个烂摊子，坚持向居民供水。他还多方邀集各商家及各团体开会征集股款，竭尽全力保住这个水厂。

商办上海内地自来水股份有限公司水厂全景

上海内地自来水厂设在望达桥的南边，占地60余亩，设吸水机4部，推水机3部，水池12方，水塔附设在公司内。

李平书大力改进内地自来水厂的管理，扩充设备，增加管道的铺设，以让更多的居民用上自来水。

宣统元年（1909）三月二十一日，李平书以上海城厢内外总工程局的名义，在新舞台召开会议，筹集内地自来水公司股款。会上，当场认定11 610股，认招28 550股。在第一次董事会上，又议定除官、旧股招足100万两外，招股120万两。会后，李平书感到事情进展顺利，心里十分高兴。

说来凑巧，筹集内地自来水公司股款的大会开过没几天，也就是宣统元年的三月二十八日，上海叉袋角祥森火柴公司的药料间发生爆炸。被炸男女工人的断肢残骸从烟焰中飞出，附近的数十幢房屋被震塌，受伤数十人。幸而救火会的消防车及时赶到，充沛的自来水铺天盖地地浇下来，很快将火扑灭了，未酿成大灾。祥森火柴公司的经理洪益之与司账、司事等四人被捕。

这件事发生之后，城内外居民更看重自来水了，觉得这是须臾不能离开的好东西。

上海内地自来水厂由于李平书的出色经营，到1923年水厂资本渐增至200万两，每月收入超过40万两。虽然这时候李平书已经不主事了，但是饮水思源，当年若不是李平书惨淡经营，设法维持，这个企业恐怕早已落入外国人手中了。

"极速"创建闸北水厂

李平书除了重视上海城内的自来水供应以外，还把视野扩大到了闸北地区。

宣统元年，闸北的叉袋角祥森火柴公司药料间发生爆炸之后，

商办闸北水电公司水厂

闸北巡警总局于当年的十二月就在叉袋角兴建自来水蓄水池。

宣统二年，随着上海城市的扩大，闸北地区的人口也激增了，居民的饮水越来越困难。

据工部局当年九月十三日的人口普查，公共租界的外国人为13 536人，中国人为488 005人。据卫生处官员估计，上海县城内外人口为215 000人，闸北地区为23 000人。

为了解决闸北地区数万居民的饮水问题，当地的绅商曾经想了许多办法。最后，经请示两江总督张人俊，决定借官款交由李平书创办水厂。

李平书接受任务之后，亲自去闸北勘察地形，最后选定舢板厂新桥北潭子湾作为厂址，占地15亩多。

宣统二年，闸北水电厂动工，第二年十月建成，设吸水机1部，推水机2部，水池4方，电灯机2台，水塔设在北河路。建厂费用共计用银64万两。官款不足，又借部分商款，属于官督商办的企业。

1911年10月27日，闸北水电厂举行落成典礼，中外官商到了很多，新任上海道刘燕翼也来了。

李平书在落成典礼上作了报告。他说："闸北居民盼望水、电，刻不容缓，此次各项工程，俱在极速时期赶成，除借用道署及银行款项外，不敷尚巨，非从速招股不可。"李平书的意见，大家都非常赞同。

正准备招股的时候，上海爆发起义，陈其美任沪军都督府都督，向日方借款30万日元还债，并拟于明年再借十万日元设水塔一座。

后来，江苏省议会曾决议由省拨款，把闸北水电厂接办为省营企业，而地方绅商坚请改为商办。直到1924年9月，江苏省省长韩国钧以130多万元的厂价和30万元的营业权，售予商办筹备处，并且定名为闸北水电公司。

大上海制服地面沉降

陈正卿

上海这样一座濒海临江的特大型城市,最怕的是什么?是地面沉降!

一封人民来信,揭开城建危局

1960年初,有一封市民来信寄到了上海市人委的信访部门,反映离住家不远的外滩苏州河南北桥下的河坝地基下陷了,还说桥北虹口一带比桥南更严重,希望市领导关心群众安危,及时采取保护

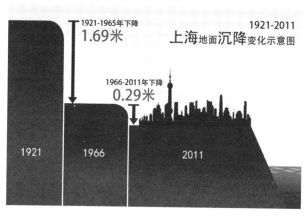

上海地面沉降变化示意图(1921—2011)

措施。这封信很快由市人委转到市城建局。市城建局派技术人员去实地踏勘后,认为反映的情况属实,而且有些地段如长寿路桥附近似乎更严重。实际上,有关上海地面正在下沉的说法,当年在市民和近郊农民中已经悄悄传播开了。因在马路边能明显地看到大楼底脚陷下去了,夏季台风来袭后马路上积水一年比一年深,小学生都能在弄堂里"趟河戏水"了。

1961年,市城建局、公用局、华东师大、同济大学等单位就此课题开展了调查研究,目的是"摸清沉降情况,查出沉降主凶"。占当年市区及近郊总面积70%以上、达420平方公里的土地,都被划入重点观察范围。由于这件事容易牵动上海市民的情绪,还牵涉庐山会议后对"大跃进"评价等敏感因素,当年参加过这项工作的一些老人回忆说,领导关照不好对外讲的,操作上要谨慎,数据一定要准确。

大范围的调查结果出来后,参与调查人员的感受,可以借用一句老话:"真是不能掉以轻心。"从1953年到1956年,上海市区年沉降量在0.05米的还仅占50平方公里;从1956年到1959年,市区年沉降量在同一水准的面积已扩大到160平方公里;更惊人的是,从1959年到1961年,市区部分地段累计从1948年后的13年沉降量,已高达0.8米,最严重的地区甚至达到1.2米。这些沉降地段分布于杨浦、普陀、长宁、静安等区,还有吴淞、桃浦、吴泾、浦东等几个市郊"大跃进"的新兴工业集中点。最触目惊心的是沿黄浦江、苏州河的部分码头,石台阶明显下坍了好几级,让每一个参加调查的人都无法沉默。

于是,市公用局的一份报告及时摆到了市委、市人委的会议桌上,报告中强调:"地面沉降关系到城市建设、工农业生产、人民生活等重大问题","甚至会成为不能抵御特大高潮和暴雨等重大灾害的主要原因之一"。幸运的是,这份报告得到了市委、市人委的高度重视。1962年5月,在一次市人委会议上,市委书记处书记、副市长曹荻秋明确指出:"这个问题必须组织力量……争取几年内基本解决。"这次会议,决定成立上海地面沉降研究小组,由徐以枋任组长,田子林任副组长,组员分别是城建局和同济大学、华东师大等单位的10名科技人员。

多年后人们在评价这一决策时,"所用得人"被称为关键之举。

市政专家挂帅,细心勘察险情

徐以枋

老上海市民对徐以枋并不陌生。他1930年从复旦大学土木系毕业,曾在上海特别市政府工务局任职。抗战期间,他和赵祖康等一起奔向大后方,冒着日军飞机轰炸的危险,克服山势险峻等困难,负责指挥川康、川滇、康青等公路桥梁的抢建抢修工程。抗战胜利后回上海,又历任市工务局的沟渠处长、道路处长、副局长等职。上海解放后,徐以枋得到陈毅市长的信任,被委任为人民政府的市工务局副局长、市政工程局长、市城建局长。1958年,徐以枋又兼任上海防汛指挥部副总指挥,对台风暴雨引发的江海倒灌等深为忧虑,曾提出过相关的预防理论及措施。他上任不久,市委书记陈丕显就找他谈过话,除向他请教了上海的防汛抗洪等问题外,还鼓励他大胆地担负起这一关乎全市人民安危的重任。可以说,徐以枋是上海乃至全国有影响的市政建设专家。由他来主持地面沉降研究,正可谓是众望所归。

由各处抽调的10名科技人员迅速前来报到,研究小组第一次会议商定在全市立即设立100个观测点。徐以枋还亲自跑到市档案馆查阅历史资料。据档案馆老职工回忆,他认真翻阅一摞摞英文原始记录,发现地面沉降现象自上海开埠以来就存在。从江海关和公共租界工部局档案里可以看到,早在1889年至1915年,就有曾在外滩和张华浜埋设了水准标志的记录。之后,工部局又在1921年、1926年、1934年、1938年前后四次在市内不同地区进行过测量,已确认上海地面逐年沉降的事实,还推算出年平均

建筑物沉降测量

沉降量约为0.025米。1947年,上海市政府工务局也有过一次大范围的精密测量,从佘山到外滩、张华浜、吴淞一线,结论是上海地面继续在沉降,自1938年后的10年间,外滩下沉了约0.2米,张华浜下沉了约0.26米。新中国成立后,上海港务局也进行过测量,发现沿黄浦江一线,沉降速度在加快,5年间又下降了0.17米。他们曾向市建委领导报告过,但以为是沿江的码头承重量过大所致,因此没有报告市人委。

1956年以后的情况,徐以枋已充分掌握了,那份市公用局的报告就是他参与起草的。对历史和现状的综合分析,让他不禁皱紧了眉头。他带领的一组科技人员先来到苏州河上南北主桥梁之一的乍浦桥,真是不看不知道,一看吓一跳!乍浦桥桥身已裂开10厘米,影响到行车安全;桥梁与河面之间净空降低,已发生多起航船被堵

在桥洞里的危险事故。顺着河道,他们又去考察河畔星罗棋布的仓库大楼。那些建筑过去多为有名的大银行和交易所,上海解放后银行合营了,交易所关闭了,就改为仓库。如今一走进去,就感到湿气严重。仓库管理人员说,由于地基下沉湿气上升,不仅库房受损,还影响到了储存物资的安全,安装去湿机后,每天能接半桶水。这并不奇怪,徐以枋曾查看过外滩的有关数据,1950年地面标高还有4.5米,到这次调查时只剩下3.7米,11年中下降了0.8米。研究人员注意到,部分高楼外墙建筑保护地基的"勒脚"已裸露在马路上,沿街人行道仅凭目测就可感觉正向街心倾斜,道旁的梧桐树有不少已枯死。老养护工说,这些大树的根能伸到一米多深,现在往地下挖一锹长,都不见水,全旱死了。

情况如此严重,徐以枋和研究小组成员商量后果断决定,应当立即报告主管部门——市公用事业办,提请市人委批准,正式召开各有关专家参加的专题研究会议,以确定解决方案。

邀请各路"神仙",论证可行方案

张承宗

当年5月底,经张承宗副市长批准,专题研究会议如期举行,他们还邀请到了李国豪等著名专家出席。但据当年市城建局的一位工作人员回忆说,会议刚开始时气氛有些紧张,因为专家们经过接二连三的政治运动,都心有余悸,有些怕说话了。张承宗副市长大约已了解到专家们的心态,他特地捎话给徐以枋说,希望大家要以主人翁的姿态,敢负责,讲真话。所以气氛渐渐活跃起来,专家之间也发生了激烈的争论。

以徐以枋为首的是多数派。他们一针见血地指出,造成上海地面沉降加剧的根源,是近几年工业的高速、集中发展,尤其是"三通"即通电、通水、通气等建设缺少合理布局,便草率决定短期内快速上马,甚至"没有条件创造条件也要上",普遍采取了直接抽用深井水的办法,有的局还把它当作经验介绍过。另外,几个市郊工业新区又集中兴建大厂或大型设施,地面承载力自然是成倍增加,这些都是非常不利的因素。

持另一种观点的,主要是华东师大一位研究海洋海口地理的教授。他认为,原因是正常的地壳运动和海洋面上升所致,和工业快速发展关系并不大,其证据就是有记载以来上海地面始终是在沉降的。大多数专家不同意他的说法,理由是自然变迁须历经很多年才能产生影响,不会具有目前阶段性特别强的特征。徐以枋还举例说,沪西、吴淞这几个地区为什么沉降最严重?截至当年,沪西就有深水井近300口,日采水量达15.2万吨;吴淞有深水井100余口,日采水量达10万吨。所以,他认为沉降成因就是过度采用地下水,解决办法自然是对工业采水严加控制。这次研讨会得出的结论,为市委、市人委的正确决策提供了科学依据。

为进一步论证,经张承宗副市长批准,上海研究小组由徐以枋带队,于6月28日赶赴北京,请地质部出面协调,召开全国首次有关地面沉降问题的专家座谈会。这次会议很受关注,因为这是国家大规模建设开展后必然会出现的难题。与会专家多达31人。其中,以国家测绘总局总工程师陈永龄的意见最具权威性。他的发言旁征博引,力挺上海研究小组的意见,几乎是一锤定音。让徐以枋感动的是,这些学界朋友还为他提供了线索:"听说日本、墨西哥等国也曾有这一情况,东京的这项研究已很有成果,发表过一些论文、报告。上海应结合他们的经验,在中国城市发展中带个头。"

从北京归来后，上海研究小组扩大为12人，又增补洪风为副组长。新增人员专门负责对国外城市地面沉降信息的搜集，于当年底就编译印刷了《国外有关地面沉降文献选译》第一辑。1963年1月5日，上海市公用事业办正式向市人委报告，提出上海的地面沉降已到了迫切需要根本解决的时候，并直言不讳地指出，导致沉降的主要原因是工业高速发展，地下水汲用过量，以及地面工业建筑过于集中。

上下同心协力，管控卓有成效

实际上，在这一报告正式呈报之前的1962年底，上海市委领导已获知这一情况，几位书记都表示了尊重事实的科学态度。当然，这也和一股春风正从北京吹来有关。党中央、国务院已下达"调整、巩固、充实、提高"八字方针。周恩来说，共产党的实事求是的作风回来了。上海市委正在研究如何积极贯彻，包括压缩过热的工业发展规模等。市委指定书记处书记兼常务副市长（后为市长）的曹荻秋具体负责这项工作。1963年元月2日，曹荻秋就已在他主持的第17次市长办公会议上，先请徐以枋代表市地面沉降研究小组作了专题报告。

接着，市人委很快转发了市公用事业办及研究小组的报告。1月12日，由副市长张承宗召集，举行了专门会议，参加会议的有各委、办、局和各区、县领导。这次会议发布了全市严控地面沉降的动员令，会上决定了两项措施：第一，加强观测，在市内建立10多处基岩水准基点，编制城市测量水准，进一步掌握沉降动态信息。第二，立即加强对深水井的管理，坚决压缩开采，争取在一两年内以自来水取代深井水。

然而，以上措施的执行情况起初并不理想。除了许多人还没有真正认识到地面沉降的长远危害，更牵涉到一些企业尤其是大厂的经济利益。那些原来采用地下水的企业，一旦压缩地下用水，对生产影响很大，甚至要停掉一些车间，而改用自来水的话，生产成本又将大大提高。一些当年被看作龙头企业的纺织、钢铁、冶炼等大厂，生产任务属国家急需，自然更强调自己的"特殊性"，以至迟迟不见行动。

徐以枋和研究小组成员很焦急，他们向张承宗等市领导反映了上述情况。1964年5月15日，市人委专门召开了第56次市长办公会议，仍由曹荻秋主持。国家地质部也派刘汉生副部长率多位专家专程来上海出席会议。刘汉生是大革命时期的老共产党员，建国后曾任辽宁省委副书记，领导建设鞍山钢铁厂等大企业，后调到地质部当副部长，还在中共八大上当选为中纪委委员。1959年因反对"大炼钢铁"野蛮开采铁矿，被指责为"右倾"，降职到邯郸钢铁厂当副厂长。1962年北京七千人大会后，他获甄别改正，刚回部里复职就风尘仆仆地来到上海。他斩钉截铁地说："中央和国务院对城市地面沉降问题很关心，因为这关系到人民生命财产的安全。周总理有指示，最近天津也发现了地面沉降迹象，上海一定要拿出经验来，地质部将全力配合。"

地质部和上海的合作即从当年开始，指定地质部所属水文地质二大队负责对上海全市地面沉降进行监控。这样，在郊区佘山和市区7处构成了动态监测网，从田野山脚、河道堤坝、厂区桥头，以至高楼大厦"勒角"等处，增添了近3 000个监测点，几乎每平方公里就有10至18个点，再以点连成线、片，真可谓是"天罗地网"。徐以枋说，我们已不仅仅是研究了，还要大胆地协助监控。

按照市里的部署，改用自来水的企业需要的资金，由人民银行统筹解决。据老人们说："那可是专款专用啊，改用水方案一批准，钱就到工厂的账上了，谁还不动啊！"全市企业雷厉风行，仅仅几个月，果断关闭或严控使用的深水井就达80%，一次就有700余口。自来水厂也加紧扩建，增加供水。那些改用自来水的工厂，产品成本有所上升，他们就想方设法从别的方面节省支出，以达到平衡。对杨浦、吴淞、浦东等压力较大的几座钢铁厂、纺织厂、冶炼厂，分管这方面工作的市领导李干成、张承宗等都亲自去看望，直接下到车间、班组做工作。市中心和几大工业区相继传来喜讯，地面沉降明显减缓了，1965年全市的沉降量已下降到0.059米。那个年代，有了业绩是不发"红包"也不摆"庆功宴"的，但参加这项工作的人员个个都兴高采烈、喜上眉梢。

施行夏用冬灌，探索根治之策

然而，对于徐以枋和研究小组成员来说，通过严控地下水的开采，仅仅是暂时稳住了地面继续大幅沉降，离根本治理还相差很远。1964年春天，一个由他们牵头的新的科技攻关课题启动了，它由几家采用深井水的工厂和高校联手合作攻关。课题的思路是，既然不采用深井水，就可控制地面沉降，那么如果将水回灌到井下，地面会不会回升呢？

为了监测、验证回灌技术控制地面沉降的有效性，课题组在上钢五厂、国棉一厂、上海电化厂、高桥化工厂和外滩、北新泾等处设立了40多组深、低层的分层监测点，证明它确实无误，卓有成效。课题组经过反复试验，在最快时间里攻克了用回灌控制地下水位高度的难题，并取得了一系列技术数据，这为解决上海以及国内其他城市的同样问题开辟了道路，甚至在国际上也领先一步。

徐以枋等人想到，上海采用地下水量最大时，一般是在6至9月的夏季生产高峰期，而冬季12月至次年3月生产较闲时使用量较小，那么，能否采用夏用冬灌的方法来达到更佳效果呢？1965年的进一步试验，证明此法果然可行。1966年经市人委批准，由张承宗副市长最后拍板，正式实行夏用冬灌措施。同时，市领导要求对这两个季节的两次不同的回灌处理，要特别加强监视测量。

事实证明，从1966年起，在上一年已有效控制沉降的基础上，情况愈加明显好转。除了原沉降最严重的吴淞、桃浦等地区，个别的测量点还有微降外，大多数地区都有不同程度的回升，最大的年回升量为0.002米，这就是说上海地面不仅不降了，还回升了2毫米。夏用冬灌技术同加固加高江河堤坝、疏通市内排水管道，当年被称作加强城市安全的"三大措施"，从而使夏日台风季节常见的马路上、弄堂里因积水可以"趟河"甚至"撑船"的现象，减少了许多。

尽管随后爆发的"文革"中，徐以枋等专家和科研人员都受到了冲击，有几位专家还是从监测点被直接押上"批斗会"的，然而，

1999年4月20日《文汇报》有关控制上海地面沉降的报道

上海的工人群众和科技人员已普遍认识到，控制地面沉降关系到上海这座城市的安危。许多技术人员一面挨斗，一面仍在坚持研究，不放松监测和管控。即使在最混乱的1967年至1968年，全市绝大部分水准监测点均继续回升，仅个别监测点下降了0.003米。至70年代末，上海地面沉降基本得到控制，回灌技术也日趋成熟了。80年代，由于城市建设规模又一次大扩展，地面沉降曾又亮起红灯，但很快就得到了控制。今天，当我们在上海放心地生活和工作时，不应该忘记那些在20世纪60年代为解决地面沉降难题而付出辛勤努力的先行者。

生命幕后英雄：上海血库

孙建伟

兰德斯廷发现四种血型

1900年，一个值得永远为人类纪念的科学家首次发现了A、B、O、AB等四种血型，使血的历史真正走进了科学时代，人类同类输血成为现实。这位科学家就是荷兰人兰德斯廷（Landstein）。

1918年，中国人刘瑞恒和他的外国同事基尔格（Kilgore）在上海首先报告中国人的血型。

此后不久，北平协和医院开始为患者施行输血，供血者多为患者家属。这是中国输血事业的最早纪录。

20年代初，上海开始施行输血。然而不幸的是，这福音出现不久就被染上了一层铜臭。20年代末30年代初，上海开始出现卖血现象，各类输血公司、输血站、助血社纷纷抢滩，"血老板"竟成了当时的一种职业。

这段历史毕竟不算太长。人类清醒地意识到，血液不仅是个人同时也是整个社会的宝贵资源，它的价值是不能用货币来衡量的。20世纪30年代末40年代初，一些国家首开无偿献血之先河。加拿大、美国、日本先后施行无偿献血，令世人瞩目。

1995年，上海年供血量相当于66 000升

1945年，由中国红十字会第一医院（今华山医院）在上海建立第一个血库。

1955年3月，上海正式建立血库，开始向医院供血。这是上海市血液中心的最早雏形。

1959年，上海成立"献血服务站"实行"统一组织血源，统一采血，统一供血"。1987年8月，献血服务站正式被命名为上海市血液中心。

上海输血事业走过了一段艰难而荣耀的道路。

1956年夏，上海东部杨浦区突遭龙卷大风袭击，船舶制造学校的教学楼被毁，几百名师生遭到灾祸。医院迅速进行抢救，血站的同志们在肆虐的暴风雨中连续三十几个小时四处奔走，寻找献血员，终于使大部分伤员得到及时救治。

1958年，炉前工邱财康因钢水外溢而被严重烧伤，烧伤面积达90%以上，在医生精心治疗下，邱财康终于康复，但大多数人却并不知道在抢救这位钢铁工人过程中的幕后英雄。当血站接受了供血任务后，连续工作数天，从血液中分离出血浆3万多毫升，为治疗提供了强有力的物质保障。

60年代初，阿尔巴尼亚一名老游击队员的女儿因患严重的心脏病在北京治疗动手术时需大量用血，当地供血困难，向上海紧急求援，上海按要求及时供血。手术成功，这位阿尔巴尼亚姑娘说，是中国父母的血救了自己的生命。她身上从此也流淌着上海人的血。

1974年，万吨巨轮"风雷号"发生事故，受伤船员被送往第九人民医院抢救。血站在一夜之间组织包括血站工作人员在内的1 000多人次献了血，保证了治疗用血的需要。

可以值得一书的还有很多，唐山大地震，3·24火车相撞事件等，血液中心以其精湛的业务技术和富有成效的工作精神，一次又一次地履行了它的神圣使命。

至1995年，血液中心负责向全市180多家医院供血，年供血量达33万袋，相当于66 000升，24小时昼夜提供送血服务，并供应大量各种血液成分制品。

几年来，血液中心已有12项成果荣获国家和卫生部以及上海市的科研成果奖。

血液中心在血型研究、组织器官保存配型研究和免疫遗传研究诸多领域成果卓著。

经过几年努力的"一血多用，科学用血"工作，已取得重大成就。"成分输血"技术（即从采得的血液中将红细胞、白细胞、血浆、血清分离析出，根据患者的不同需要提供血源）已达国际先进水平，同时也能从血液中分析出艾滋病毒和乙、丙型肝炎病毒。

亲子鉴定，最权威的"律师"

"亲子鉴定"这个词现在已为人们所熟知。自1981年之后的十几年中，血液中心免疫遗传研究室已承担亲子鉴定近千例，种类包括离婚、拐骗幼儿、产房换错婴儿、强奸、私生子、移民、人工授精、认子、计划生育等案件，结果均准确无误。

现代遗传学研究告诉人们，目前已知人类的血型系统近50种，而所含遗传标记则为600种。因此，除同卵双生子外，世界上找不到两个血型系统完全相同的人。而根据白细胞血型鉴定亲子关系，准确率几近100%。

郑某结婚以后，又和别人有染。婚后一年，孩子出生了。郑某对血液中心的鉴定医师表示："出于对丈夫和孩子的责任，希望明确亲子关系。"

办理了该办的手续以后，医生对郑某、他的情人、丈夫和刚出生的婴儿抽血，进行鉴定。结果，郑某的丈夫与孩子的亲子关系率达到99.86%，另一个人被排除了。

真真假假，混混沌沌，引出人间一个个奇特的故事，亲子鉴定犹如最权威的"律师"，它能准确判断疑案，还其本来面目。

"茫茫血海"寻觅稀有血型"Rh阴性"

除了尽人皆知的A、B、O、AB四种血型外，还有Rh、Mn、P等20余种血型。其中，"Rh阴性"则尤为稀有。究竟"稀有"到何种程度？在白种人群中该血型均占14%，黄种人群的数据统计是1 000人中仅有2—3人，可谓微乎其微。

血液中心的主要任务之一，是提供医疗用血。目前，一般用血已是供不应求，寻觅稀有血型就更为困难。血液中心对Rh血型者供血源的掌握仅为万分之一，而每年平均要遇到来自上海乃至全国的Rh阴性血型供血的抢救病人却在20名以上。随着医疗科技的发展，该血型用血量逐步上升，1994年猛增至60名，供需矛盾日益突出。

于是，寻找和动员Rh阴性血型的健康公民献血，就成了血液中心的一项特殊任务。

"血型参比"是一个专有名词，这项工作的范围可以包括对疑难血型鉴定，为特殊抗体的患者及时正确诊断，并寻找与其血型配合的血液及新生儿溶血症的救治等。

在血液中心，这项工作就是由血型参比研究室来承担的。

因为血型特殊，也因为患者病情危重甚至仅存一丝生机而用血稀有，因为稀有而又必须想方设法寻找，所以这里发生的每一件事都蕴含着一个感人肺腑的故事。

白血病患者陈某系Rh阴性特殊血型，需常年输血。当他第一次听说自己属于特殊血型而血源非常稀有时，他一下子感到眼前漆黑一片，仿佛死神正飞快地向他袭来。后来的几天他拒绝进食，拒绝治疗。医生们认为，不能让一个患者绝望，即使已经生命垂危。医院迅速与血液中心取得了联系，血型参比室的同志闻讯后，立即着手为陈某配血。

鲜红的血液缓缓注入陈某的身体，他的眼神中迅速泛起一种难以抑制的兴奋，他决心与疾病抗争了。

这一抗争就是十几年，而血型参比室也十几年如一日地为陈某源源不断地提供他所需要的血液。这血太稀少，也太珍贵。为了这血，血液中心的同事们可以说是煞费苦心，有时甚至不得不硬着头皮去敲Rh阴性献血者的门。理解、支持者抬脚便随车去血液中心献血。不理解的就不好说了。出言不逊者有之，当场轰人者亦不少，但即使如此，还得硬着头皮说服他们献血。

陈某得知这一切后，含着泪水说："我的生命全靠血型参比室的同志们，没有他们我怎么还能活到今天？"

对Rh阴性血型的需求还来自全国各地，昆明、北京……往往是十万火急，限时限刻，但血液中心的同志总能使之赶上飞机的最后一次航班。

现在，稀有血型用血量直线上升。1994年，全市各医院Rh阴性用血量高达48 080毫升，相当于以前2—3年用血量的总和。如果按每人一次献血200毫升计算，需173人次献血，但这173人全出自"茫茫血海"之中稀有血型的献血者。

无偿献血：献血的总方向

1946年，第19次国际红十字会与红新月协会理事会强调：供血者提供的血液应当是无代价的。

1990年，布鲁塞尔的欧共体与欧洲专家理事会提出："出于自愿提供自身的血液、血浆或其他血液成分而不获取任何报酬的人被称为自愿无偿献血者。"

这一定义得到国际红十字会组织和国际输血协会的认可。同时重申：献血是相互帮助无私奉献精神的表现……不能以金钱和利益作为行动动机。

无偿献血是献血事业发展的最高层次。

1992年7月，国务委员李铁映指出：输血事业是红十字会的一项重要工作。中国输血事业的总方向应当是无偿献血。

从20世纪80年代开始，上海开始推行无偿献血。

1986年4月26日，上海市首次进行无偿献血；

1987年5月11日，上海市血液中心设立临时流动采血站；

1987年6月13日，在上海市人民政府大厅，谢丽娟副市长等137名市府机关工作人员无偿献血；

1987年7月28日，为纪念中国人民解放军建军60周年，200名武警战士无偿献血，上海全市无偿献血人数上升到5 000人次。

至1992年头4个月，全市有24 000余人无偿献血。

从1990年开始，上海市血液中心在部分县、乡和城市企业中试行无偿献血的另一种方式——家庭储血互助办法：储血一份，还血五倍；一人储血，全家享用；家家储血，互帮互助。1992年5月到1994年12月，全上海已有200万户参加家庭储血，献血达4 000万毫升。

上海市血液中心以其先进的输血科技，推动着输血事业的迅速发展。输血医学的进步，将给人类的文明与健康带来更加美好的未来。

十区十县的上海

叶 辛

现在的读者看到这个题目,也许会感到奇怪:今天的上海明明只有十五个区,一个崇明县,怎么会有十个区、十个县?

在1986年的时候,上海的行政区划,确实是十个区、十个县。况且,这十区、十县的行政区划,相对稳定了一个较长的时期。准确地说,是从我的少年时代起,一直稳定到1988年,足足有20多年。

正因为从少小记事时起,就晓得上海是由十个区、十个县组成的,故而插队落户到了贵州,贵州人问起我,每次我都眉头不皱地告诉他们,上海共有十区、十县。区是市区,由马路和楼房组成;县则是市郊,除却县城,全是阡陌纵横和密如蛛网的河流。

讲得多了,我脑子里也形成了一个固定的概念,大上海是由十个区、十个县组成的。1986年回上海探亲,我特别打听了一下,上海的行政区划有了更改吗?答曰:没有,仍然是十区、十县。

我很觉欣慰,牢牢地记住了十区、十县的上海。

但是改革的大潮,很快冲决了我头脑中的这一固定概念。

20世纪90年代初,行政区划就有了重大改变,川沙县被撤销了,并入了新设的浦东新区。紧接着上海县和闵行区合并,成了新闵行区。

到了1997年,变化就更大了,只剩下南汇、奉贤、松江、青浦、崇明五个县,其他全成了区。现在呢,南市、卢湾两区并入了黄浦区,除了崇明县,上海其余的东西南北中,全成了区。

我心目中存在的十县、十区相当长的记忆格局被打破了。说不定再过几年,行政区划还会作出调整,还会有变化。

变革是必然,稳定不变只是暂时的现象。就如同我年幼的时候,上海还有新成区、常熟区一样,后来这些耳熟能详的区消失了。1958年之前,松江、青浦等10个县,原属于江苏省;为解决城区人口的蔬菜供应,更为了上海的发展和建设,中央把这10个县划给上海市,使上海的区域面积一下子扩大了10倍。

南市区、卢湾区划归黄浦区的时候,我心里好一阵惋惜。这两个区存在的年头不算短了,但它们还是消失了。

上海县并入闵行区的时候,我同样十分感慨。上海县的名称,比上海市要古老得多。早在南宋咸淳年间,就有了上海镇。到了元朝,朝廷颁布"江淮以南三万户以上者为上县",上海镇那时有了六万四千多户,十几万人口了,于是决定建立上海县,还把华亭县东北部的新江、海隅、北亭、高昌、长人五个乡一并划入。从那个时候算起,足足700多年了。撤销古老的上海县的名称,实在有点可惜。

可惜归可惜,变化还是必然的啊!变革的浪潮涌来时,是不以人的情感和意志为转移的。上海世博会举办前一年,我去巴黎参加国际展览局的会议,让我在会上发言讲一讲上海市的历史。我查了资料,写出发言稿,说上海这个地方建立特别市是1927年,到了1930年5月,取消了特别市而改称市,上海真正称为上海市的时间,不足100年。有人看了我的稿子,有点不解地说:"你是不是搞错了,上海是中国数一数二的大城市,现在在世界上这么有名气,怎么可能只有不足100年的历史?"我只好说,是啊,我也希望上海有1 000年的历史,可事实上它建立特别市是1927年的事情,我也没办法。

我还举例子说，一个地方悠久的历史，有时候往往伴随着岑寂、迟滞、举步不前。我插队落户的贵州砂锅寨、搓泥堡、鹿子冲这些地方，有文字记载的历史700多年了，比它们所在的修文县（原名龙场驿）还要古老。当我们去的时候，看到的风貌和感受到的民俗确乎是古朴了，但落后、闭塞甚至于荒蛮，那也是显而易见的。从这个意义上说，新的变革必然会带来活力，带来令人欣喜的气象。

　　写到这里，我不由想起了自小居住的老弄堂里一位已赴香港定居的厨师。在改革开放以前，他回上海探亲时，年年都会对我们说，上海变化不大，老马路、老地方、老店铺，和1949年他离开上海时几乎差不多，走出去他都能认识。可当改革开放之后，他退休回到上海来定居，第一次出门就找不着回家的路了。固执的老厨师坚信自己能走回来，七兜八转直到黄昏时分才走进弄堂，急得家人们几乎要去报警，这在弄堂里成了一条不大不小的新闻。老人还乐呵呵地对邻居们说：上海变了，变得连我这个老上海都不认识了，变得好，好！

　　这个小小的例子，似也能从一个侧面反映变革的力量。

　　1986年的上海，十分好记的十个区、十个县的上海，已经一去不复返了。但是它存在过，故而一直留在我的记忆之中。

地图见证上海改革开放的巨大变化

蔡 理

多年来,我一直有着购买、收藏地图的习惯。2018年是上海改革开放四十年之际,翻阅多年来收藏的一张张上海地图,我惊讶地发现,它们正是对这座大城市所发生的日新月异的最好见证。

我们先来看看1978年出版的上海市区地图,它所标识的市区范

一望无际的吴淞口

1978年出版的上海市市区交通图

围是东起军工路,南至中山南路,西至中山西路,北至中山北路。这以外的地区在地图上大都是用绿色标识出来(以后也用灰色),即是成片的阡陌农田,那时上海人认为这些地方都是"乡下头"。我大略数了数,这时上海市区所有的马路共计1 300多条。

再看看这之后的一张张上海地图时,就十分明显地感觉出申城市区在一点点地变大。尤其是1995年以后变化更大,市区的范围朝东已扩大到东海边,南至闵行,西至虹桥,北至宝山。随之,大大小小的道路也迅速地出现在以后的一张张上海地图上,尤其是昔日的冷僻乡间变成了繁荣的浦东新区。现在上海道路已达到近4 000条,这比40年前的马路数量增加了将近三倍。

原来在地图上标示的钢铁厂、棉纺厂、化工厂、机械厂以及江南、上海、沪东造船厂等大批的工矿企业,已逐渐被陆家嘴金融贸易区、金桥出口加工区、张江科技城、滴水湖国际智造城、上海自

20世纪80年代,上海火车站(老北站)

由贸易试验区、东海边世界最大的无人码头洋山港等新型区域所替代。这充分表明了上海已从原先的生产门类较全的综合性工业城市,逐渐向国际经济、金融、贸易、航运、科技创新中心方向迈进。

在1978年的上海地图上,标示的连接黄浦江两岸交通的还只有打浦路隧道,以前上海市民往返浦东、浦西之间绝大多数只能通过轮渡摆渡过江。那时大部分上海工矿企业和单位都位于浦西地区,因此每天清晨会有大批急于上班的人流涌向轮渡站,由于当时陆家嘴是浦东人口最为密集的区域,陆家嘴至延安东路外滩的陆延线遂成为市轮渡最为繁忙的一条航线。

1987年12月10日清晨,因浓雾弥漫,黄浦江所有船只停航,致使各轮渡站滞留乘客过多。4个多小时后大雾散尽,陆家嘴轮渡站已经聚集了将近4万人,人群争相上船,造成重大踩踏事故,导致16人死亡、70多人受伤……之后,市政府加快了连接浦江两岸的隧道、

1976年6月29日黄浦江大桥公路桥通车

黄浦江轮渡

大桥的建设,在1989年以后至今日的地图上就显示出延安东路、复兴东路、西藏路和南浦、杨浦、卢浦、徐浦等17条越江隧道和浦江大桥先后建成。同时,以红色线路为标记所显示的内环、中环、外环、延安东路等10多条高架道路也犹如雨后春笋般涌现出来,不仅很大程度地改变了以前城区道路严重堵塞不畅的现象,也彻底改变了两岸交通仅靠轮渡通行的落后状况,有力地推动了上海的经济建设,尤其是促进了浦东开发开放的步伐。

而在地图上以铅灰色的色带为标志,可见先进便捷的轨道交通线路至2017年年底已达15条(还有一条通往浦东机场的磁悬浮线路),纵贯了大上海的东南西北乃至嘉定、青浦、金山、川沙、南汇等远郊,上海人出行更为方便了。

40年前的上海地图上,可以看到上海解放后人民政府为老百姓建造的曹杨、控江、宜川、彭浦、番瓜弄等新型工人新村,但屈指

1997年建成的延安路高架外滩下匝道及人行天桥

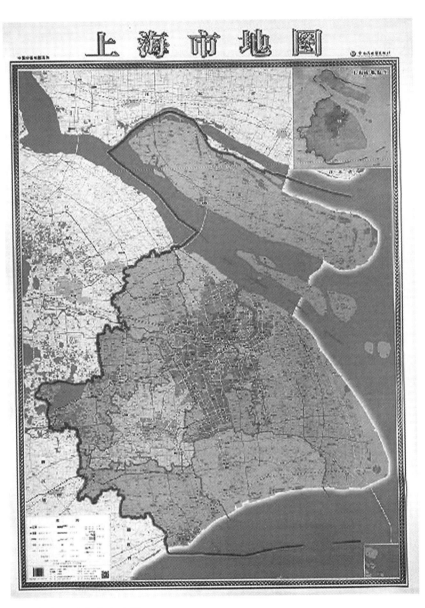

2018年出版的上海市地图

可数,许多市民仍"蜗居"在石库门,乃至更为简陋的穷街陋巷里。那时,几代人挤在10多个平方米的房屋里的人家,比比皆是,上海人均居住面积在2平方米以下。再打开现今的上海地图,可以清晰地看到各式公寓、大楼、别墅等新型住宅小区大量出现,遍及申城,人均居住面积也有了几倍的增长,居住环境更为舒适了,而拥有多套住房的家庭也不在少数。由于旧城的改造,使许多低矮、陈旧的老房在地图上大批大批地消失了,昔日申城最大的棚户区——苏州河畔的三湾一弄,现今已被气势磅礴的新型住宅区——中远两湾城所替代了。上海这座大都市也变得越来越现代和漂亮了。我的亲戚从香港回上海探亲,上街还经常会迷路。她感叹,上海已经变得不认识了!

在今日的上海市区地图上,还可以看到许许多多层层叠叠的绿色,但它不再是昔日的农田了,而是绿地、城市公园、郊野公园,以及那黄浦江畔长达45公里的绿色通道。改革开放前,上海的公共园林只有20来座,而现今,上海人均公园、绿地面积已不再是"一双鞋",而是达到7.8平方米的"一间房"。市民出家门几分钟,就能走入绿荫里。

看着40年来的一幅幅上海地图,可以深深地感受到改革开放给申城带来的巨大变化。

1963年的南京东路改建

张 辰

南京东路东起中山东一路（外滩），西迄西藏中路，全长1.5公里，于1851年至1862年分段筑成。东段初名花园弄、派克弄，为土沙石路面，因为外国人常在此散步和遛马，俗称英大马路、大马路、马路。1865年工部局决定规范上海的路名，遂将租界内东西向的道路以中国城市命名（广东路除外），南北向以省份名命名，派克弄属于东西走向，于是被命名为南京路。1945年改名为南京东路。

1903年，修筑中的南京路

1908年，1路有轨电车在南京路上的山西路站上下客

南京路以繁华著称。一个半世纪以来，中国许多体现摩登、领导潮流的现代化市政设施，都是从这里出现的，譬如铁藜木路、有轨电车等。

早在1882年，工部局就开始注意对南京东路进行维修以改善道路交通。1908年3月5日，有轨电车在南京路正式通车，这是上海第一条有轨电车线路，在最初出现的时候曾轰动了上海滩。20世纪初，南京东路已发展成为公共租界内负担交通枢纽和商业中心双重任务的重要道路。当时有人计算过，从早晨7时至晚上19时，在南京东路江西路口148平方米范围内，过往车辆20 447次，行人60 038人次。

人行道太窄　街貌已陈旧

到了20世纪60年代，南京东路更是沿街商店比邻而立，行人车辆川流不息，成为全国闻名的商业大街之一，许多中外来宾游览上海必到此地。但随着城市发展，南京东路的街景街貌及道路交通承载量，已经不能满足人们的需要了。据当时有关部门调研，主要有两方面的问题。

一是人行道不足。在行人较多的中百公司门前，高峰时来往行人每小时可达2.8万人次，但人行道北面宽只有4米，南面宽只有3米；食品公司前的人行道，宽仅2.5米；冠生园前宽只有2米，因此行人经常拥挤在车行道上。在1960年至1961年的两年中，这段道路每年平均发生交通事故20起。全路车行道宽度也不一致，从10.6米至18.3米，有轨电车占据了主要路幅，其速度慢、故障多，使交通不能畅通。

二是街道面貌陈旧。建筑物凹进凸出，立面色调不统一，招牌杂乱，路面宽窄不一，结构多种多样，侧石线也不顺直，地面杆线乱，杆型复杂，架空线横七竖八。路灯有挂在路旁、有吊在路中，灯型有长有短，沿途老式消防龙头、邮筒、消防增压器、路牌等街头设施，也缺乏统一安排。

投资一百万 施工四个月

在这种情况下，市政府在1963年决定整顿，并重新规划南京东路。1月份首先批准市人委公用事业办公室关于拆除有轨电车改善南京东路交通道路的建议，并指示同时就改善南京东路的交通及面貌进行全面规划。市人委公用事业办公室组织了市城市建设局、市公用事业管理局、市人委园林管理处，成立"干道广场改造调研小组"，把南京东路改建列为专题，进行改建规划的调查研究。经过各建设单位的反复研究和比较，前后提出了大、中、小三个初步方案。本着节约投资的原则，初步审定采用第二种方案。路面：浙江

1963年，工人在拆除有轨电车站台灯

中路以西为混凝土刚性路面，以东为沥青柔性路面。人行道：大部分改建为预制石板。地下管线：不改建。杆线和路灯：沿路架空线（除南北向道路交叉口外）全部入地，低压电力线及路灯控制线翻至九江路、天津路，拔除旧杆，改立电车路灯合杆，统一杆型及色调，南北向道路交叉口处的架空线也入地，全路空间整齐清晰。杂项整理：消防龙头入地，消防加压器移装墙边，邮筒迁到支路口，减少路名牌，行道树适当调整，人行道上设备布置整齐。建骑楼：拆建时装公司及食品公司骑楼。整个基建投资，扣除已批准的电车拆轨、架线、修复路面等费用，估算合计为100万元。

1963年南京东路改建时，工人拆下第一根有轨电车钢轨时的情景

初步方案确定以后，经过实地放样，领导同志踏勘审查，作了局部修正，最后提出了改建方案。经市长会议数次讨论，决定以市城建局为主，与市公用事业管理局、市公共交通公司、市房地产管理局、华东市政工程设计院和市规划建筑设计院组成施工指挥领导小组，具体研究安排施工和综合平衡各方面的工程问题。南京东路改建工程于是在六七月间开工，决定撤销1路、调整8路有轨线路走向，改变边设计边施工的做法，按先设计后施工、先建后拆的原则，先把8路电车走向调整为由杨树浦为始发站经大名路、天潼路、浙江路至东新桥为终点，并在天潼路同时铺轨3 300米。到9月15日全部工程基本结束。

南京东路改建工程竣工后，各工程投资费用共计约85.7万元。如若将天潼路配合铺轨架线、拆轨复路自北苏州路一直到静安寺，及新造无轨电车等投资均计在内，总共投资约为529万元。

合理巧布局　旧貌换新颜

南京东路的改建，是上海市政建设史上新的一页。行人较多的

1963年8月15日凌晨4点，无轨电车头班车通过南京东路时的欢庆场景

中百公司门前，人行道由原来的4米拓宽到5.2米，食品公司门前由2.5米拓宽到6.5米，时装公司门前由2米拓宽到6.9米，全线共拓宽人行道面积约7 000余平方米（包括骑楼人行道在内），便利了来往的行人，使行人安全得到较多的保障。拆除有轨电车，改用无轨电车。1963年8月15日凌晨零点十七分，最后一班有轨电车末班车从静安寺开出，等候在南京路两旁的工人、干部、解放军战士等这最后一班有轨电车开过之后，立即撬掉电车钢轨。在南京路上行驶了整整55年的上海第一条有轨电车线路结束了它的历史使命。三点五十二分，第一辆20路无轨电车离开静安寺起点站向外滩方向驶去。南京路上的车速由原来有轨电车平均车速不到10公里，提高到14公里，大大提高了车辆周转和服务质量。街景市容也比以前漂亮多了，人行道上有了间隔整齐、形式统一、色彩一致的电车路灯合杆，一改昔日杆线多、种类多、天罗地网、杂乱无章的面貌。移出和整理了岗亭、邮筒、消防栓、消防加压器、生长不好的树木、路名牌、车站牌等，既使人行道上面目一新，整齐清晰，也减少了它们侵占人行道面积的矛盾。侧石线拉齐后，改变了过去人行道凹进凸出的零乱现象。

南京东路改建在合理分配旧城道路的空间，尤其是采取辟筑骑楼人行道扩大空间方面取得了成功。旧城道路由于两旁建筑物都已建成，除了个别瓶颈外，一般都不可能大量拆迁房屋，空间问题一开始就引起了广泛的重视。采取改建食品公司等三处骑楼人行道的办法，非但增加了人行道面积，改善了建筑立面，而且也改善了商业经营，改变了原来人行道太窄、橱窗广告布置行人观看不便的问题。食品公司和美伦大楼两处骑楼比较高敞宽大，效果更为显著。

南京东路的改建总体上说是成功的，但也存在着不少问题。如未进行详细竖向规划，在若干处人行道拓宽整理后，标高升高，高出里弄和商店的地坪，造成排水困难和其他不利情况；还有友谊商店前人行道没有拓宽而采用路中岛立杆的措施，效果很差，这个路中间的岛既不是分车岛，又不是候车岛，岛与人行道之间的路面，既不能行车，又不能走人，而且全路只有这段是一个非常特殊的断面，从整体面貌上很难看。

1963年的这次南京东路的改建工程，对于今天上海的旧城改建规划工作有哪些启示呢？

上海高楼大厦瞭望

金义铠

素有"东方巴黎"之誉的上海,是近代中国最早建设高层建筑的城市,如今,已成为全国高层建筑最多、最美、最有代表性的城市之一。

有利大楼:上海最早的高楼

上海始建高层建筑为1913年,即建于外滩广东路17号的有利大楼,高8层,建筑面积13 649平方米,建筑高度29米。这座楼也是近代中国最早的高层建筑。至20世纪20年代,上海掀起了第一次高层建设浪潮,一直持续到30年代,形成了上海外滩壮观的欧陆风格的建筑群。其中,独占鳌头的是位于南京西路170号的国际饭店,23层,高78米,建于1934年,在上海滩独领风骚近半个世纪。

上海建设高层建筑,几乎与日本的东京同步,比起香港要早20多年,香港至1935年才建成14层的汇丰银行大楼。30年代中期抗日战争爆发,上海高层建设趋向低潮。至1948年,上海在第一次高层建设浪潮中,共建高层95幢。

1994年底：上海拥有高层1 304幢

上海高层建设的再次出现，是在沉寂20多年后的1960年，在余庆路189号落成了8层高的华侨公寓。至20世纪70年代后期，随着改革开放，高层建筑逐步增多，80年代形成上海第二次高层建设浪潮，至90年代仍势头不衰。据统计，自20世纪初至1979年，上海建成高层建筑135幢，平均每年建成2幢。而1980年至1990年，上海落成高层813幢，年均73.90幢。1991年至1993年，3年建成246幢，年均82幢。1994年步伐加快，全年竣工高层建筑达110幢。截至1994年底，上海拥有高层建筑总数达1 304幢，建筑总面积达1 673.6万平方米。

基辛格两眺国际饭店

上海高层建筑的发展，在美国前国务卿基辛格的眼中也得到了生动的反映：

1972年，毛泽东、周恩来同美国总统尼克松揭开了中美关系的新篇章，基辛格第一次来到上海，住进位于茂名南路的锦江宾馆（这是1920年建造的旧锦江，14层，高57米，建筑面积21 202平方米）。他同周恩来彻夜讨论"公报"。第二天早上，基辛格打开宾馆北面的窗户，在前方看到一幢黑乎乎的高层建筑，便问周恩来那是什么建筑，周恩来告诉他说，那是国际饭店，是上海最高的房子，于1934年建造。基辛格听后沉默不语，伫立良久。

20年以后，基辛格又来到上海，住进了新锦江（锦江饭店隔壁，1989年建造，地面43层，高154米，建筑面积57 330平方米）。他又拉开了北面的窗帘，想寻找20年前看过的那幢黑乎乎的国际饭店，但他望眼欲穿，怎么也找不到了。他问在场的上海市政府领导："你们是否把国际饭店给拆掉了？"市府领导回答道："国际饭店没有被拆掉。只是现在上海高层建筑多了，达到900多幢，按照建筑高度，国际饭店已被排到了第七十多位。"基辛格听罢，终于恍然大悟。

1998年：金茂大厦为上海最高

第一个超越国际饭店建筑高度的，是1983年落成的上海宾馆，30层，高92米，建筑面积43 104平方米。如今，不仅高层建筑如雨后春笋般拔地而起，100米以上的超高层建筑也层出不穷。第一幢超高层建筑是位于延安东路和四川中路交汇处的联谊大厦，这幢以茶色玻璃幕墙装饰的商务办公楼建于1985年，31层，高107米，建筑面积30 310平方米。据不完全统计，至1994年底，上海已拥有高100米以上的超高层建筑26幢，其中最高的为1990年建成的上海商城，48层，高165米。然而，将成为中国最高建筑的88层金茂大厦，设计高度420.5米，已在浦东新区的陆家嘴金融贸易区兴建，基础施工即将完成，大厦将于1998年竣工。

个性独特的高楼群

上海当代高层建筑，在设计、工艺、功能等诸方面都取得了长足进步。其间，涌现了不少建筑精品，人们不再拘泥于古典主义那种琐碎的装饰，而使整体造型尽量简洁挺拔；也不再满足于古板的"火柴盒"，而追求活泼流畅的独特个性。新锦江的"圆"形，太平洋大饭店的"扇"形，城市酒店的"锯齿"形，锦沧文华的"骨牌"形，新民晚报大楼的"八角"形，华亭宾馆的"S"形，无不令人赏心悦目。1994年竣工的上海新博物馆,总体设计突出广场空间的天地交融,考虑五个立面艺术造型的统一。无论是天圆地方的立意、东南西北拱门的放射开放,还是台阶的收与圆弧的出挑,都力求达到一气呵成的不凡气势,同时又不同于全世界成千上万博物馆的造型。事实上,举目远眺,就可一目了然博物馆那仿佛古代文物般的奇特造型。坐落在漕溪北路的华亭宾馆,"S"形的平面,糅合了多方向曲线的造型,活泼流畅。从空中俯视,她犹如一柄独具匠心的如意;从正面仰望,她又宛若一座珠光闪烁的宝山,阶梯式的楼宇,恰似攀登苍穹的天梯。新锦江大酒店和金桥大厦,都是圆柱形的塔楼,明晰的垂直线,匀称的圆曲,体型挺拔,轮廓生动,颇有异曲同工之妙。虹桥路上的太平洋大饭店,以弧形的柔曲线著称,恰像一柄巨形檀香扇。南京东路的海仑宾馆,以外形错落跌宕见长,酷似银河中的一叶风帆。

华亭宾馆:世界最佳饭店

建筑科技的进步,琳琅满目的新材料的出现,打破了钢筋混凝土在建筑结构中一统天下的局面,而走向了钢结构、混合结构等多元化的新路。许多高层建筑在外墙装饰材料和色彩的运用上颇见独到之处。华亭宾馆的裙房镶贴贵妃色花岗岩,雍容豪华;客房拼贴三种相近的浅黄色面砖,呈奇妙的云彩图案;圆筒形电梯井饰以紫酱色面砖,与大楼立面浑然一体,雅致瑰丽。在国际旅游界颇具权威的美国《肯达那丝达》旅游杂志1988年发起的"世界最佳饭店"评选活动中,她荣列榜首。静安希尔顿酒店也毫不逊色,柔和的银灰色铝质玻璃幕墙在阳光下闪闪发光,143米高的独特的三角形外形,挺拔潇洒,不愧为富有棱角的"伟男子"。城市酒店更是不甘寂寞,以白色作基调,以茜红色的三角形、圆形图案作装饰,配以古铜色铝质玻璃窗,色彩秀丽,朴素中有大方,平实间见韵味。银光闪闪的虹桥宾馆和银河宾馆,简直是一对英俊洒脱的"亲兄弟";浅蓝色多棱面的扬子江大酒店,釉灰色扇子形的太平洋大饭店,恰好似两朵婀娜多姿的"姐妹花"。气吞万象的国际贸易中心大厦,镶嵌着蔚蓝色的玻璃幕墙,谱成了彩墙与白云齐飞,高楼共碧空一体的新旋律。建筑物的不同色彩,建筑轮廓与光影变化所创造的景观,生动地描绘了新上海美好的今天,形象地预示着大都会灿烂的明天。

"立体的图画":上海商城

上海商城是美国建筑大师约翰·波特曼"共享空间"理论成功实践的一个范例。穿过东西各一个圆弧形拱门进入,是一个内容丰富、空间宽敞的花园式进口庭院。庭院中央有三层楼高,平均高度约10米。巨大的空间容纳美妙的自然风光和室外的新鲜空气,颇具海派风格。迎面可见旅馆入口前两泓晶莹的水池,以及四层高的水幕,喷珠溅玉,令人感到亲切和愉悦。庭院两侧各设一座露天花园,假山绿树,小桥流水。

浦东,已建成117幢大厦

截至1994年12月,浦东已建成高层建筑117幢,建筑总面积135.6万平方米。其中,外高桥保税区内,近10幢高层建筑竞相攀升,凯兴大楼、高翔大厦、高桥大厦、长城大厦不久将竣工投入使用。1994年底,在陆家嘴金融贸易开发区内,在建的各类高层建筑已达130余幢,建筑面积387万平方米,其中商贸、办公楼约90幢。陆家嘴开发区的中心正在建设一座投资规模大、规划起点高的新上海商业城，包括17幢高层商厦和步行街。至1994年已有食品总汇、国药大厦、服饰总汇、石化商厦和商贸大厦等5幢大楼落成并开张试营业。

MART：世界屈指可数的综合大楼

虹桥开发区西端，正在兴建建筑总面积28万平方米的上海世界贸易商城。这是一座世界上统称为"MART"的商贸、集市中心，一年四季都将对外开放。国内外客商可以在这里租用展示室（Showroom），起到双向交流作用，把产品携向世界。上海世界贸易商城设2 000多间5米×7米的标准展示室，各种设施配套齐全，在这里可以直接进行国际间贸易。

MART是全球商品经济发展到一定阶段的产物，目前世界上这类建筑并不多，仅在美国、比利时和中国台湾各有一座。上海世界贸易商城的建设无疑将对上海经济的腾飞乃至全国经济的发展起到重要作用。

广场、花苑，难见绿地

上海高层建筑还存在诸多有待改进和解决的问题。如在南京路外滩一带，在原来的欧洲古典式建筑群中，插建了华东电力大厦和联谊大厦等现代高层建筑，有碍和谐一致。还有海鸥饭店、东方明珠电视塔旁边的大厦，以及一些"镶牙式"的大楼，在规划上确实可以处理得更恰当一些。至于密集的屏风式的高层建筑群，无论对人流疏散和生态环境均造成诸多矛盾。

其次，高层建筑与绿化的矛盾也相当突出。有的开发商竭力追求容积率，而绿地的增加却微乎其微，充其量也不过是为高楼大厦点缀而已。如今上海被称为"广场""花苑"的大厦已不下几十处，大多数徒有虚名，称"广场"者不见广场，谓"花苑"者难觅绿地。而在欧美发达国家，大型建筑物前大都设有大面积的广场，供人们休憩、疏散，繁茂的绿化和优美的雕塑艺术品相得益彰，使人们真正享受到阳光、空气和大自然……上海高层建筑发展中出现的这些明显的缺陷，又有谁来考虑呢？

砥砺前行

2002年：新一轮浦东开发的绚丽画卷

龚柏顺

2002年1月10日，中共上海市委、市政府宣布黄浦江两岸地区综合开发正式启动。这是继浦东开发开放之后，上海城市建设发展上又一鸿篇巨制，令全市人民备感振奋和鼓舞。

开发浦江两岸，重塑母亲河形象，是上海在新世纪着眼于全局、着眼于长远的一个重要战略决策。根据统一规划，黄浦江两岸地区综合开发范围涉及浦东、卢湾、黄浦、虹口和杨浦五个区，规划面积2260公顷，岸线长度约20公里。近期开发的四个重点区域为杨浦大桥、上海船厂——北外滩、十六铺——东昌路码头、南浦大桥地区，岸线总长13.7公里（约占开发岸线的65%），规划改造用地690公顷（约占总用地面积的30%）。

据浦东新区有关部门提供的资料，浦东在浦江两岸开发中岸线最长、占地范围最广，占有重要作用。专家认为，在前12年浦东开发开放的基础上，不失时机地进行黄浦江两岸综合开发，对推进浦东新一轮开发开放具有突破性意义。

千年浦东　沧海桑田

浦东沿江的历次变迁，见证着上海城市发展的轨迹。史料记载，

浦东曾经是一派田园景象

浦东约在唐代开始成陆,至明、清两代日趋兴旺繁荣。今浦东沿岸的聚落大都形成于这两个时期,如:原歇浦路街道办事处辖境内,共有29个自然村形成于明、清两代;源深路两侧,明代已形成盛家行、西张家湾、叶家巷等数十个聚落;在原属黄浦区境的浦东地区,于清康熙至道光年间,先后形成近20个居民点和20个聚落。然而,浦东历史上较具规模的沿江开发是在鸦片战争以后。当时,浦东虽未划入租界,但西方列强并未停止过对浦东沿岸的侵占。从1857年在浦东建修船厂始,外商便蜂拥而入。他们在浦东建造码头、仓库、堆栈和工厂,从而在浦东沿岸占据了大量地盘。到新中国成立前夕,从高桥至周家渡的沿江地带几乎全为码头、仓库、堆栈、工厂所占,改变了昔日沿江地区村舍簇立、阡陌纵横的乡村景象;与此同时,贫困人民居住的棚户、旧式里弄住宅分布其间,并形成了烂泥渡、杨家渡、老白渡、庆宁寺、其昌栈、居家桥等集镇。而当时的浦东大道、浦东南路俨然成为浦东城乡的分界线,路西沿江为工商居住区,路东则依然是阡陌乡间。

新中国成立后，历届市政府都十分关心浦东沿江人民居住条件的改善，建造了一批又一批工人新村。1951年至1984年，仅在沿江原南市、黄浦、杨浦三个区的浦东部分，就建造了浦电、崂山、沪东、港机等30多个工人新村。从80年代后期开始，又在浦东大道和浦东南路两侧建起了大量新型住宅，并打破了浦东无高层建筑的历史，掀开了浦东沿江开发新的一页。

1990年4月18日，党中央、国务院作出了开发开放浦东的重大决策。从此，浦东进入高起点、快速度的城市化进程。"八五"期间总投资250亿元，建成南浦大桥、杨浦大桥、杨高路扩建工程、内环线浦东段工程等第一轮十大基础工程，极大地改善了浦东的投资环境和城市面貌。此后，又投入总投资近千亿元，建成浦东国际机场一期工程、地铁二号线、黄浦江行人越江隧道等第二轮十大基础工程，进一步促进了浦东的形态开发和功能开发。

至2002年，经过12年的开发建设，与浦西外滩一江之隔的陆家嘴贸易区已建成世界一流的城市基础设施。以金茂大厦为代表的426幢金融、商贸及综合大楼，已有236幢建成投入使用，仅汇聚在小陆家嘴沿江地区的中外金融机构就已达108家。江畔的东方明珠电视塔、滨江游船码头、滨江大道、中心绿地等游览观光景点，每年吸引中外游客高达1 500万人次。

随着浦东开发开放从基础开发为主转向基础开发和功能开发并举，一个外向型、多功能、现代化城区的雏形已在黄浦江东岸初步形成，成为上海乃至全国对外开放的重要窗口和重要标志，同时也为浦江西岸开发打下了基础。

一流规划　世纪杰作

具有"百年大计，世纪精品"之誉的浦江两岸开发，是上海新

陆家嘴开发陈列室。这是陆家嘴仅存的旧住宅（建于1914年）

世纪的新亮点。经向国内外征集方案，现在的规划设计充分体现出黄浦江是上海的"筋"和"神"，通过浦江两岸地区的环境改造和功能重建，带动中心城区的共同发展。

据有关方面介绍，浦江两岸开发中涉及浦东范围为北起五洲大道，南迄卢浦大桥，东自浦东大道、浦东南路，西止黄浦江。在黄浦江两岸综合开发规划面积中，浦东为1 390公顷，占61.5%；在两岸四个重点开发区域规划改造用地面积690公顷中，浦东为400公顷，占58%。市领导对浦东在浦江两岸开发中所起到的重要角色寄予厚望。时任市委书记黄菊指出，黄浦江两岸综合开发对浦东新一轮开发开放是极好的机遇，一定要利用好这一带动效应，在新世纪进一步把浦东开发开放抓好。浦东新区领导表示，浦江开发战略将是浦东重大的发展空间和机遇，要通过"政府加市场"的模式，使浦东新区在浦江两岸开发中成为起点高、起步快、见效早和最具活力、最能体现新意、最能展现上海城市新面貌的地区。

据悉，按照上海市统一规划的四个重点开发区域是：杨浦大桥

上海船厂一景。这里将建造海事博物馆等设施

地区浦东片，北临黄浦江，南至浦东大道，东自居家桥路，西至民生路，占地面积109.99公顷。该方案构想，通过建设特色滨江居住区和科教办公园区，激发滨水区活力和景观创意，结合历史建筑的保护和文化设施建设，建立滨江社区活动中心和游艇码头、南极科学考察游览基地。

上海船厂——北外滩地区浦东片，北依黄浦江，南迄浦东大道，东自东方路，西至泰同栈路，占地69.15公顷。该方案构想，作为陆家嘴中心区的延伸与补充，形成海事博物馆、大型购物和娱乐综合体，采用多样化的措施为市民创造滨水活动条件。

十六铺——东昌地区浦东片，北起东昌路，南至张扬路，东自浦明路，西临黄浦江，占地14.1公顷。这里将作为商务办公、娱乐区，开辟沿江绿带、观景平台和步行街、特色假日市场。

南浦大桥浦东片，北起塘桥新路，南至白莲泾，东自浦东南路，西临黄浦江，占地163.5公顷。这里将作为时尚居住区，建设商业、文化、娱乐复合中心，在南浦大桥与卢浦大桥之间建设世博会会场，形成环境优美、设施完备的新型文化居住区。

专家认为,通过综合开发,把长期以来浦江两岸的生产功能转换为服务功能,这将大大增强上海城市综合竞争力和提升上海国际大都市的地位。

一声爆破　拉开大幕

2002年2月1日,浦江开发"第一爆"在浦东率先炸响。当天下午1时许,上海港东昌公司杨家渡地块的一栋1.2万平方米仓库在爆破声中粉碎崩塌,从而揭开了沿江老港区实质性开发的帷幕。东昌港务公司的前身是闻名沪上的上港一区,这里将开发建设高档景观住宅小区。

据有关人士透露,浦东沿江开发已确定了"四个结合"的工作思路,即把浦东沿江开发与加快推进沿江工厂、码头改造,与加快

浦东杨家渡码头。2002年2月1日,"浦东第一爆"在此炸响,拉开新一轮浦东开发帷幕

浦东世茂滨江花园建设工地

推进危棚简屋拆除改造,与加快建设商品住宅、高档次绿化、高规格综合服务设施,与进一步完善陆家嘴功能、扩大陆家嘴功能向两翼辐射结合起来。

浦东已基本确定了近期的工作计划:在南浦大桥到杨浦大桥之间的沿江地区,共有8个地块纳入改造计划,动拆迁工作将于2002年年内启动。至2003年,基本完成浦东内环线内19个地块的改造和浦东大道、浦东南路两侧危棚简屋的改造。2002年,上海船厂——东昌地区的一些住宅和其他设施进入实质性建设。滨江大道将从现有的1.5公里向两端延伸。

引人注目的是,呼应浦江开发的小陆家嘴新一轮开发建设在2002年春节后已全面启动,总投资达135亿元、总建筑面积超过85万平方米的10大项目正式签约,有的项目即将开工,其投资力度之大、功能集聚效应之强、楼宇集中开工之多,为浦东开发以来之最。一批世界著名房地产公司也纷纷参与陆家嘴地区组团式开发建设,陆家嘴沿江景观将发生根本性变化,将形成五大形态和功能组团,即国际银行楼群组团、中外贸易机构要素市场组团、跨国公司区域总部大厦组团、休憩旅游景点组团和高档景观住宅组团。

南外滩：世界级黄金水景岸线

吉鸿盛

2002年，上海市政府明确提出：要把黄浦江两岸打造成世界级的黄金水景岸线。在20公里的江岸线上，沿江遍布的码头、仓库、工厂将调整搬迁远离江岸，取而代之的将是集金融、贸易、旅游、景观、休闲、居住为一体的新的风景线。

在这条世界级黄金水景岸线上，最贴近上海市中心繁华地区的南外滩滨江改造，则向人们展示了一幅更为迷人的蓝图。

高樯林立的上海港口

南外滩滨江改造，又被称为外滩一体化改造工程。整个工程长度6.1公里，北自苏州河起，经南京路、延安东路外滩，过十六铺、大达码头、南浦大桥，到江边路为止，总面积达3.56平方公里。

外滩一体化改造工程启动之时，江边那些有着近百年历史的十六铺码头、大达码头、关桥码头等老港区码头将陆续退出历史舞台。

招商局创建十六铺码头

十六铺码头，成形于清代中期。上海开埠后，黄浦江水运日趋发达；上海县城邻江的出口东门路，则成为上海的水运中枢，在东门路轮渡北侧，诞生了上海百年来的水运集散中心——十六铺码头。那是在19世纪50年代，由金利源、金方东、金永盛、金益盛4个从事水运的大船主，先后在十六铺沿江一带建造砖木结构的踏步式简

1928年的十六铺宁波码头

20世纪初,十六铺北端的金利源码头

易码头,以利停靠船只、上下游客、装卸货物,从而形成了十六铺码头的雏形。清同治元年(1862),美商在沪设旗昌轮船公司,同时在十六铺北首租地,建造旗昌轮船码头,停靠沿海和长江船舶,从事水上客运和陆上仓储,由此扩大了十六铺码头的辐射面。1873年李鸿章成立轮船招商总局,收购了旗昌轮船码头,又将金姓四个码头并入招商局,统一定名为金利源码头(习称十六铺码头),并将北自新开河南路、南至东门路的江岸连成一片,在江滩建造了13座浮码头,使十六铺从此形成统一格局。新中国成立后,上海军管会于1951年正式将其定名为十六铺码头,同时进行大规模的建设,新建钢质浮码头,可同时停靠70—110米长的客轮6艘,并配备电梯、监控等现代化设施,使十六铺成为上海最大的客运码头,至20世纪90年代,十六铺每年担负着数百万旅客的发送量,成为上海连接外地的重要交通枢纽。

张謇创办大达码头

邻近的大达码头，是由清代著名的实业家张謇创办的。清光绪二十六年（1900），张謇在上海创办了广生轮船公司，数年后他又与上海实业家李厚裕共同投资开办了大达外轮公司，又名大步轮公司，专事码头、仓储业务。此后张謇又更多地涉足航运业务。他于光绪三十年（1904），联合一批江浙名绅，在十六铺码头以南修建成大达轮船码头。不久，宁绍公司、三北公司、达兴公司、平安公司、约记柴料行等实业公司也在大达码头左右开设码头。七个码头业主协商后，借用了张謇的大达轮船码头的"大达"二字，作为自己码头的名字。因此，张謇实际上是大达码头的创始人。大达码头建成后，航运业务兴旺，与十六铺码头一起成为20世纪上海最大的两个客运码头。解放后，大达码头也进行了扩建，改造成钢质浮码头，岸线长达605米，可同时停靠5艘80米长的客轮。

1930年的大达码头

此外，在南外滩江岸上还有其他一些历史颇为悠久的老码头，如光绪三十四年（1908）建造的关桥码头，因附近肇嘉浜上有座无名桥，并与当时海关临近而得名。另有明嘉靖年间就已建造的运送两岸民众往来的董家渡等。眼下，这些老港区老码头都要功成身退了，自然勾起了人们一股难舍之情，但旧去新来毕竟是让人欢欣鼓舞的。因为这里将建成如欧洲泰晤士河、塞纳河、莱茵河那样的世界级黄金水道景观；同时将用艺术的方式保留这些老港区老码头的雄姿，以供人们来此一抒思古怀旧之情。

南外滩改造的四个特色区域

南外滩段沿江开发规划共分四个特色区域：风貌保护区、综合功能区、滨江居住区和博览综合区。

风貌保护区，自苏州河到延安东路外滩段。这里已建成滨江观光平台，它主要定位于金融贸易商务功能上，同时也是上海中央商务区的重要组成部分。这里与浦东的陆家嘴金融贸易区遥相呼应、交相辉映。

这里新的改造项目是，在保持外滩的万国建筑风格的基础上，加强立面整治，深化基础设施改造，包括这些建筑群落的网络化、智能化建设。同时，在这些古典建筑内建设博物馆，如汇丰银行等大楼可以辟出部分建"上海银行博物馆"、"外滩发展博物馆"等。

因此，这次对外滩25幢保护建筑确定了"认真保护、恢复使用功能、保护空间轮廓线"的三大要求。尤其是原有使用功能的恢复很有意义，现已作为浦江旅游开发的重要内容列入规划。比如东风饭店原有一张堪称远东最长的吧台（实际长100多米），恢复后也很有特色。另有一些建筑中过去曾有供银行职员休闲的咖啡厅和舞厅，极具古典风情，这些都具有旅游开发价值。

综合功能区，自延安东路到复兴东路段。这一区域主要定位于补充和延伸中央商务区功能，拓展和丰富旅游服务区功能。

这一地段的改造将是未来黄浦江最耀眼的风景线，这里将建成配套齐全、功能综合、高文化品位的现代滨水旅游娱乐中心，形成一个水上旅游集散中心。规划中也把这一地区称为人文旅游区。

发展水上旅游已作为浦江开发的重要主题之一。有关专家建议，这个水上旅游集散中心要有较高文化品位，最好建一座能停靠直升机的机场，可与澳大利亚达令港的高水准滨水娱乐中心相媲美。黄浦区有关部门提出的方案更为诱人，以水上旅游集散中心为核心辐射多方位的旅游航线，可以开辟一条到吴淞码头的27公里水上游览线，中间停靠复兴岛和共青森林公园；可以辟一条南浦大桥和杨浦大桥之间的游览航线，还可以辟一条自闵行到长兴岛乃至到淀山湖的超长浦江游览航线。

十六铺将建成集旅游、商业、餐饮、观光、娱乐等功能于一体的游乐码头。

在向国内外征集的多种游乐码头设计方案中，比较典型的有三种：

第一种：美国SOM公司设计的水上旅游总站，突出水运交通特性，建两个水上巴士站；延伸外滩步行街，与中山东二路西侧街坊相连，使之成为观光旅游中心，以高大透空的现代造型的建筑形成这一地区的标志；为展示十六铺百年文化历史氛围而在中山东二路西侧重建一段古城墙，与上海老城厢、豫园等古典景观相连，又可在此城墙上眺望陆家嘴风貌，使上海的古今在此交汇。

最引人注目的是该方案利用黄浦江水流，开挖内河，形成人工岛，将水面、绿带引入腹地，形成一条更长的富有特色的亲水生活岸线。该方案实施可能性较大。

第二种：美国GENSLER设计集团设计的多功能水上巴士中心，

突出滨水旅游多种功能特性，规划设计轮渡码头、游艇码头、商业零售、娱乐设施、酒店宾馆等组成的公共开放空间，线形的商场延伸至江面，酒店则垂直向高空伸展，滨江码头呈帆状，屋顶具动态外形，设计新颖别致。

第三种：澳大利亚BOVIS LEND LEASE公司设计的多功能旅游集散中心，突出多种功能的旅游交通观光特性，设计建造大型商业综合建筑、专用小型船坞、多功能高层建筑，轮渡站、公交中转站和轨道交通站等多种交通混合体。此外还建有大型临江散步广场。其高大宽广的建筑群体配以艺术灯光照明，与不远处的外滩灯光景观前后呼应。

有关部门很细致地规定：今后该段的建筑，第一阶层不可超过24米，第二阶层不可超过30—50米，第三阶层不可超过80米，以保证不遮没豫园乃至老城厢的风景。此外，还在东门路、复兴东路滨江尽头辟街头绿地，主要公共活动场所辟广场绿地。沿人民路街坊设置条状绿带，还将辟出数条绿地，与江边垂直的绿廊连接，将建成一条多姿多彩的水景岸线。

滨江居住区，自复兴东路到南浦大桥。这一区域的功能主要定位于高档居住、休闲。

这里将成为上海中心城区沿江地段最为完整、规模最大的居住开发区，是黄浦区政府拟定的区政府五大重点产业之一。董家渡地区规划区域面积121.7公顷，可开发面积66.6公顷。澳大利亚的BOVIS公司和美国GENLER公司做出了各具特色的方案。

BOVIS公司强调开发腹地与东侧滨水带之间的横向联系，在整个地区设三条东西向的休闲绿化带，居住建筑布局由西向东呈跌落形态，发挥东侧滨水效应。GENSLER公司的方案则更加重视与东北方向陆家嘴的都市景观遥相应。

有关部门吸纳了上述两个方案的特色，结合现状，确定了"一纵一心三横"的框架，形成了四条高低错落、可横向切割联动的居住组团。

在这一区域还将建一座大型文化娱乐中心，形成集绿化、景观、游乐、商住、办公等功能为一体的高档住宅区；或设计建成与高档居住区相联的集娱乐、商业和休闲为一体，具有城市标志性的大型主题公园。

博览综合区，从南浦大桥至江边路段。这一区域的功能定位以博览、文化休闲和居住为主。

这一地区的改造工程，将以结合世博会申请的进程而推进。目前初步的方案也是十分美妙动人：这里的滨江地区将建造一座大型人工旅游岛，与北部的复兴岛形成黄浦江中一南一北相呼应的两个旅游观光岛。

由黄浦区政府建设的外滩一体化改造工程，是整个浦江两岸开发中的四大亮点：它有世界级古典风貌景观，又有世界级现代风情景观；既有现代化产业功能，又有高品位文化欣赏价值，将突出显现未来黄浦江世界级黄金水景岸线的绰约风姿。上海未来以黄浦江流向为线索的集景观、休闲、旅游、居住为一体的全新的城市南北中轴线，也由此尽现在世人面前。

北外滩：21世纪的上海新亮点

陈佩君　吉鸿盛

中外建筑各显风流

北外滩实际上也与南外滩一样有着辉煌的过去，在这里同样遗留着不亚于南外滩的19世纪建筑精品。上海开埠后，各国政府驻沪机构相继在外白渡桥附近兴建领事馆。我们能看到和上海大厦对街

俄罗斯驻沪领事馆

外白渡桥畔的上海大厦（旧称百老汇大厦）

而矗、依水而立的俄罗斯领事馆，是一幢欧洲文艺复兴时期风格的建筑。它建于1917年，原为俄国领事馆，1924年秋改为苏联驻上海领事馆。占地面积1 700余平方米，建筑面积3 264平方米。高4层，每层都有约2米宽、10米长的阳台，西侧有较狭小的阳台和六角形凉亭。这幢颇具欧洲艺术风格的建筑，充分展示了俄罗斯民族文化的内涵和底蕴。

苏州河外白渡桥堍北面的上海大厦，是当年英商投资兴建的百老汇大厦。当时投资总额相当于500万两白银。原为供来华外国人住的旅馆兼公寓，1951年改为宾馆。该大厦高76.7米，占地面积约6 000平方米，建筑面积2.46万平方米。楼面共22层，是当时上海滩最高的一幢建筑物。登上其18层平台，可鸟瞰全市的景色。

此外，还有礼查饭店（今浦江饭店）、原日本驻沪总领事馆及联合国办公处、高阳大楼、提篮桥监狱等优秀建筑文化遗产，都将获得保护、改造和利用。

浦江饭店（旧称礼查饭店）

在北外滩地域中，还有很多处中外宗教建筑，其中佛寺、道观、尼庵等继承了中国传统宫殿和民居建筑风格与特色。昆明路73号的下海庙就属于这类建筑。清乾隆年间（1736—1795）为当地渔民和船民所建，供奉海神祈求出海平安。清嘉庆、咸丰、光绪年间，几经修葺扩建，占地5 000多平方米，1937年被大火焚毁，1941年重建，至今基本完好。

北外滩境内早期的花园住宅也别具特色。黄浦路、昆山路和文蓝师路（今塘沽路）等处，都建有一些老式花园洋房。

百年码头历经沧桑

新中国成立前，北外滩境内的沿江码头星罗棋布，大多为各国列强所建。

其中最为著名的三大码头是汇山码头、公平路码头和高阳路码

下海庙

头。汇山码头位于黄浦江下游西侧,靠近提篮桥处。上游衔接公平路轮渡站,下游依附秦皇岛路轮渡站。最初该码头只有2座简陋的浮码头。1913—1917年,经过改建成钢筋混凝土码头后,成为日商在上海港最好的码头。汇山码头前身为三个外商码头,由东往西依次为日商杨树浦码头、日商汇山码头和英商华顺码头。它主要是以装卸杂货、煤炭为主,于1945年被没收成为国营码头,1952年8月归属第三装卸作业区;华顺码头于1953年12月由中国外轮代理公司上海分公司移交港务局。

公平路码头位于黄浦江下游西侧,上游与高阳路码头毗连,下游隔公平路轮渡站与汇山码头相邻。其前身为招商局第一码头(原名招商局北栈)。1952年1月移交给第三装卸作业区经营,1958年划归第五装卸作业区。公平路码头主要经营钢材和杂货类装卸,到了1985年由改制后的高阳装卸公司管辖经营。

高阳路码头位于黄浦江下游,上游连接外虹桥码头,下游毗邻公平路码头，其前身为英商公和祥码头、虹口码头与顺泰码头。1953年12月转让给中国外轮代理公司上海分公司，不久移交第五装卸作业区，改为现名。码头于1970年进行部分翻修改造，改建后，共有4个万吨级以上泊位，均为砼框架结构，主营钢材、杂货类装卸。1985年由改制后的高阳装卸公司管辖经营。

北外滩作为上海门户口岸，很多码头历史悠久，其中一些老码头在黄浦江两岸改造中即将退出历史舞台。比如虹口码头，它位于虹口沿江，建造于同治三年（1864），由英商复升洋行代理。光绪三年（1877）起归属于公和祥码头公司。1934年由木质码头改造为钢筋混凝土码头，专泊海轮，顺泰码头和虹口码头改造后连成一体，码头内建有周长约250米的"U"形港池，供小船靠泊装卸，太平洋战争爆发后被日军侵占，改作军用码头，日本投降后收回。

又比如黄浦码头，这个位于提篮桥的码头原本是一块滩地。光绪三十四年（1908）至宣统二年（1910），由日本南满洲铁道会社购买，委托日本由船会社建造码头，并代为经营和管理。黄浦码头主要停靠北方沿海航线和欧洲远洋航线船舶，建造时采用高桩板梁结构。1981年码头进行重大改建，改建后，码头有了2个7 000吨泊位，主营钢材、杂货、散装和装卸。1985年和1991年，码头先后归属于汇山装卸公司和客运服务总公司。其他还有同孚码头等。

建造国际客运中心

今天，浦江开发要打造黄金旅游线，黄浦江、苏州河在市内流淌而过，赋予上海得天独厚的滨水优势，浦江开发为上海发展都市滨水旅游提供了良好的空间。

北外滩将迈步跨向世界级旅游中心景点新境界。北外滩地区南临黄浦江，北至周家嘴路，西起吴淞路，东止大连路和秦皇岛路，总面积3.14平方公里。同时，北外滩与外滩地区接壤，受到中心商贸区的强大辐射作用。有人把外滩、陆家嘴、北外滩三块地区称为三足鼎立的"黄金三角"，是很有道理的。据悉，自2002年2月5日北外滩向社会征集设计方案以来，来自14个国家和地区的30家规划设计公司踊跃报名参加，同时中标的有美国HLW公司、美国PTKL公司和澳大利亚COX公司。

北外滩规划设计中标单位之一的美国RTKL设计公司负责人罗伯特·史密斯说，要把北外滩设计成四大块精彩项目：第一，靠近黄浦江外滩一段划为商业区、饭店、购物中心、文化娱乐区域。第二，靠近苏州河的地段为金融机构集中地。第三，从大名路向北至周家嘴路为居住区，这里的学校、医院、小商店、公园将比较集中，市民在日常可以很方便地喝咖啡、锻炼身体。而住宅将全部朝南，人们可以看到优美的陆家嘴和外滩景观。第四，大名路向南主要为历史风貌保护区，一些历史遗留的优秀建筑将得到保护性开发。为确保北外滩每个建筑都可以看到黄浦江的景观，靠近外滩的建筑将要矮于后面的建筑，形成阶梯状态。

有关方面根据三个中标公司的方案进行综合优化，提出了将北外滩改造划分为三个特色区域：一是国际航运服务商贸区，位于虹口港以东、新建路以西、唐山路以南、东大名路以北；二是提篮桥历史风貌和现代商业区，位于大连路以西、公平路以东、杨树浦路东大名路以北、唐山路以南，与四川路商业街相呼应。三是现代商业办公区，位于吴淞路以东、虹口港以西、海宁路以南、黄浦江以北。

北外滩开发最大的亮点则是国际客运中心，这一率先开工的标志性建筑位于现在的高阳港区，与东方明珠、金茂大厦隔江相望，集大型购物、娱乐和博物馆功能于一身。主楼外形初步设计为白玉兰花朵般形状，整个建筑外形将建成古老的帆船状。未来的国际客运中心，其服务对象主要是大型国际豪华游轮。作为外滩沿江建筑的延续，将由三大建筑物构成一个整体，自西向东依次为公园、办公楼或酒店塔楼、客运和会展中心，整体设计流畅、美观，功能区分明确。另外，在客运中心附近还将建设海事博物馆、游艇码头等公共建筑，并在建筑空间布局上加以烘托，形成主题凸显、层次丰富的滨水景观。

开发滨水旅游景观

北外滩明日的蓝图特别诱人。俄罗斯领事馆、礼查饭店、日本总领事馆及联合国办公处、杨树浦水厂等经典建筑将维持原貌，以后的新建筑也将与之相协调，构成浦江两岸的新景观。未来的这一区域将结合国际客运中心建设和一些厂区改建，利用黄浦江弯道和苏

1933年，杨树浦水厂水池

州河交汇的地形特征,创造与外滩陆家嘴中心区交相辉映、具有震撼力的景观效果。从外滩看去,则成了一个风景独特的"金三角"。

发展水上旅游是浦江开发的题中应有之义。一个水上旅游集散中心已在规划中,专家建议这个集散中心要有文化品位,最好能停靠直升机。浦江两岸蕴涵着丰富的中西文化,是一个最有吸引力的旅游景观。如将现有的水上旅游资源重新整合并继续扩大,发展沿苏州河、黄浦江两岸景观游,开发各种形式的"黄金水道"旅游产品,并设想将来开辟多种浦江游新航线,不仅有为时一个小时的两桥之间的浦江游览,还可以开辟吴淞码头到旅游集散中心约27公里一段的江岸景观游。北外滩由此将形成一个国际级滨水旅游黄金区域。

历史昭示我们:19世纪,上海有了外滩;20世纪,上海崛起了浦东陆家嘴;21世纪,上海的新亮点将从北外滩率先亮起。

八万人体育场建设之最

邢 正

1994年9月3日，上海体育发展史上一个值得纪念的日子。随着一声凝重而激越的桩击声，上海八万人体育场建设进入了实质性启动阶段。

在数千名建设者的奋力拼搏下，仅用了两年多时间，这座占地

八万人体育场内部

19万平方米、建筑面积17万平方米的大型建筑已拔地而起，创造了国内体育场建设的若干之最，成为上海精神文明建设的一个标志性建筑，并将在1997年10月份作为第八届全国运动会主会场，迎接包括香港代表团在内的全国各地的体育健儿。

匠心独运，企业独资建设国家级体育场

20世纪80年代末前，对上海的广大体育工作者和球迷来说，拥有自己的现代化大型体育场，似乎还是一个遥远的梦。

根据国际足联的规定，凡是申办世界杯足球赛的开幕式、半决赛和决赛的城市，必须具有能容纳4万名以上观众的大型足球场。因此，一座现代化的大型体育建筑，在某种意义上也是一个国际化大都市的标志。

1988年，国务院作出了今后一段时间内，全国运动会只在北京、上海、广东三地轮流举行的决定。1992年，国家体委正式决定，1997年的第八届全运会由上海举办。就在那几年间，北京为承办第11届亚运会，新建了一批体育设施；广东为办全运会和世界女子足球锦标赛，加快了体育设施建设的步伐。而上海却未建任何新的大型体育设施。难道八运会的开幕式只能像五运会一样，放在20世纪30年代建造的江湾体育场举行？

其实，早在50年代，上海市政府已在城市建设总体规划中，将大型体育中心安排在市区西南部的天钥桥路地块。以后规划几经修改，这个选址仍未变动。1985年，上海市城市规划设计院根据市体委的要求，再次进行了上海中心体育场选址的论证工作，先后提出了7个方案，经过综合比较，建议上海中心体育场仍按原规划实施。1989年，上海为申办1993年世界大学生运动会，大型体育场的兴建又一次摆上了议事日程，但囿于经费等原因，计划再一次搁浅，令

人扼腕兴叹。

1993年，上海成功地举办了第一届东亚运动会，向世界展示了改革开放中上海的新形象。这次运动会的资金不靠政府拨款，全部向社会筹集，并盈余2亿多元。这不仅是一笔可观的物质财富，更是一份沉甸甸的精神财富。它拓展了人们的视野和思路，显示了上海体育事业改革的潜力。经主管体育工作的龚学平副市长建议，当时的市委书记吴邦国、市长黄菊、副市长徐匡迪等批示，有关方面决定利用东亚运动会的结余财力和本市体育文化事业的有关条件，组建综合性的体育产业经营实体——上海东亚（集团）有限公司，以积聚财力，资助上海体育事业的发展。经过三年的不懈努力，上海东亚（集团）有限公司已拥有10余个下属企业，资产翻了一番，并在社会各界的支持下独家筹资建设八万人体育场，使这座国家级的现代化大型体育设施的建设进入了快车道。

突破禁区，建筑史上夺金牌

在八万人体育场的西南侧，毗邻矗立着两座引人注目的体育建筑。

一座是建于20世纪70年代的可容纳1.8万名观众的上海体育馆，造型稳定，线条柔和连贯。

另一座是建于80年代的上海游泳馆，建筑呈不规则六角型，体现了求动、求变的时代价值取向。

建于90年代的八万人体育场，大步赶上了国际现代建筑的潮流，采用了开放式、大起伏、强动感、多层次的建筑造型构想。

体现这一特色的"大手笔"是引进了美国高新技术材料——赛福龙涂面玻璃纤维成型膜作顶盖。该材料具有质韧、体轻、透光好、防尘垢的优点。以57座伞面组成的膜面呈金字塔状规则起伏，在阳光中如祥云缭绕；入夜，在灯光的辉映下，晶莹璀璨，如同美丽的光环。

撑开这3万多平方米膜面的是一座马鞍型大悬挑钢管空间屋盖结构。其最长悬挑梁长度为73.5米，为当时世界之最；顶盖钢结构重量达6 000吨。顶起这钢结构的是32根最高达52.5米的钢筋混凝土大斜柱，其顶端截面积为21平方米，内外倾角分别为71°和64°，是国内建筑界的"禁区"。

承担八万人体育场设计任务的上海建筑设计研究院的设计师们，深知肩上担子的分量，以严谨的科学态度进行探索和攻关：1比400、1比150、1比35、1比1，一只只整体和局部模型送进了同济大学、复旦大学、南京航空航天大学乃至加拿大的实验室，进行各种条件和状态下的风洞等试验，转化为成千上万的数据进入电脑，为确保工程质量奠定了基础。

为了突破施工禁区，确保32根超大型斜柱的施工速度和质量，上海市第八建筑工程公司创造性地使用了劲性构架支撑系统方案，填补了国内的空白。

世界最长悬挑梁吊装由被市政府命名为"吊装英雄"的上海市机械施工公司第一分公司承担。该悬挑梁重80吨，一端固定在离地63米的柱顶上，另一端悬浮在离地70.6米的空中，施工具有极高的技术难度。为了科学、安全、可靠地完成施工任务，公司组织青年科技突击队，发动一批30岁左右的青年技术人员在老一辈工程技术人员指导下进行攻关，自行设计制作了大型门式起重机固定于看台顶端，与一台300吨吊车和一台100吨吊车配合，创造了"三机联合作业、空中接力、吊点置换"的先进作业法，准确地将世界上最长的悬挑梁安装就位。

1996年12月9日，屋盖膜面开始吊装，大面积赛福龙涂面玻璃纤维成型膜的铺设施工在我国系首次进行。每块重达2吨，需在高空完成6道施工工序，仅不锈钢螺帽就要固定近千只。由于培训和准备工作做得充分，中美双方技术人员通力合作，膜面安装工作十分顺利，提前15天完成膜面的吊装任务，质量达到了设计要求。

填补空白，栽培"中国第一草"

面积为7 140平方米的足球场草坪，是八万人体育场建设的亮点。

过去，一说起足球草坪，国人都不免有些尴尬：偌大的中国，竟找不出一个四季常绿和雨天没有泥浆的足球场，以至于有的知名的外国足球队在上海输了球，把失败归咎于没有一个符合国际标准的球场。作为一个现代化的国际大都会，人家要求你有一块符合国际标准的足球场也是不过分的。

主事者们经过反复的分析和比较，八万人体育场足球场草坪的建造采用了创新的方案。

一是引进美国的耐寒草种"高羊毛"和"早熟禾"，以保证四季常绿。

二是改传统的泥壤植草为沙壤植草，并强化场地的泄水功能。具体设计是，在草坪基地的底层埋设总长为1 200米的PBC工程塑料管排水系统，再铺上卵石，覆以掺入培养剂的黄沙，再播种草籽。这样，即使暴雨如注，球场上也不会积水，更不会满地泥泞。

如此精耕细作在国内足球场地的建设上当属首次。于是，人们把这块草坪戏称为"中国第一草"。

"中国第一草"的种植，得到了许许多多情系中国足球事业人士的关心和呵护。

根据设计要求，"中国第一草"的基础要用2 000吨鸽蛋般大小的卵石。但是，上海不产此类石子，平常使用量也极少，如按部就班地采购，将错过草皮的种植期。经市政府有关领导的直接协调和有关方面的奔波联系，浙江桐庐紧急动员，抽调打捞设备，硬是在

足球皇帝贝肯鲍尔（中）与卢莹辉等交谈

数天内打捞起10万吨黄沙，从中筛洗出2 000吨卵石，按时送到上海。建工材料公司的职工奋战4昼夜，将全部卵石冲洗干净，分装入3万多只麻袋，准时运到工地，保证了施工的需要。

如果说，上海的各界人士对八万人体育场草坪的关心使日本的草坪专家感到意外的话，中国的工程管理人员的敬业精神更使他们深受感动。在草坪施工的一个来月中，为抢进度，有关人员常常白天黑夜连轴转。为确保场地的平整度，在施工机械未及时到位的情况下，用手工操作，一寸寸地完成了任务，质量超过了机械施工的水平。

1997年1月份，德国的"足球皇帝"贝肯鲍尔做客上海八万人体育场。他站在如茵的绿草坪上，感叹地说，上海的球场比德国的更好。

开拓进取，走自我发展的产业化道路

这是一个真实的、颇有典型意义的故事。

八万人体育场基地的西北部，有一块9 000平方米地块。它西临漕溪路立交和地铁线，北依新拓宽的零陵路，邻近繁华的徐家汇商业区，具有极高的商业价值。一家房产开发公司愿以近2亿元的价格取得该地块的使用权。但八万人体育场工程的决策层从场地的整体环境效应考虑，决定"宁要绿地，不要两亿"，建一座开放式的主题花园。这，当然引来了一片赞扬声，但故事并未就此结束。在这片绿地的设计方案中，出现了一道特殊的人文风景线：一条用名字连接的"体育爱好者之路"，不论是个人还是企业，只要购下一块纪念石，即可在上面刻下自己的名字，并作长久的保存。消息传出，反应热烈，购者踊跃，绿地中也产生了经济效益。

八万人体育场建成后，将改革大型体育设施的经营管理模式，走自我供给、自我完善、自我发展的产业化之路，在创造社会效益的同时，争取良好的经济效益，更好地为上海体育事业服务。根据这一指导思想，八万人体育场在其巨大的室内空间中，设置了一系列产业化的设施。

如在观众席的各个层次之间，设置了100套观赛和办公兼用的豪华型包厢；配置中央空调、国际国内通信线路和卫星电视线路，并有独立的卫生设施和专用室外看台。

又如在体育场主建筑的东部，设置了"海洋世界"体育俱乐部，内设沙滩游泳池可用于冲浪、滑水、潜水、海洋动物表演。

再如在体育场主建筑的西部，建有总面积为3.3万平方米、具有360套标准客房的三星级宾馆。

另外，还在体育场主建筑的南部和北部，设置了1.1万平方米的商场和商业展示厅，争取形成具有体育特色的规模效应。

世纪经典：上海大剧院

金义铠

上海人民广场西北角，有一座屋顶反翘、晶莹剔透的建筑精品，这就是众人瞩目的上海大剧院。她既涵容中国传统建筑的品位，又具有世界精品建筑的底蕴，能满足世界一流艺术团体在此演出歌剧、芭蕾、交响乐的需要，是一座堪与澳大利亚悉尼歌剧院、法国巴士底剧院、美国林肯文化中心等一流艺术宫殿相媲美的世界经典建筑。

丹桂园：上海最早的戏院

有着700多年建城史的历史文化名城上海，拥有不少剧院、影院等演艺场所，其中不乏岁月悠久的古建筑。

从前，上海人把演艺场所称为"戏台"，后来又称为"戏院""茶园""舞台"，到了20世纪中叶，才逐步称为"剧场"和"剧院"。早在清朝同治年间（1862—1875年），上海宝善街（今广东路中段）就开办了名为"丹桂园"的戏院，专演京剧。丹桂园比现今保存的豫园古戏台（1888年）还要早，是上海有证可考的最早的剧院。丹桂园于光绪初年遭厄运被拆除，至清末，在今福州路又新建"丹桂第一台"。它是当时有较大影响的京剧演出场所，王凤卿、梅兰芳、周信芳、冯子和、王鸿寿、马连良等京剧名角都曾在此演出。1928年，

建于1930年的兰心戏院

丹桂第一台因房屋年久失修而被拆除。

20世纪初,随着城市经济的发展及外来文化的影响,上海建造了不少新剧院,注重讲究演出和观赏效果。比较有代表性的有天蟾舞台、三星舞台、兰心大戏院、新光大戏院、黄金大戏院等。其中,大舞台、共舞台、天蟾舞台和三星舞台,曾有上海"四大舞台"之称。特别值得一提的是,美琪大戏院既保持了古建筑的风韵,又融入了现代建筑的豪华,是中国人设计的优秀影院建筑之一。1933年改建的大光明电影院,已是钢筋混凝土的美国近代式建筑,装饰精良,设备较好,座位舒适,声光清晰,曾享有"远东第一影院"的美誉。

上海人渴望有个一流大剧院

新中国成立初期,尽管百废待举,政府还是设法兴建了衡山、长宁、东昌等一批电影院。由于经费不足,建筑结构和设备都比较简陋。改革开放以来,对旧的影剧院普遍进行了改造,实现了冷气化、软席化、换片自动化和立体声化。1991年建成的上海影城是当时上海最大的影院建筑，拥有大小电影厅5个，设施先进，是举办国际性电影交流的理想场所。

进入90年代以来，建立社会主义市场经济体制中的"龙头"地位和建立国际经济、金融、贸易"三个中心"的战略任务，极大地激发了上海人民的积极性和创造性，上海建造了许多金融大楼、商业大厦、星级宾馆以及一流的体育场馆，可就缺少一个能上演世界一流歌剧、芭蕾、交响乐的大剧院。

20世纪30年代的天蟾舞台

美琪、兰心、上海音乐厅（前身为南京大戏院）等主要剧院都是解放前建造的，平均只有1 100—1 200个座位，对一些大型演出来说，这些舞台实在太小了，连布景也摆不开。即使像逸夫舞台等新改建的剧院，设施也不适应。因此，一些访沪的交响乐团等一流艺术团体，只能被安排在上海体育馆内演出。这种尴尬局面，曾给人们留下了莫大的遗憾。一次，美国费城交响乐团来沪演出，感到上海音乐厅不行，便改在上海体育馆，结果音响效果不如意。1994年，世界著名小提琴家帕尔曼在上海完成他的首场演出后，不无惋惜地指出，上海有世界上最好的观众，但是这里的剧场却实在让人不敢恭维。

1 300万市民也渴望有一个世界一流的大剧院。

13个国家和地区参与大剧院设计方案竞争

其实，何止市民们翘首以待，上海市的领导以至国家领导人都心系建设一座上海大剧院。好多年前，就曾选址上海展览中心的北面，即现在上海商城所在的地方筹建大剧院，后由于种种原因未能如愿。

1993年，在实施人民广场综合改造工程之际，建设上海大剧院被列入重要议事日程。1994年2月，当时任上海市副市长的龚学平主持新闻发布会，宣布上海大剧院工程设计实行国际招标。4月，法国夏邦杰建筑设计事务所，在来自中国、美国、法国、日本、加拿大、澳大利亚等13个国家和地区的18个公开征集方案中胜出，一举中标。他那大胆创新的未来主义的造型，正满足了上海对现代文化标志性建筑的需要。最后确定，由夏邦杰建筑设计事务所和中国华东建筑设计研究院实施合作设计。

1994年9月，上海大剧院破土动工。经过上海市第四建筑工程公司等单位四年的建设，一座别开生面的新型建筑巍然崛起。白色的弧形屋顶，透明的玻璃幕墙立面，大剧院酷似一座水晶宫殿，给人们以丰富的想象空间。弧形屋顶独具匠心，有人说像皇冠反翘，有人说像大鹏展翅，也有人说它意在拥抱蓝天，还有人说它象征向上升腾。夏氏建筑设计事务所的设计者道出了其创意初衷：大剧院的符号取自中国传统建筑中的亭榭，反翘的屋顶结构，通透的主体，流动的空间，以及沉稳、抬升的基座，是亭的写意。华东建筑设计研究院的建筑师们进一步揭示了其深邃的内涵：它象征着对空间开放，对外界开放，海纳百川，既继承优秀的传统风格，又吸收先进的世界文化。

弧形屋顶，系一大型钢结构屋架，全长100.4米，宽91.29米，

上海大剧院展现雄姿

高11.4米，总重量6 075吨，面积9 000多平方米。如此庞大的钢屋架，在世界建筑史上也是罕见的。它由江南造船集团制造，由上海市基础工程公司和同济大学等单位，采用"分段制作、现场拼装、整体提升、电脑监控"的方案，一次提升到29米高的屋面安装就位，创造了国内建筑钢结构提升分量最重，制造、提升、安装速度最快的纪录。

选用世界最新的第三代玻璃幕墙

着眼于建设一流的文化标志性建筑，"精心设计、精心施工"的社会承诺，在上海大剧院建设过程中真正的得到了落实。

根据设计蓝图，大剧院要安装大面积的玻璃幕墙。可是一般玻璃幕墙都是涂膜的，免不了会反光，存在光污染的弊病，而且必须有大量的安装框架，达不到"主体通透"的设计要求。为解决这个难点，建设者在人民广场用9块大玻璃砌成了一堵模拟玻璃墙，进行研讨。龚学平看了摇摇头，说它像个玻璃橱窗。他要求务必找到一种玻璃幕墙，在白天要有朦胧的感觉，晚上灯光一开，显现主体通透。

大剧院工程指挥部一面到国外考察，一面公开征集方案，终于选定了当时世界上最新颖的第三代玻璃幕墙——钢索玻璃幕墙。整个幕墙工程由德国SEELE公司总承包。可以清楚地看到，钢索幕墙不像一般玻璃幕墙那样用金属框架来固定，而是采用由不锈钢索和不锈钢蛙爪组成的支架结构，从横向、竖向和斜向将幕墙系统牢牢锁住。这种幕墙简洁、安全，最能体现建筑通体透明的效果。构筑幕墙的总共900多块两层夹胶玻璃都是从国外引进的。有一次，因故打破了一块，由于中间是夹胶的，尽管玻璃碎了，却没有掉下来。这种玻璃还有一个特点，它不涂膜，而采用欧洲高科技的彩釉工艺。幕墙自上而下由浅入深的淡淡的花纹，白天形成一种朦胧的氛围，在灯光下则达到通体透明，其花纹还能反射30%的紫外线。这种新颖的玻璃幕墙，在亚洲还是第一次出现。

除了正面安装玻璃幕墙，大剧院后面部分的外立面都用白色的花岗岩装饰。立足于选购一流石材，工程处的人员今天跑福建，明天奔山东，货比三家，深入石矿现场选材，终于在泉州选准了一个挖掘较深、质地很好、性能稳定、没有色差的石矿。后来，当大剧院的外立面被优质花岗岩装饰得十分高雅亮丽时，夏邦杰看了惊喜地赞道："我在中国从来没有见过如此漂亮的花岗岩！"

拥有亚洲最大的多功能舞台

按照惯例，凡拥有1 500个座位的剧院通称大剧院。上海大剧院建筑总面积62 803平方米，地上8层，地下2层，总高度为40米。它不仅拥有1 800座的大剧场，还有一个550座的中剧场，一个300座的小剧场。此外，还有10个大小不等的排练房和琴房，屋顶有1 600平方米的多功能大厅，底层有2 000平方米的大堂和2 500平方米的文化商场。

大剧场拥有1 700平方米的舞台，由主舞台、后舞台和两侧舞台组成。这是当时国际上容纳面积最大、动作变换性能最多的全自动机械舞台之一，有人称它是"一个会走路、能升降、可组合的自动舞台"。这些舞台可以全方位平移和升降，可以同步更换6—8组布景，有18个升降单元可供演员进行空间切换，而且都由电脑控制，准确高效。就整体尺寸而言，大剧院的舞台是亚洲最大的舞台，由日本三菱重工集团制造和安装，设施属世界一流。

大剧院的大剧场观众厅共设1 800个座位。其中，池座1 100座，二楼和包厢300座，三楼400座。座椅从意大利引进。座位符合国际第一流剧院的优级配置。池座自前至后坡度高达5米，确保视线的扩张和最佳视觉效果。每个座位底下都设有小小空调通风口，以保证空气通畅。观众厅前设有一个160平方米的乐池，可以升降。

音响设计达到国际领先水平

是否具有先进的音响设计，是衡量一个剧院品位的重要方面。

上海大剧院的音响设计，以建筑声为主，电声为辅。即以自然声为主，通过观众厅平剖面体型设计、自然混响合理控制以及环境与设备噪声的排除等，来确保音响的自然逼真。为此，在主舞台上专门设计了一个大型音响反射罩，并采用大型壳状乐队挡板和可收起的吸音帘幕来调节。对噪声的处理特别严密，在建筑施工上采用弹性隔音缝的新工艺，所有的墙体、门都以隔间工艺进行解决。在此基础上，适当辅以电声设备和扬声系统，以弥补声音强度的不足。在观众厅内设置三组扬声器共27个音箱，以形成立体声效果。

为追求最佳音响设计，大剧院工程指挥部组织国内外的声学专家，进行了近两年的试验，其中包括一系列的实物模拟试验，选用美国JBL的专业音响进行处理。在市科委组织的上海大剧院声学模拟试验研究成果技术评审会上，专家们一致认为大剧院的音响设计达到国际领先水平，并得到了德国、美国声学专业研究所的认可。

此外，大剧院还引进了比利时西门子ADB灯光，舞台多达1 000个灯光回路，设计者可以得心应手地创造出各种奇妙的舞台效果。

世界一流艺术家纷纷要求来大剧院献艺

大剧院工程预计总投资13亿元人民币，由上海广播电影电视局全额投资。原计划于1998年10月完工，工程还在建设中时就已在国内外引起强烈反响。

大剧院以其精美的造型和非凡的气势，每天吸引着许多南来北往的游客，令人叹为观止。一天，同济大学的一位教授驻足仰望正在施工中的大剧院，看到如此高贵典雅的建筑，看到不少外国工人正在安装玻璃幕墙，他不禁感慨万千：过去只能参观外国的一流剧院，如今我们自己也有了；过去只有中国人去外国打工，如今外国人也来中国打工了……中共上海市委副书记龚学平对即将落成的大剧院满怀信心："它将像在这座剧院的艺术演出一样，达到精致、完美、高雅的水准。"

许多世界一流的艺术家和艺术团体，已经对上海大剧院表示出极大的兴趣，争先恐后地要求前来演出。

美国指挥家斯特恩在一封信中写道："上海大剧院是中国音乐成长的标志……是专业音乐会举行的重要中心，我希望不久的将来能出现在这个舞台上。"

德国著名小提琴家安妮·索菲穆特来信说:"我相信上海大剧院会成为全中国最佳演出的标志。它不仅为国际艺术家访问上海提供了一个'家',而且也为中国发展自己的具有国际一流水准的艺术提供了催化剂。我非常期待能在这个令人兴奋的新剧院内举行我的首场演出。"

竞争最激烈的,当然是大剧院落成时的首场演出现已决定,1998年8月28日,上海大剧院隆重揭幕,中央芭蕾舞团将在此献演《天鹅湖》。届时,透明的立面、乐感的屋顶以及泛光与水景交相辉映的大剧院,以迷人的景色和一流的功能,奉献给上海市民和全国人民!

从国际饭店到金茂大厦

金义铠

1998年8月28日,举世瞩目的"中华第一高楼"——金茂大厦宣告落成。它设施先进,功能齐全,协调配套,管理科学,是世界一流的智能化摩天大厦。它是中国人的骄傲。

20世纪30年代的国际饭店

国际饭店称雄近半个世纪

面对"中华第一高楼"金茂大厦的矗立,人们自然会想起曾被誉为"远东第一高楼"、并在上海称雄48年的国际饭店。

1931年,由上海金城、盐业、大陆、中南四家银行联合组建的经济实体"四行储蓄会",规划建造一幢远东最高的大楼,借以树立四行储蓄会的形象。

"四行"委托擅长设计近代建筑的匈牙利籍著名建筑师邬达克担任设计。工程于1931年5月打桩,桩基工程由康益洋行承包,二层地下室工程由洽兴营造厂承建。

大厦地面以上的主体工程谁来建造?上海的几家外国营造商认定中国人没有能力承建这样艰巨的工程,便漫天要价。几家老资格的营造商私下积极活动,力求争得这笔大生意,更有人通过邬达克的关系,向业主推荐外国工程师。业主实际执行人钱新之系金融业巨子,颇有主见,对选择主体工程的承包商十分慎重。当时,国内营造厂已造出过13层的高楼。钱新之认为,在此基础上,再增加10层,是有能力的,况且国外营造商借机抬价,已引起国人高度警惕。他权衡利弊,毅然决定由声誉很高的上海陶桂林的馥记营造厂承建。

施工过程中,工程技术人员表现不凡,进展很快。大厦内部结构采用钢框架,由邬达克委托德国西门子洋行进行设计。因为邬达克对陶桂林夺走主体建筑权不悦,强调安装钢结构必须等西门子洋行的专家抵沪指导。但德国专家久等不来,延误了地面工程开工日期,后经业主同意,由馥记营造厂自行安装钢框架。待到德国专家抵沪时,只见钢框架已安装到11层,已经用不着技术指导,而且质量完全符合要求。德国人大为惊讶,没有料到上海工人竟有如此高的技术水平和胆略。

国际饭店地面工程于1932年8月开工，1934年6月以优良质量交付使用，总工期22个月，在当时可谓高速度，反映了我国民族资本营造业在与外商竞争中的实力和成功。

金茂大厦比国际饭店高五倍

24层的国际饭店（地下2层，地面22层，建筑标高83.6米）建成后，被上海人自豪地称之为"远东第一高楼"。当时，日本也没有这样的高楼。日本由于地震频繁，房屋高度到1963年还一直限制在31米以下，不超过10层。当时香港最高的汇丰银行也只有13层，直到60年代中期高层建筑才迅速发展起来。国际饭店保持远东最高建筑达30年之久，保持上海最高建筑达48年。

1972年，美国政治家基辛格来上海访问时，他指着一幢突出的高楼问是什么建筑。周恩来告诉他，那是上海最高的大楼国际饭店。时隔20年后基辛格再度访问上海，当他在窗口找不到国际饭店时问道是否被拆掉了。主人回答他，国际饭店没有被拆掉，只是上海高层建筑多了，按建筑高度，国际饭店已退居到第70多位。这时，基辛格才恍然大悟。回顾这段趣事，再看五倍于国际饭店高度的世界级摩天大楼金茂大厦，怎不令人发出"当惊世界殊"之感慨！

90年代以来，浦东开发和上海城市建设一浪高过一浪，高楼大厦像雨后春笋般涌现。面对改革开放的大好机遇，人们期盼建设一座世界级的摩天大厦。1992年，由外经贸部下属13家公司与东方国际集团联合组成的中国上海对外贸易中心股份有限公司挺身而出，他们高起点，大手笔，决定斥巨资在陆家嘴兴建一幢世界级的摩天大厦。

在来自世界著名建筑设计单位的13个设计方案中，有曾经于20世纪70年代成功设计过当时世界第一高楼西尔斯大厦的美国SOM设计事务所的方案,这次该事务所一举中标。根据设计方案,金茂大厦工程占地2.3万平方米,地下3层,地面以上88层,预算投资5.4亿美元,建筑总面积28.95万平方米,建筑高度420.5米,仅次于马来西亚吉隆坡的城市中心广场(452米)和美国芝加哥的西尔斯大厦(443米),为世界第三高楼。

针对人们争创世界第一的良好愿望,据说SOM设计事务所曾经向金茂大厦业主方提出过一项设计建议,将金茂大厦塔尖升高100英尺,总高度达453.8米,从而超过吉隆坡城市中心广场的高度。这项建议曾引起一些人士的共鸣,但未获业主董事会的通过。董事会认为,与其争个拔苗助长的"世界高度第一",还不如脚踏实地,精心组织,精心施工,力求工程质量第一,建设速度第一,更加符合中国国情的需要。

金茂大厦

"金茂"融合20世纪建筑语汇

远眺金茂大厦，它像一座奇特的宝塔，使人们无论在上海的哪一个角度观赏，均可获得完美的景观体验。

设计者深谙中国文化，针对中国人喜爱宝塔建筑的心理，将中国宝塔精华与现代建筑语汇加以融合。考虑到人们对"8"字情有独钟的良好愿望，设计又以"8"为模数。例如，主楼88层，结构八角形，核心筒外设8根巨型柱，8根钢柱。塔楼分12个楼层段，各个楼层段的组成也与"8"字有关。

塔楼的外墙，饰以铝合金和不锈钢作线条的玻璃幕墙，强调墙面的垂直感，以突出建筑的高度。塔楼玻璃幕墙的颜色具有深浅不同的线条，有的偏深、偏蓝，有的偏淡、偏白，富有动感，呈现奇观。裙房的外墙，主要由浅灰色花岗石和水平的不锈钢条组成，同银色基调的塔楼构成和谐的统一体。若从空中鸟瞰，裙房的屋顶像一本打开的书，主楼则像一支笔，喻指上海正在谱写着更加辉煌的新篇章。若从侧面仰视，裙房则恰似一艘起航的巨轮，正劈波斩浪从宝塔旁驶向浩瀚的海洋。

金茂大厦不仅造型美观，而且建筑结构十分科学合理，是世界上第一幢钢性设计的混合结构型的摩天大楼，大楼能保持最大的稳定性，也能经得起七级地震和十二级台风。

5A智能楼创多项世界第一

金茂大厦是一幢集办公、商务、宾馆、娱乐于一体的综合性大楼。主楼3—50层为办公区间，总面积12万平方米，可容纳1万多人办公。大厦共拥有61台电梯和18台自动扶梯，其中专门为办公区设置了28台先进的YYYF电梯,人们能在60秒之内直达各自的办公楼层。每个办公层面为2 000平方米,均为全部敞开的无柱空间,给租户空间布置以最大的灵活性和高效率。办公层面高集成、高智能的管理系统,符合我国5A系统的要求,为客户提供了舒适、安全、有序、便捷的工作环境。

主楼53—85层设有超五星级的上海金茂凯悦酒店。57层为健身俱乐部,那里有世界上离地面最高的室内游泳池。58—85层设有各种客房。自56层至85层,核心筒中间镂空,成为净空高达100多米的中庭,客人们站在栏杆边欣赏这个气势宏伟的共享空间,心胸顿觉豁然开朗。86层是企业家俱乐部,87层为九重天空中酒廊,88层为观光厅。观光厅离地面340.1米,两台世界上速度最快的电梯以每秒9.1米的高速在地下1层和地上88层之间穿梭运行,从地面登上观光厅不到45秒钟。在这高耸入云的"庭院"内观光,上海全景尽收眼底。遇上晴朗的天气,还可遥看长江口百舸争流的胜景。

"多国部队"紧张会战

金茂大厦工程实施国际范围的工程招标。国外工程承包商纷纷投标,可是报价都很高。像当年建造国际饭店时差不多,有人以为中国人承建不了这样艰巨的世界级工程。结果,曾经建造过南浦大桥、杨浦大桥和东方明珠广播电视塔等重大工程的上海建工集团总公司不仅承包了地下工程,并且以其为主体,组建了以日本大林组株式会社、法国西宝营建公司和香港其士公司参加的联合体,以雄厚的实力、较低的报价,联合承包了地面以上工程。按照联合总承包协议规定,上海建工集团"承担该项目的全部合同法律经济责任",外方只是派遣技术人员提供技术帮助。这样,上海建工集团名副其实地肩负起金茂大厦工程总承包、总指挥的重任。

由于工程规模宏大、结构复杂，设计图纸数量之多是惊人的。总承包部设计部自行绘制和审核分包的深化图纸，共晒蓝图46万多张。如果把折叠装封送至工地的图纸堆在一起，累计高度可达1 150米，相当于2.74个金茂大厦的高度。

金茂工地的建设者来自亚洲、欧洲、美洲的几十个分包单位，有人戏称像个"小联合国"。其中，不乏享有盛誉的世界知名承包商，如分包钢结构制作的新日本制铁株式会社，分包电梯的三菱株式会社，分包玻璃幕墙的德国GARTNER公司，分包暖通的德国ROM公司，分包强电的法国CEGELEC公司，分包弱电的新加坡STEE公司等，此外，还有国内的许多建筑劲旅。面对如此强大的阵容，如何进行有效的指挥和协调？总承包单位及时发布总计划和月计划，总包和各专业分包每周召开协调会。所有工作要求、施工计划、图纸审核、材料采购，都通过书面形式来确定。真可谓"处处按合同办事，事事讲文字依据"，体现了高度的规范性和权威性。

荣获美国"1998年最佳结构大奖"

众所周知，金茂大厦位于浦东新区陆家嘴金融贸易区，地处长江下游冲积平原。在这种软土地基上建筑如此高的大楼，国内没有先例，国际上也是罕见的。这一客观条件决定了工程的特点——挖得深，建得高，技术含量高，管理难度大。

面对严峻的挑战，总承包部组织有关分包开展科技攻关，采用大量高新技术和优化方案，攻克了一个又一个施工难题。建设者们通过建设金茂大厦的成功实践，在国内外高层建筑领域创造了一项又一项新纪录。

——大厦打基础钢管桩，桩尖贯入深度83米，在中国打桩施工史上创最深纪录。

——一次泵送混凝土至380米高空,创造了泵送混凝土施工高度的世界纪录。

——爬摸工艺的革新与大型施工机械设备的合理应用,创造了每月上升13层的超高层结构施工的世界纪录。

——周密测量和精心施工的结果,88层塔楼垂直度偏差仅12.6毫米,达到二万六千一百分之一的精度,比东方明珠电视塔的精度提高了近一倍,刷新了国内超高层建设垂直度的纪录。

……

金茂大厦于1994年5月18日打桩,1997年8月28日结构封顶,1998年8月28日落成,其建设速度之快、质量之高,为国内外专家所公认。

美国SOM设计事务所主任工程师D. Stanton Korista在致上海建工集团董事长石礼文的信中表示:金茂大厦的钢结构吊装质量是绝对出色的,达到了预期的工期目标,而且无任何质量问题,结构体系的施工也是一流的,与其在世界各地其他已完成的结构工程相比甚至更加出色。

1998年6月6日,美国伊利诺伊州工程协会对世界各地完成的大楼和桥梁结构进行评选后,授予金茂大厦"1998年最佳结构大奖"。

从国际饭店到金茂大厦,又走过了60多年风雨历程。金茂大厦将作为上海滩的标志性建筑,永远载入中国改革开放的史册。

新世纪的人民广场

陈佩君　吉鸿盛

2003年,听到人民广场要进行新一轮的改建,我们按捺不住兴奋的心情,走访了有关部门,既了解到了新一轮的人民广场改建方案,又知道了在人民广场这块土地上100多年来发生的巨变。

人民广场鸟瞰

跑马厅变成了人民集会的广场

人民广场的前身是跑马厅的一部分。上海开埠后,英美法等国殖民主义者纷纷进入上海,同时也把他们的娱乐文化带进了上海。1862年,租界附近的地价直线上升,以麟瑞洋行大班英国人霍洛为首的跑马总会,在筹建"老花园跑马场"和"新花园跑马场"牟得暴利后,又以12 500两银子的低价购进泥城浜(今西藏中路)以西、南京西路以南、芦花荡(今黄陂北路)以东约430余亩土地,强行拆毁该土地上的中国居民的房屋和坟墓,开辟第三跑马场即"上海跑马厅"。不久,在跑马场的四周逐步修筑起四通八达的交通干道,其中有静安寺路(今南京西路)、坟山路(今武胜路)、恺自尔路(今

旧上海的跑马厅

金陵中路）；还在周边地带修建了首批欧美风格的里弄式住宅。在四周的道路和众多娱乐场所的烘托下，跑马厅的地理优势非常突出，其规模实为当时远东第一。跑马赌博使许多上海平民百姓倾家荡产，而霍洛等外国老板们却大发其财。

太平洋战争爆发后，日军将跑马厅用作军营，自此跑马厅停业并解散。

新中国成立后，上海市人民政府于1951年对跑马厅进行了改建，跑马厅的北半部建成了人民公园，而南半部则建成了人民广场，看台改建为体育宫，以作为上海人民举行集会及其他政治活动的场所。比如，20世纪50年代的"五一"节和国庆节等重大节日集会游行，都是在这里举行或出发的。

1964年，为了迎接国庆15周年，上海市政府在人民广场北端建造了市人大办公楼和检阅台。人民广场四周的道路也被改建成为宽阔、平整的马路，特别是横贯东西的人民大道，成为当时上海最宽阔的马路。整个广场可以容纳数万人集会。上海许多重大政治活动，

20世纪50年代的人民广场

如1976年10月庆祝粉碎"四人帮"伟大胜利的群众大会以及对一些罪大恶极的犯罪分子的公判大会都曾在这里举行。其时，比较注重人民广场的政治性功能。

人民广场改成了优美的休闲场所

20世纪90年代以后，上海加快了改革开放的进程，人民广场的功能定位由过去的政治性功能迅速向实用性功能转化。

上海市政府决定对人民广场再度实施改建，但究竟改造成什么样的广场，一开始就有两种不同的意见。一种意见认为，人民广场改建应该像国外许多大都市一样，把城市中心广场建成封闭式的绿化广场，游人不可进入，这样既能体现城市绿化功能，又能体现城市景观功能；另一种意见则相反，主张人民广场应该建成开放式的景观广场，应该让人们可以进去游览和休闲，除了体现城市的绿化和景观以外，更应该体现城市的游览休闲娱乐功能。因为上海人口密集，市民亲绿机会较少，可供游乐的场所本来就不多，还是应该从为公众服务功能上出发多作考虑。后来，市政府决定采纳后一个方案，将人民广场改建成开放式的景观广场。

这次改建后的人民广场，中部有东西长579米、南北宽91米的人民大道。大道北面有上海大剧院、人民大厦（市府大厦）和上海城市规划展示厅；大道南面是和平鸽乐园、下沉式中心广场和上海博物馆。广场西南的绿荫草地上，栖息着广场鸽。广场的中心是圆形喷水池，池底为上海市版图，水花喷射高达20米；外层是石鼓灯、花钵、庭园灯、石椅、石凳、台阶和花草；东西两侧是旭日广场和明日广场，有草坪、花坛和一些小景点，供游人活动或休息。每天客流量达数十万人次。

人民广场的地下空间也得到了开发和利用。地铁1号线、2号线在广场东北部地下立体交叉穿过,东南有现代化的香港名品购物街和亚洲最大的22万伏地下变电站;再往西是地下停车库,面积5万平方米,可停靠600辆各类机动车。其上是集购物、娱乐、餐饮、休闲为一体的地下商场,以及自选商场、邮局、银行等服务设施。

改建后的人民广场为广大市民和中外游客提供了优美的休闲场所,为人们称道不已。人民广场也因此成为上海新形象的标志之一。

新一轮的人民广场改建

时隔仅仅几年,迈入21世纪的人民广场又开始了新一轮改建。为什么会在这么短的时间里,再次对人民广场实施新的改建呢?这

人民广场改建工程施工现场

主要是由于人民广场M8城市轨道交通线（即今天的地铁8号线）的建设所引起的。

为了进一步改善市中心的交通状况，2002年初，上海市政府规划了一条轨道交通杨浦线——M8线。这条轨道线从上海杨浦区开鲁路起始，经虹口区和黄浦区，过黄浦江达浦东三林。在讨论方案实施的时候，韩正副市长提出了一个综合性的改建构想。它同上一次人民广场改建工程一样，也包括十大工程，其核心部分是人民广场地区的现代化立体交通枢纽的建设。

第一项：M8人民广场地铁车站

杨浦线M8人民广场站地处人民广场地区，沿西藏中路西侧走行，车站北端为精品商厦，南端靠近上海城市规划展示厅。车站为地下二层岛式站，共设6个出入口。车站西侧与地铁1号线人民广场站平行紧贴布置，与地铁2号线人民广场站成L形布置。车站内净长度为370米，内净宽度为26.8米。

M8线人民广场地铁车站被列为人民广场地区综合改造工程十大项目之首。它的建成，将填补人民广场地区通向市区东北角和东南角城乡接合部两个轨道交通的空白点，对形成上海地下交通网络具有重大作用。

第二项：下沉式广场

下沉式广场建设的目的，是为了解决在人民广场汇集的三条地下铁道车站的换乘便利问题。

下沉式广场位于目前的精品商厦和音乐书店的地下。下沉式广场的造型设计如同地铁2号线静安寺下沉式广场。

下沉式广场拥有三条轨道交通出入口，在下沉式广场中，三条轨道交通可以实现零换乘。地铁8号线与1号线平行，可以平行换乘；与地铁2号线上下相叠，则可上下换乘。同时，还可从地下直达南京路步行街和新世界商城。

第三项：地下通道

为了让市民避开西藏中路上密集的车流，设计建造了一条从下沉式地下广场通达南京路步行街的地下通道。在建设通道的过程中，黄浦区有关部门为吸引新世界商城的客流，还提出了在精品商厦处再建一条从地下通达新世界商城的人行通道。

由于这两条地下人行通道建造之后，完全解决了通过西藏中路和南京路的问题，因此，建于南京路和西藏中路口的大型人行天桥将被拆除，这一段路貌得到改观。

第四项：西藏中路拓宽

西藏中路经过改造以后，将形成一半是交通、一半是休闲的特色街。它不仅具有交通主干线的功能，而且还形成了商业走廊的功能，从而把上海最为繁华的商业街淮海路与南京路连成了一体。

西藏中路将从目前的20米左右的宽度，向西侧拓宽至30至40米，道路拓宽将近一倍，以缓解这条通过市中心的南北向干道的拥挤程度。

第五项：武胜路公交枢纽改造

武胜路公交枢纽汇集了从广场通向市内各地区的17条交通线路，造成了西藏路和武胜路这一地带交通拥挤的状况。由于地铁工程的建设推进，M8线的投入建设，这一地段交通问题已得到缓解，因此，有关方面欲将武胜路17条公交线路减为6条。西藏路上的公交线也将因轨道交通的建成而部分撤销、部分重组。

同时，还将把大陆饭店以及矗立在西藏中路武胜路上的上海最大的电子广告屏拆除。改造后，这一地段的面貌将会得到大大改善。

第六项：架空线入地

西藏中路上的各类空中管线，将在这次人民广场地区综合改造工程中，从空中隐身而退，进入地下。

第七项：广场公园

广场公园的建设，也被称为延中绿地三期，与前二期工程相连接。它的位置处于延安东路以南、金陵中路以北、西藏中路以西、普安路以东。它的建成将使延中绿地形成更大的规模，为上海市中心地区城市景观的美化添上更新、更美的一笔。

第八项：上海音乐厅平移

地处广场绿地上的上海音乐厅，也将在这次改建中移动位置。延安东路高架建成后，对上海音乐厅的观瞻产生了一定的影响。因此，市府决定对上海音乐厅实施搬迁工程。

上海音乐厅搬迁工程，采用当时世界上先进的建筑物整体平移的方案。工程将割断音乐厅地下的基础桩柱，将音乐厅整体完好无损地向龙门路东侧平移70米，置放在延中绿地三期工程的绿荫之中，形成上海又一个新的文化景观。

第九项：地下车库建设

在平移后的上海音乐厅附近，将建造一座大型地下车库，以方便前来观看演出的观众们停车的需要。

第十项：西藏路桥改建

西藏路桥改建，是配合西藏路拓展改造的一项重要工程。它将

上海音乐厅平移工程施工第一天

在老桥的西侧再建一座新桥,成为整个新桥的西半部。在新桥建成后,再拆除老桥,在老桥的位置上再建新桥的另一半,成为新桥的东半部。最后,由东西两部分合成为一座新西藏路桥,它的宽度是老桥的两倍。

白天通车夜晚施工

人民广场地区综合改造的十大工程,是在上海人流车流最为密集的繁华的市中心实施,难度非常大。尤其是其中的核心工程M8线地铁车站和下沉式广场的建造,正处在西藏中路和南京路口这一上海的顶级黄金地段。市府领导多次亲临现场,要求采取创新技术,来确保地铁和公交车流以及人流的安全。工程建设部门采用了新技术,半夜至黎明开掘路面施工,白天又把路面盖上,密集的车流照样通行无误。施工多日，市民竟无人知晓地底下已经完成了大量的施工任务。M8线车站旁边紧贴着地铁1号线，下面又紧贴着地铁2号线，M8线的大面积施工，很容易对紧贴着的1号、2号线造成偏移。但两条正在运行的地铁线都容不得丝毫的偏离，否则后果将不堪设想。工程建设部门为此特地引进世界上最先进的自动化监测仪，不惜一切代价确保两条地铁线路正常运行。

肇嘉浜百年巨变

秦维宪

高津浦

1999年仲春的黄昏，暮色瑰丽。鲜花锦簇的肇嘉浜街心花园里，在一匹仰首长嘶的烈马石雕前，一位身板笔挺，脸色呈古铜色的古稀老人，正在向数百名流露出惊奇眼神的中学生讲述肇嘉浜的变迁。老人长长的浓眉微微颤动，他激昂地挥舞双臂，响亮地说："45年前，在陈毅市长的关怀、鼓舞下，新中国的市政工人，在这儿翻开了上海市政史上崭新的一页！"

他，就是当年改造上海"龙须沟"——肇嘉浜的总指挥高津浦。

肇嘉浜：苦难中国的缩影

古代的肇嘉浜，曾是碧波荡漾的通航河道，宛若一条翡翠飘带，蜿蜒于上海滩。它东起朝宗门（今大东门）水门，黄浦江水由此入内，横贯全城，出仪凤门（今老西门）水门后南下，流至斜桥改为西行，直奔地处徐家汇的蒲汇塘，长达十余华里。两河交汇称蒲肇河，向西可通航至七宝、泗泾、佘山达松江县境。当时的肇嘉浜两岸，一派江南水乡风光。大地回春之际，人们驾着马车，经天钥桥去龙华踏青、观桃花，于悦耳的风铃声中，走进柳浪闻莺、农夫耕耘的恬静画面；金秋桂子飘香，游人坐上画舫，于桨声灯影里，欣赏农舍炊烟、渔歌唱晚……

自1845年起，英、法、美等国先后在上海强建租界。19世纪60年代初，太平军攻打上海，列强又找借口越界筑路，扩大势力范围。法帝国主义沿肇嘉浜开设许多工厂，还将浜的北岸划为租界，在贝当路（今衡山路）、福履理路（今建国西路）一带建了大批花园洋房。然而，法租界没有污水管道系统、污水处理厂，法国侵略者及其奴仆为了自己的舒适和清洁，把工业废水、生活污水，通过雨水管道，全部排放到肇嘉浜。同时，在兵荒马乱的年头，大批难民流入上海，他们沿浜垒了简易棚和"滚地龙"（用竹子、油毡、草席搭成），向浜内倾倒生活垃圾。从此，肇嘉浜开始变脏、变臭、变黑。

至清末民初，肇嘉浜东段被填没，浜水从打浦桥处折入日晖港。我们通常所说的臭水浜，即指打浦桥至徐家汇这段小河道，实际上，它已成了法租界的界河。

1937年，上海爆发"八一三"抗战。日本侵略军与中国军队激战之际，在肇嘉浜西段的徐家汇一带断浜截流，修筑战略公路。这样，一条活水河终于变成了死水浜，上海西南地区的自然河道系统被破坏殆尽。

1925年，法帝国主义在海格路（今华山路）南边尽头、徐家汇广场的圆草坪西边，筑了一个北欧式大碉堡（现已炸毁）。这个椭圆形的古堡，上下有8个大嘴巴似的洞穴，活像一个中世纪的灰色

改造前的肇嘉浜

恶魔。他们派安南（越南）巡捕驻守，划定了法租界与中国地界的界点。土地的主人竟只能在铁丝网边开扇小门进出。每天清晨，法国侵略者挺胸凸肚，口叼雪茄，骑着高头大马，沿拉都路（今襄阳南路）向南遛圈子。他们只要看见中国人在甬道上行走，便挥鞭猛抽，然后发出狂妄的浪笑。中国的流氓、地痞则沿岸分段筑垒，敲诈勒索过往船只。打浦桥角上有一个大茶馆，店老板是黄金荣的徒弟，在这个乌烟瘴气的流氓窝里，不知上演过多少鱼肉贫民的恶作剧。

肇嘉浜两岸破烂不堪的棚户、"滚地龙"、"吊楼"（水上竹棚）、破船、桥洞窝棚里住着成千上万的贫民，其中有拾荒者、乞丐、黄包车夫、小摊贩、包身工、扦脚匠、淘旧货者、妓女、舞女等。黑臭的河水里漂着死尸、死狗、死猫、死老鼠，令人望而生畏。盛夏，这个长达2.7公里的"露天化粪池"臭气熏天，蚊蝇成群；严冬，破棚里不时倒下冻饿而死的穷人，引得收尸车频频前来……

肇嘉浜，夹带着贫困与饥饿、血泪与辛酸、罪恶与病毒，在中华民族的肌体里，沉甸甸地流淌、流淌……

陈毅:"哪有老百姓住污水沟的!"

1949年5月,苦难深重的大上海,如同腾飞的凤凰,在战火硝烟中获得了新生。

不久,上海市人民政府在文化广场成立。陈毅市长一身戎装,目光炯炯地望着台下的各界代表,朗声道:"我们共产党人革命了28年,终于打倒了帝国主义、封建主义。但是,革命成功并不等于可以高枕无忧。新生的人民政权,还面临严重的困难,人民的生活条件尚有待改善。"他边说边挥掌击向半空,声调高亢起来:"同志们,共产党的理想是啥子?就是让全体人民过上幸福的生活。我希望,上海人民按照自己的意志,去建设人民的新上海。反动派说我们打仗行,搞建设不行。我就不信,共产党领导下的上海人民,没得能力把分割、畸形、紊乱的上海城市建设,从本质上改变过来呢!"

陈毅话音刚落,全场掌声雷动。

接着,陈毅马不停蹄,察访了上海100多处臭水浜、棚户区。

7月的一个黎明,旭日东升,绚烂的霞光照亮了苏醒的上海城。

旧上海肇嘉浜棚户区一角

几辆吉普车悄然停在肇嘉浜沿岸，车里走出陈毅、市委常委李干成（主管城建）、市建委主任刘季平、副主任兼工务局（现市政工程局）局长赵祖康等。他们仔细地观察这条上海最大的臭水浜，缓缓走到打浦桥一隅。浜里袭来阵阵恶臭，窝棚内传出婴儿的啼哭。陈老总淌着热泪，盯住浜里浮着垃圾的黑水、浜边的破烂屋子，深深地叹气。他宽阔的胸膛急剧起伏，眼前这条臭水浜好像黑色的大蟒，正无情地爬过自己的心脏，噬咬着自己的灵魂。少顷，陈老总沉重地说："我好难过呃，哪有老百姓住污水沟的！"

1951年，陈毅又在市二届二次人代会上指出："城市建设为生产服务，为劳动人民服务，并且首先为工人服务。"会后，陈毅在市政府大厦（今汉口路市劳动局）多次召集工务局领导研究改变旧上海贫困、肮脏、落后的面貌，希望搞一个上海市政建设的总体规划。抗战胜利后，赵祖康曾搞过一个规划，但很快被国民党发动的内战击得粉碎。这次他和市政局副局长徐以枋专程从北京请来苏联著名城建专家莫辛，着手制订了新的上海发展蓝图，其中决定填没肇嘉浜，建成通车干道和街心花园。

同时，工务局也成立了城建规划小组，以局党委书记兼副局长徐鸣挂帅，率领高津浦、高河图等人赴实地考察。

很快，规划小组制订了《城市建设五年计划》。初步计划投资2 200亿元（合新币2 200万元），沿肇嘉浜埋设合流沟渠后将该浜填没。

高津浦："这就是我的施政纲领！"

1954年，浩大的肇嘉浜工程正式上马。

工程前期，共拆除房屋23 065平方米，拆迁工厂、作坊、住宅2 000户，动迁居民8 000人，无一"钉子户"。工务局先在漕溪路划出3万平方米土地，兴建两层楼的"漕溪新村"，后又在龙华营造一

参加肇嘉浜改造工程的部分工人

批平房,安排肇嘉浜两岸的劳动人民居住。

9月份,工务局选调第一批共400多名青年工人,开赴肇嘉浜工地,成立了肇嘉浜工区。他们在高安路一片荒地上搭了一个大草棚,整装待发。高津浦出任总指挥兼党支部书记。高津浦1946年在苏北参加新四军,以后在山东解放区搞公路、桥梁建设,积累了丰富的经验,不久前又主持了北站改造、人民广场花岗石大道工程。当时,他年方27岁,风华正茂,精力充沛。

徐以枋在汉弥顿大厦(今福州大楼)局长办公室约见高津浦。徐以枋身高1米85,脸上始终挂着微笑。他紧握高津浦的双手,有力地摇动着:"这次是上海人民给你这个韩信拜将哩,你得好好干这个工程,为新中国争光哟。"

"徐局长,我既然接了令箭,一定全力以赴,你等着好消息吧!"

国庆一过,高津浦走马上任,动员大会就在高安路的大草棚举行。晚7时,高津浦走到一张破桌子前,往下看去,几盏昏黄的小灯下,几百名穿着破衣衫、面容敦厚的小伙子,齐刷刷坐在长竹竿做的"椅子"上，目不转睛地盯住自己。晚风穿过墙壁，吹得小灯微微摇曳；泥地上卷着草垫，权作工人的床铺，条件真够艰苦的。

高津浦激动地向大家点点头："同志们，党把改造肇嘉浜的任务交给我们，是对我们最大的信任。你们都是劳动人民的子弟，谁不知道肇嘉浜是上海'龙须沟'，那里平均每天要淹死一个小孩哪！我们要发扬国家主人翁的精神，投身到忘我的劳动中去。"他顺手指着大门旁自己的铺盖，大声宣布："这就是我的'施政纲领'！"

工人们呼地站起，举拳高喊："我们听你的！"

高津浦见群情振奋，不禁热血奔涌，双手一抬："弟兄们，今天是国庆五周年，让我们唱支《国歌》，来纪念开工典礼吧！"

"起来，不愿做奴隶的人们，把我们的血肉，筑成我们新的长城……"这些没有文化、朴实的小伙子，随着高津浦的节拍，时断时续地唱着自己的歌。激越、嘹亮的歌声，久久地回荡在大草棚间……

工段长："司令带头下去了，我们还待着干什么？"

这时，局里又调来1 200名工人，壮大了施工队伍。高津浦一上任，首先成立了以党、团员为骨干，按工种特点组成的打桩、木工、电工、钢盘混凝土等青年突击队。具体施工，则实行区域管理工段制。第一段，从徐家汇到谨记桥；第二段，从谨记桥到太原路；第三段，从太原路到日晖港。1955年底，成立了肇嘉浜泵站工段，被称作第四段。

厉兵秣马已毕，高津浦和十几名党员干部，率领1 600名"和尚团"战士，以猛虎下山之势，直扑肇嘉浜工地。

抽干恶臭的浜水，便全面铺开了艰巨的挖泥埋管工程。1955年1月，北方冷空气南下，给浜底覆盖了一层晶莹的薄冰。黎明，高津浦和工人们扛着铁镐铁铲、四齿耙来到第一段工地。当时我们国家刚经过国民经济困难期，才结束抗美援朝战争，投入巨资改造肇嘉浜已非易事，因此，工人的劳动保护条件较差。工区内无论干部还是工人，一律穿草鞋，下浜根本没有套鞋。

浜边，高津浦深情地望了眼衣着单薄、微微颤抖的工人，轻轻一叹："今天太冷，你们就别下了！"自己却脱去破棉布人民装、草鞋，提着铁镐纵身跃入3米多深的浜底，一镐、二镐、三镐，硬是敲开了冰层……第一工段长彭兆鹏见状，高声喊着："同志们，司令（工人对高津浦的尊称）带头下去了，我们还待着干什么？"说毕也跳了下去。接着副工段长杨银福、工会委员卜银书、全体青年突击队员"扑通、扑通"一个个往下跳。

高津浦抬头一看，急忙下令："这样太乱！我们排个梯形队，党、团员在底层，青年突击队员在中间，其他同志在上面，不舒服的同志回宿舍，马上行动！"

高津浦领头喊着"嗨唷——嗨嘿"的号子，与一工段青年突击队长沈金福搭档，用快铲起土法挖泥。沈金福先铲好30斤重的泥巴，往高津浦手上的四齿耙一放，高津浦猛力一提，传到中间梯队。沈金福铲得快，高津浦提得快，2个小时下来，两人累得直喘粗气，内衣湿透，腰酸背痛。

这天上午，全工段人人斗志昂扬，吼声连天。下工时，几十名党、团员、青年突击队干部的脚都冻裂了，鲜血和臭泥糊在一起，活像一只只紫萝卜。

尽管每人一天平均挖8方土，已创了奇迹，但挖泥的劳动量太大，非工区工人力所能及。高津浦认为，要加快进程，必须依靠社会力量的支持，采取挖干土填污泥的方法。

适逢许多大、中学校师生从报上看到改造肇嘉浜的消息，纷纷来工区联系义务劳动。高津浦大喜，立即指派了专人带领学生。每逢周末和星期天，同济、交大、华东师大、上海师院、外语学院的校长、教师率领学生，浩浩荡荡开来了，南洋模范、徐汇、龙华等中学的师生也不甘落后，倾校出动。

从徐家汇到打浦桥全线，到处飘扬着工人劳动竞赛的三角小红旗以及鲜艳的团旗、校旗和系旗，到处响着节奏欢快的锣鼓声。每隔几十米，便设一个茶水站，旁置一土台，台上站着作宣传鼓动的学生。他们或打快板，或拿一柄小喇叭，向人群高呼："加油！加油！"浜底，路面上，密密麻麻的工人、学生，边劳动边互拉歌儿。

苍凉的黄土一点一点地覆盖上肇嘉浜皱褶的胸脯。

索洛诺维奇："我们苏联不及你们啊！"

填没淤泥后，工程进入打桩阶段，在长达3公里的浜底，要打下无数长20英尺的钢板桩。由于当时尚无打桩机，全靠人工。如果让一个人挥动12磅铁锤打桩，不仅费时费力，而且打不深，影响施工质量。工程师庄煦堂经反复试验，设计了一个"拉辫子"方法，将一柄特制的50磅大铁锤穿入木框架，然后十几个工人拉着粗长的麻绳，由班长喊口令，集体拉绳，锤砸钢桩。从早到晚，钢钎大锤奏响的英雄乐章不绝于耳。

打桩完毕，全线协同作战，在浜底做小泥沟管的基础和底部，用混凝土浇筑6长、2.8米宽、1.9米—2.8米高的巨型拱形管。施工期间，拌混凝土不能停，一天的定额非完成不可，否则，水泥结不了缝，会功败垂成。因而，工人们夜以继日，每天苦战十几小时。

当年，尚未发明"小太阳"灯，晚上照明除几盏电灯外，主要靠月亮和星星的自然光，管道里用的是煤油灯；也没有搅拌机，由人工调合混凝土。长龙似的工地上，工人们推着装满混凝土的独轮车，欢快地跑过十几道跳板，推入浜底。工序临近路面时，工人们便排成一字长蛇阵，将混凝土装入畚箕，传入管道……

1956年元旦前后,肇嘉浜上的徐汇桥、天钥桥、谨记桥、东庙桥已被拆除。春节前夕,高津浦率领39班去"围剿"最坚固的枫林桥。

旷野里,朔风怒吼,宛如暴烈的雄狮竞相长啸。高津浦率先操起一柄大榔头,"咣,咣,咣——"向桥墩砸去。工人们遂分成梯队,轮番挥动大榔头。不一会,大伙就大汗淋漓,脱得只剩衬衣。整整一天,他们才将桥身切割成若干块T形梁。傍晚,工区派出增援部队,用几十根杠棒,硬是将这个庞然大物一截截搬掉了。

不久,肇嘉浜大泵站上马。这是上海历史上最大的泵站,建设难度很大。但建成后,可以发挥排放污水、雨水之功效,改善上海西南地区的积水问题。

高津浦、徐学明与第四段的工人敢啃硬骨头,仅用一个多月,便完成了泵站的外部构造施工。局领导三天两头跑工地,徐以枋亲自上阵,连续几天在工段里看图纸,钻入泵站测算。徐以枋、徐学明又陪同苏联专家索洛诺维奇参观泵站工地。索洛诺维奇验看、询问了工程的总体规划及每一道施工程序。他指着徐以枋等设计的泵站模型,赞扬道:"你们做模型的方法很好,可以让工人直接看到复

20世纪50年代,改造后的肇嘉浜

杂的建筑物，便于施工。"接着又竖起大拇指："你们工地的秩序这么好，工人这么肯干，我们苏联不及你们啊！"

在建造过程中曾发生了塌方。经领导与专家会诊，决定采用井点抽水法，重建泵站，决不能拖延工程进度。高津浦连夜召开全工区誓师大会。又一个冲锋，一座高质量的大泵站巍然屹立于日晖港。1956年夏，工程顺利地完成了填浜阶段。据统计，工人们一共从郊区运土15万立方。倘若用这些土堆在市中心，它可以垒成一座超过国际饭店2倍的高山！

外国代表："中国工人创造的奇迹简直不可思议！"

1956年12月25日下午，工人们完成街心花园的最后冲刺，肇嘉浜工程全部竣工，共种植了常绿乔木和灌木139 586株，落叶乔木和灌木6 865株。其中不但有梧桐、国槐、乌桕等行道树，而且有名贵的观赏树木桃叶珊瑚、大量的桂花和桃、梅、杏等观花树，又有可食果子的无花果树。四天后，上海市人委在此安上了第一批新路牌，正式命名为肇嘉浜路。至此，这条全长3 000米、宽40米（以后扩展到63米）的大道正式通车，大道中间成了上海最大的街心花园。整个工程费时两年零三个月，提前9个月竣工，实际投资754万元，开创了市政建设史上的奇迹！

中央新闻纪录电影制片厂曾派人专程赴上海拍摄改造肇嘉浜的纪录片。他们边拍边感叹："这条臭水浜真比龙须沟长哩！"这部纪录片，现存中央档案馆。

1974年，在瑞典斯德哥尔摩举行的国际城建交流会上，中国代表介绍了改造肇嘉浜的施工过程。当各国代表看到肇嘉浜今昔对比的照片时，无不惊讶道："中国工人靠两只手，居然造出如此漂亮的大道，简直不可思议，不可思议！"

打浦桥二十年巨变

周庚辰

作为一个上海人,不会不知道打浦桥,但即使您是一位"老上海",也不一定能够认出如今的打浦桥了。改革开放二十年,在打浦人求真、务实的努力下,打浦桥社区发生了巨变。

昔日破旧脏乱的"下只角"

打浦桥社区因位于原肇嘉浜水道的打浦桥而得名。它在卢湾区(2011年并入黄浦区)中部,东起制造局路、肇周路,与南市区(2000年并入黄浦区)为邻,西至瑞金南路、陕西南路,与徐汇区接壤,南沿斜土路,北靠建国中、西路,方圆1.59平方公里。历史上它曾与八仙桥、太平桥齐名,但它的闻名并不是由于它的繁华和美丽,而恰恰是因为它的破、旧、脏、乱。

新中国成立前,打浦桥地区最好的住宅也就是两层楼的石库门,这些住宅弄堂窄小、人口密集。如新新里长不过百米,却有烟杂店11家、肉店5家、当铺1家,再加上粥店、棉花店、炒货店、理发店,甚至还有鸦片馆、赌场,人称"什锦里"。抗战期间,外省难民大量涌入,就地沿肇嘉浜、日晖港两岸搭建"滚地龙",形成旧上海的大型棚户区。据新中国成立之初统计,居于棚户的居民占地区总人口的49.1%。新中国成立后,尽管党和政府十分重视该区域的改造与建设,50年代就填埋肇嘉浜,辟筑上海第一条林荫大道,逐步改造棚户,但受综合国力所困,至1992年区域内仍有10万平方米的棚户,市政基础设施极差,雨天一片泽国,晴天尘土蔽日,夏日蚊蝇滋生,垃圾船、粪船穿梭于日晖港,长年臭气弥漫,严重影响了居民的生活质量。因此,几十年来"下只角"的帽子始终没能摘掉。比如,斜三里委内的棚户区,被人们戏称为上海最大的"迷宫"。弄堂窄小得连雨伞都撑不开,不要说外地人进入该区域辨不清东西南北,就是本地区居民还时常找不到自家的门呢。

  面对现状,打浦人穷则思变。在中共卢湾区委、区政府的整体规划和直接领导下,打浦人以"敢为天下先"的勇气,决心在这片热土上描绘出创文明社区、建美好家园的壮丽画卷,从而书写下了一个个令人自豪的"第一"。

第一个实行毛地批租旧区改造新模式

  谁都知道老城区人口密度高,改建投资多、难度大。面对"斜三"这块占地1.9万平方米的危棚简屋、1 300余户居民以及被称为"上海龙须沟"的日晖港,中外50余家房地产发展商均感到无利可图而扭头离去。但打浦人不气馁,勇当第一个吃螃蟹的人。在区政府的领导和支持下,大胆引入毛地批租方式进行招商,终于在1992年启动了"斜三"地块的改造。毛地批租,当时在上海还是首创,是需要过人的勇气和胆略的。因为当时许多人并不理解什么是"批租"。他们把"批租"与旧社会的"租界"等同起来,把"批租"看成是丧权辱国的卖国行径。为此街道编印了有关的宣传手册,召开居民会议,认真细致地做群众的思想教育工作,"毛地批租"才终于被人们所认可。

"斜三"模式不仅引发了上海土地批租改造旧城的热潮,赢得了"带头羊"的美誉,而且也拉开了打浦桥全面改造的帷幕。1994年日晖港填浜建路,新型的林荫大道取代了黄浦江上最后一段"盲肠";1995年,徐家汇路拓宽成六快二慢八车道,成为上海东西走向的主干道,同期建成的南北高架贯穿社区,成为又一交通大动脉;1996年打浦路拓宽翻修,1998年肇嘉浜路改建,条条道路似彩虹,编织着打浦桥的美丽图景。短短几年,打浦桥以惊人的速度蜕去陈旧的外壳,海华花园、海兴广场、瑞金新苑、双钱公寓、建国大厦、金玉兰广场……21座楼宇、几十幢现代化中高档的高层商务楼、住宅楼拔地而起,近万户居民搬进新居,体育馆、文化馆、卢湾教育小区等文化、教育、体育设施的建设,更为打浦桥地区集聚了人气,带来了商机。到2000年底,整个打浦社区已经建成百万平方米新住宅,62万平方米商务、商业设施以及18万平方米的社会事业设施。大手笔带动大变化,打浦桥地区已成为海内外客商投资开发的热点。

第一个区内实现地方级税收超千万的街道

打浦桥是卢湾区第一个成为区内地方级税收超千万的街道,这为社会事业发展奠定了厚实的基础。发展需要资金。然而,前些年街道的经济的确落后,口中既无叫得响的品牌,手中又无上规模有实力的企业,生产经营的场所依赖于棚、摊、亭、洞(防空洞),被人们戏称为"摊棚经济"。截至1996年,全年的收入也就在400万元左右。在小政府、大社会的二级政府三级管理的城区管理体制下,这样的水平,不要说发展社会事业,就连维持街道办事处的正常运转都捉襟见肘。"穷则思变","发展是硬道理"。打浦人及时转变观念,眼睛不再盯着摊、棚、亭、洞,而是提出了变直接生产经营为大力招商引资、走以税养政的社区经济发展的新思路。招商引资需

砥砺前行

打浦桥一角

要理想的投资环境,他们就不再怜惜"摊棚经济",义无反顾地拆除了全部临时建筑,净化了社区环境。尽管损失很大,但投资环境得到明显改善,配之"全程陪同"的工作热情、"代办手续"的服务宗旨,急企业所急,解企业之难,为企业提供了便利的发展空间。有一家入驻企业看中了一处投资场所,然而该场所的有关手续尚未办好,影响到企业营业执照的申办。街道闻讯后,立即与有关部门联系,反复商讨,采用特事特办的方式,满足了企业的需求。周全、热忱的服务使想要入驻打浦社区的企业接踵而来,最大的室内文化用品批发市场入户社区,"轻纺城"扎根打浦,而聚集在打浦桥周围的大小50余家酒店，则及时地反映了上海餐饮业的走势和潮流。短短三年，街道地方级税收一举突破了千万元大关。社区经济的强劲发展，为社会事业的发展夯实了基础。仅1999年，街道就投入了637万元，用于社区各类社会事业的建设。其中有2 700平方米的居民区健身苑，满足了群众健身强体的需要；两个共计5 000平方米的室内菜场，替代了社区内的马路集市；600多平方米的社会保障、服务中心，为社区居民提供了生活、就业、法律等领域的基本社会保障服务。

第一个开展社区服务"好帮手"活动

"全心全意为人民服务的榜样，社区服务的先驱。"这是国家民政部阎明复副部长在视察街道社区服务工作时挥笔写下的题词，也是打浦社区服务的真实写照。生活在现代文明社会的大都市里，谁没有烦恼的家务琐事？买米买菜、家电修理等等，看似是百姓人家寻常小事，却又是关系到千家万户的家庭和睦与社会稳定的大事。为此，街道党工委、办事处在全市率先成立了社区服务协调委员会，开始为民办实事项目——社区服务工作。经过多年的不懈探索，形成了以街道为中心、居委为重点、社区资源为依托、志愿者为支柱的全方位、多功能、多层次的社区服务体系，构建成"八个一"的暖心工程，即一个机构——打浦社区服务协调委员会，一支队伍——打浦志愿者服务总队，一个中心——打浦社会事务保障服务中心，一个站——妇女生殖健康咨询服务站，一个基地——家庭教育科学育儿基地，一个网络——打浦"好帮手"社区服务亭网络，一个敬老服务系列——由敬老院、休养村、日间护理中心、社交活动中心、老年食堂、健身房、沐浴室等组成，一笔社区服务基金——通过社会资助、福利生产提成、有偿服务收入、创办经济实体等途径筹得。

"八个一"暖心工程,通过一桩桩不起眼的小事,一件件看得见、摸得着的实事,把党的温暖、社会主义的优越性洒进了千家万户,引发了人们的共鸣。今日我助人,明日人助我,成为社区居民的共识。一位年迈退休的老教师患病后,由于子女工作繁忙,照顾不暇,志愿服务者便主动上门陪送看病,端茶送饭,洗衣喂药。无微不至的关怀,胜似亲人的照料,让老人感激万分。他在给街道的信中这样写道:"这些年我对党风已失去信心,以权谋私、贪污腐化、不正之风盛行。然而在街道的社区服务中,我感受到人间真情,社会主义优越,更看到了党的希望、政府的形象。我是一位退休老师,没有更高的技艺,但我希望加入志愿服务者队伍,为那些需要补习文化的孩子们贡献一份微薄的情义。"如今社区服务志愿者队伍如同滚雪球般越来越壮大,并荣获了国家民政部授予的"志愿者奉献杯"。同时,"好帮手"社区服务亭也已成为一种模式,遍布于全区的大街小巷。

第一个推行"三三工作制"

1998年2月2日《新民晚报》头版头条刊发了一条题为《端掉"闭门羹",请走"铁将军"》的新闻,引起了人们的关注。这条新闻报道了打浦桥街道在全市第一个实行全日三班工作制的先进事迹。

近年来,街道在社会上招聘了一批居委干部。在居委干部年轻化、知识化、职业化的同时,也出现了异地化和作息机关化现象。不少居民下班后,遇到急事找不到居委干部,每逢双休节假日有急事求助,往往"铁将军"把门。居民们反映,现在居委干部与居民联系少了,居民与干部沟通难了。街道党工委、办事处认为,这种现象的存在,不利于发挥居委联系群众、服务居民、管理社区的职能,因此决定实行"全日三三制"新型作息制度。从此无论是双休日、节假日,一年三百六十五天,每天上午8:30—11:30,下午1:30—4:30,晚上6:00—9:00,居民有急事找居委再也不会吃"闭门羹"了。"三三制"的推出,改变了几十年的习惯做法,为居民带来了方便,居委会真正成了居民之家。在新新居委串门的张阿姨的一席话,表达了社区居民的心声:"老早,上班的居民下班以后找不到居委干部,有急事体只好到居委干部家里。有时想想不好意思,休息辰光麻烦人家,只好算了。现在真是便当了。"为了保障这一制度的实施,街道采取了相应的措施:机关干部成为"全科干部",保证能在双休、节假日值班期间,帮助居委解决问题;精简会议,建立无会议日,减少会议对居委工作的冲击;组建保洁公司,让居委干部从事务性工作中脱身,将居委干部的主战场转移到居民家中,居委重点工作对象也从老、弱、病、幼,拓展到在职职工、在职党员这些社区建设与管理的主力军上,使"串百家门、知百家情、解百家忧、暖百家心"真正落到实处。这一举措,正在被更多的人所认同,如星星之火燃遍上海各个社区。

今天的打浦桥,楼高了,路宽了,地绿了,灯亮了,道净了。几十幢高楼直插云霄,昔日不见一寸绿的社区,现在已拥有近万平方米的绿地,31个市、区级文明小区点缀其间。一个集商贸、旅游、中高档住宅为一体、社区功能齐全、交通便利、各项社会事业发达、人际关系和谐、城市生态一流的商住园区已具规模。可以说昔日的"下只角",如今已成为上海一个新崛起的都市型商住园区。

迪士尼与上海的前世今生

郑世卿

1928年，迪士尼的创始人华特·迪士尼在乘坐火车时，于半梦半醒之间看到了一个体型矮小而耳朵奇大的老鼠造型，醒来后绘制成图，其妻子为之命名"米奇"，从此迪士尼开始了其传奇般的发展历程。2016年6月16日，上海迪士尼乐园正式开门迎客，开启其乐园在中国的新里程。事实上，这个可爱的动画形象早已在中国家喻户晓。乐园从谈判到开园，更是经历不少波折。2020年5月11日，在新冠病毒全球肆虐的日子里，上海迪士尼乐园成为全球第一家复园的迪士尼乐园。

回顾上海改革开放以来的大事件，迪士尼落户上海无疑应名列其中。上海迪士尼乐园既是中美文化交流的重要载体，更是中美两种理念磨合共生的重要成果。

民国印象　一见钟情

迪士尼诞生于1928年，正值民国时期，开埠近百年的上海，当时已经成为连接中西的枢纽，也是古老中国接受西方文化的前站。由于聚集了近5万世界各国侨民，西方的娱乐方式最早在上海被引进，电影就是其中之一。1926年创立的《良友画报》是中国第一本大型

1932年《良友画报》首次将迪士尼介绍到上海

综合性画报，也是目前发现的第一家刊发迪士尼内容的报刊。1932年，该画报第32期上刊发标题为《米鼠：美国最红的明星》的时尚软文，介绍米老鼠和其创造者华特先生，并且别出心裁地用米老鼠为其画报做广告。

之后，沪上媒体介绍迪士尼的文章越来越多，而1938年《白雪公主》在上海放映更引发观影热潮，观众达创纪录的40余万人次。之后各类迪士尼内容的图书及衍生品相继推出，电影也十分受欢迎，南京大戏院、国泰大戏院等成为迪士尼电影的主要放映地。迪士尼的米老鼠成为民国上海最受欢迎的卡通形象之一，也深入上海的城市记忆，甚至林语堂先生曾三次以米老鼠为标题发表文章。

迪士尼风靡上海滩，也激发了当时上海画家的创作激情，从范琅借助米老鼠的形象创作《米老鼠游上海》，到叶浅予创作的中国特色形象"王先生"和张乐平创作的大家耳熟能详的"三毛"，都是那一时期的产物。《白雪公主》的成功，给了中国动画片从业者很大的触动，于是有了1941年中国动画片始祖万氏四兄弟创作出的中国第一部动画长片《铁扇公主》，并获得了极大的成功。说来也是奇缘，迪士尼影响了中国动画产业，中国动画又影响了日本。《铁臂阿童木》的创作者手冢治虫正是看了这部《铁扇公主》而放弃学医，从事动画创作。1978年他来到中国,第一个要拜访的就是自己的启蒙老师万氏兄弟。

可见,迪士尼与上海的情缘可以追溯到其诞生之日,上海也因迪士尼而引发漫画创作潮,成为城市记忆的一部分。

相恋16年　修成正果

如果说民国时期,迪士尼和上海之间互生情愫,那么跨越70年后,迪士尼乐园正式落户上海就是这份情缘的修成正果。

事实上,上海要先于香港提出引进迪士尼乐园。1990年时任上海市长的朱镕基参观洛杉矶迪士尼乐园时,就向迪士尼公司总裁提出,希望迪士尼全球版图上可以出现"上海"的名字。迪士尼公司从1993年起与中方开始前期接触,直到2009年才签署合作框架协议,其间历经16年,足见谈判之艰辛。"看到中国市场这块蛋糕,就像维尼熊看到蜂蜜。"这是迪士尼公司CEO罗伯特·艾格先生的原话。实际上,上海迪士尼乐园是迪士尼第一个在发展中国家建设的乐园,中国对于迪士尼而言也充满了不确定性。1983年,迪士尼首选东京作为海外建园第一站,当时东京人均GDP已达9 700美元。1994年,迪士尼乐园投资巴黎时,法国的人均GDP已近3万美元。1993年,上海的人均GDP仅有1 920美元,远达不到迪士尼开园标准。未曾想到,签约的2009年,上海人均GDP已达11 563美元,开园的2016年,这一数值更高达17 120美元,远超迪士尼的开园标准。这也许是马拉松式的谈判带来的"副作用"。

16年里,上海经历了浦东开发,经历了1998年金融危机,经历了中国入世,经历了2008年奥运,其间多少反复,谈判细节不得而知,但上海却从1997年起就一直在川沙保留了"大型娱乐主题项目预留地"的地块,这个地块也是1993年迪士尼CEO看中的地块,更是当年朱镕基市长所划定的"浦东新区最北端"。

谈判是理念之争,是一场中美之间的磨合过程,而之后的建设更是重大的考验,因为上海迪士尼乐园注入了很多中国元素,可以说是"原汁原味迪士尼,别具一格中国风",真正实现了"你中有我,我中有你"的文化融合。

2011年4月8日起,上海迪士尼度假区正式破土动工,开启了为期五年的建设。其间,几十万张图纸,几万名工人,几百支团队奋斗在工地上,美方对于完美的追求和对创意的尊重,使得施工面临很多挑战,其精细程度远超中方员工想象。迪士尼要求的设计标准为五十年如新,远超中方施工团队预想,但也给中方团队一次提升行业标准的难得机会。

2016年6月16日,上海迪士尼乐园正式开园

即便做好这样的心理准备，但在实际建设中还是摩擦不断。比如，上海迪士尼乐园内有大量的岩石和假山造型，每一块岩石从设计到建造都需要三年时间，因为首先要按照1∶25的比例雕刻出泡沫模型，再以3D扫描制作岩石，因此几乎每块石头都不相同。每块岩石都有内部钢结构，表面覆盖有特殊的水泥材料，在水泥材料完全干燥前进行人工雕刻打磨，最终形成的岩石能够像陶瓷一样耐磨并且抗风雨侵袭，足以保证形状和颜色数十年不变。再比如，长度为2米的铝条进行360度旋转，平整度误差不能超过2毫米。乐园的每一个细节都要经过精雕细磨，可以说每一栋建筑、每一块砖石都是一件艺术品。

类似的细节无处不在，中方工人的吃苦耐劳精神获得美方的交口称赞，设计和施工中的创新能力更让美方刮目相看。经过五年的磨合和建设，经过26年的等待，2016年6月16日，上海迪士尼乐园正式开园。

开园第一年就实现盈利

如果说签订合作协议是一纸结婚证，那么建设就是共筑爱巢，最关键的是之后的"过日子"——经营绩效。由于巴黎迪士尼乐园和香港迪士尼乐园的经营亏损，不少人对上海迪士尼乐园的运营持较为谨慎的预期。但中国的消费者，却是热切地期盼开园。在质疑和期盼之中，上海迪士尼乐园用一系列的惊艳数据宣告：日子过得挺好！

自开园至2016年12月31日，上海迪士尼乐园入园游客达560万人次，成为迪士尼全球乐园的开园过程中游客人数最快突破500万的乐园之一。2017年5月19日，上海迪士尼乐园迎来第1000万名游客；2017年6月18日，上海迪士尼乐园开园一年就实现盈利，在过去30年里其他迪士尼乐园无一能获得此成绩。2019年年底发布的《中国主题公园竞争力指数报告》显示的综合评价排名上,上海迪士尼乐园以75.99分雄踞第一位。

然而,2020年年初爆发的新冠疫情让全球六家迪士尼乐园相继暂停开放,这场特殊的考验让中美双方更加紧密地协作起来,共克时艰。我国疫情得到有效控制后,经过中美双方多次协商,5月11日,上海迪士尼乐园宣告恢复运营,成为全球最早恢复运营的迪士尼乐园。在恢复运营初期,乐园每日客流量限制在最高客流承载量的20%,低于文旅部要求的30%的最高承载量。与此同时,提前预约、进园出示健康码、现场测量体温等一系列措施都有序进行,运营后未发生一例传染事件。6月16日是乐园正式运营四周年的日子,上海迪士尼乐园用自己的热情迎来了一群特别游客——100名在抗击新冠疫情中做出无私奉献的白衣天使代表及他们的家人。毕竟,大

上海迪士尼度假区总裁薛逸骏向抗击新冠疫情医护人员代表赠送礼物

医精神是人类共同守护的最珍贵的财富。

  回顾上海与迪士尼近百年的情缘历程,虽然文化不同但可以交流,虽然理念不同但可以磨合,虽然诉求不同但可以谈判。和而不同,方可和和共生。

杨浦滨江：每一米都是精雕细刻

叶松丽

"原汁原味"的滨江十四景

"杨浦滨江示范区建成开放后，忽然觉得杨树浦跟陆家嘴原来靠得这么近！"家住丹东路附近福宁社区的市民龚老先生说。站在老工业码头改造成的滨江步行道上，遥望陆家嘴半岛上的浦东金融中心，历史的跨越感顿时在浦江两岸呈现。

为了不拖2017年年底前浦江两岸45公里岸线全面贯通的后腿，杨浦滨江建设也进入了快车道，不再局限于先前的时间节点分阶段地推进，而是只要具备开工条件，就都开工建设，先贯通，再提升。可以肯定的是，到2017年6月底之前，杨浦大桥以西大约2.8公里已经全部贯通。2017年年底之前，再从杨浦大桥往东，向定海路桥延伸1公里，其余部分，也争取在年底之前完成土地收储，基本具备开工条件。

为了了解杨浦滨江建设中的精彩故事，笔者先后采访了一些市民和杨浦滨江投资开发有限公司规划发展部经理张洪新。

从怀德路走进滨江示范区，一座两层的英国乡村式别墅就映入眼帘。这是建于1918年的杨树浦纱厂大班住宅，当年是杨树浦纱厂英国老板的住宅。如今它原封不动地依旧坐落江边，隐于林间，成

砥砺前行

伴林浦舍

为滨江步道上的别致一景,被命名为"伴林浦舍",与西侧的杨浦自来水厂建筑相得益彰。在550米的杨浦滨江岸线上,有趸船系柱、纺织廊架、趸船印迹、工业之舟等14处工业景观,错落有致地排开,这就是"十四景"。

龚老先生说,他每天早晚都会从丹东路走到怀德路,来回走上好几趟。每次走到东方渔人码头,龚老先生总会在一组钢铁雕塑边驻足,他说:"你看他们背着沉重的货物,从江船上卸下来,再把货物搬运到码头上。在过去,码头上的人就是这么工作的。"龚老先生

杨浦滨江步道上,用水管做成的灯柱

从小就生活在这里,对这一带的情形太熟悉了。在钢铁雕塑的南边,是由14个钢铁拴船桩组成的阵型,呈现许多轮船迎风起航的姿态。龚老先生说,他走累了,就会在这些拴船桩上坐一坐,打量着那些背货的钢铁雕塑,仿佛在和历史对话。

示范区14个景点,是融入杨浦特色的工业元素、按照当时的原样布置的。"比如栈桥,原来这里就是一座栈桥。还比如纺织檐廊,我们是按照它历史发展的时间轴来布置的。我们在景点设置了二维码,手机扫一扫,你就能看到当时的历史风貌。"张洪新经理告诉我们,这550米的示范段,是他们滨江开发理念的集中体现。

示范段建成开放后,受到市民的热情追捧和点赞,给了建设者莫大的鼓舞。

渔人码头上的钢铁雕塑

让老水厂"浮"起来

在滨江贯通过程中,有些历史遗存是绕不过去的。示范段往西,紧邻的就是老杨树浦的自来水厂。这是中国第一家自来水厂,早在1875年就开始营建。岸上是优美的历史建筑,江面有直径3米多粗的引水管。既绕不过去,也不能破墙开道,建设中又要贯通,怎么办?

为了保持老自来水厂外墙的风格,主持者特地在外墙下建了一道栈桥,绕着外墙从江面上通过。栈桥长度达到535米,栈桥最宽的地方有8至10米,最窄的地方也有4米左右,都是根据地势来做的。

栈桥的标高不能太高,如果太高,就把栈桥后面老自来水厂的围墙挡住了。所以栈桥只做了5.2米的高度,加上栏杆,也就6米多,而防汛墙的高度近7米,所以从船上往江北岸看,自来水厂仿佛

杨浦水厂内景

"浮"起来了,看上去非常有层次感,而且老建筑尽收眼底。实际上,为了确定这个标高,他们查阅了很多历史档案。历史上黄浦江的潮位,遇到最强台风的时候,也就是4.8—4.9米。他们定到5.2米,就意味着即使遇到最大台风最高潮位时,他们的栈桥也不会被淹没。

至于那根从青草沙水库导引来的3米直径的引水管,从黄浦江底铺过来,进入老自来水厂露出水面时,就在栈桥的旁边。为了完整地保留引水管的原始风貌,他们在贯通时也尽量与水厂原有的景色融合在一起。

按照计划,老自来水厂外的这道栈桥在2017年6月底已建成开放。张洪新经理说,以前游客是在浦江游船上看老自来水厂,或者站在黄浦江的东岸看水厂。现在,游客可以走在栈桥上,一边漫步,一边观看,这是一种前所未有的观赏体验。因为在栈桥上,可以近距离地仔细观赏。

老码头融进了景观里

张洪新经理感叹地说,"贯通"这事,说起来很容易,但要真正落实到各个节点上,又很难。在杨浦滨江开发中,像老自来水厂这样不能动的断点还有很多。例如已经开发好并对外开放的十七棉时尚中心,那个地方也打通了,作为滨江岸线贯通的一部分。

"再比如丹东路的公共码头,仍有它的功能在,至少目前还是一条过江航线,我就不能像对待一般的厂房那样,把岸线收掉,让你搬走,而是要想着怎么样把这个断点打通。"

为了打通这个断点,他们得先把原来住在趸船上的人统一安置到岸上。趸船有的三层、有的两层,形象也不好看,开发方就把它跟岸线归并,像十六铺码头一样,有统一标识、统一标准,当作一处景观来重建。趸船重新设置,打造新的岸线码头,在码头里面加入岸线贯通的设施,这样一来,岸线就从码头里面贯通了。

电厂的两根烟囱被保留下来

杨浦滨江开发遇到的最大问题,是杨浦的历史风貌、上海的工业遗存怎样保留。在杨浦滨江公共空间里,保留建筑就达到16万平方米,是非常大的一个体量,现在都在加以保护。

张洪新经理说,保留和开发是一对矛盾体,他们在推进工作时,时常会遇到这对矛盾如何协调与融合的问题,也就是如何在保护中开发。

在杨浦滨江这一块,老建筑最有特色的,一个是老自来水厂,一个是杨浦电厂,在地理位置上,正好一头一尾。"尾部"杨浦电厂有两根大烟囱,也是它最有特色的地方。

杨浦电厂的两根大烟囱

    因为杨浦电厂的烟囱是老上海的标志。轮船开进杨树浦港，人们就可以看到这两根烟囱，就感觉进入上海滩了。这两根烟囱就是进入上海的标志。先前的规划中只保留了一根烟囱，另一根烟囱将被拆除。但是经过相关专家讨论后认为，两根烟囱都应当保留下来，因为这是人们对杨浦电厂、对上海门户的记忆。最后，这两根烟囱都被保留了下来。

上海的弄堂和小区

叶 辛

一座由弄堂组成的城市

在2004年春天出版的长篇小说《华都》中,我写道:20世纪的上海,是一座弄堂组成的城市;而走进21世纪,上海这座主要由弄堂组成的城市,即将变为一座小区组成的城市。

有人大声疾呼:要保护有价值的上海弄堂,保护石库门建筑。

现在人人都晓得的"新天地",就是以石库门建筑组成的弄堂改建而成的一个休闲、购物、旅游、附加文化设施的场所。

我之所以在小说中这么写,是基于自己的切身体验和感受,也是基于对上海这座城市的观察。

凡是到内地去的上海人,都会碰到朋友问:你住在上海什么地方?有的要和你保持联系,还会向你打听地址。我们这一代人的联系方式只有通信一项,于是就会坦率地告诉朋友,我住在上海某某路某某弄几号。不少上海人还会补充一句:"很好找的,到了上海,只要有号头,准能找得到。"话语中不无自豪成分。

这一方面说明了上海作为城市建制管理的有序,另一方面凸显出了"弄堂"在上海城市景观中的独特之处。

因此,很多人认为弄堂是上海的发明。有人写文章,专门突出

上海老弄堂

北京的胡同和上海的弄堂，把两者加以分析比较。有人说，其他城市，都叫作巷、条，唯独上海叫弄堂。

其实不然，弄堂这一格局，早在现代上海城市之前，在浙江的州府和县城就存在，少说也有二三百年的历史了。几幢、几十幢外观相仿的二层楼房并列相连，中间留出一条通畅的过道，成等距离向前推进，按顺序编号，即为弄堂。

上海的弄堂是和石库门建筑分不开的。

而石库门建筑也并非是千篇一律。纯为多住人而建造的石库门建筑，层次低一些，仅有自来水龙头，没有卫生设备，更不安装煤气。但房屋同样延续中国农村传统的格调，有客堂、厢房、厨房、亭子间。在底层的客堂前面，有一个天井。两扇大门开出来，就是弄堂。沿街的门面房，天井就省略了。很多人家，就以这门面房，开一家赖以维持生计的小店。不善经营的人家，干脆将门面出租，收

新式小区

取租金。当时上海人评定家庭成分时,有相当多的人家,就是因为有这么一种建筑形式,形成了庞大的小业主阶层。

这一类石库门房子组成的弄堂,连接成片,格调相差不大,往往称之为"里""坊""邸",营建于20世纪30年代之前,那时正是上海作为东方大都市人口迅速膨胀的年代,时局的动荡和经济的畸形发展,使得江、浙、皖及周边省份的大量民众涌进上海栖身。在改革开放的70年代末之前,几乎有一半的上海人,居住在这样的石库门房子里。上海也就此成为一座主要由弄堂组成的城市。

变成一座由小区组成的城市

随着经济的发展,社会和民众需求逐渐提高,另一方面营造的水平和认识也随之提高。石库门房子逐渐引进了西式洋房和别墅里的卫生设施,特别是提升上海人生活质量的抽水马桶和煤气。高档石库门房子也被称为新式里弄房子,它和普通石库门及早期建造的低档次石库门的明显差别,就是配置了煤气和卫生设施。如若是"煤卫齐全"的，则属于中上档水平；如若仅配置一项或两项均未配置的，便等而次之。

改革开放以来的40年，问及上海人和上海家庭，感觉变化最大的是什么，人们都会异口同声地答复，是住房，是居住环境的变化，是我自小长大的弄堂消失了，是我全家动迁了，搬出了弄堂。

搬到哪里去了？搬进了小区。

像曾经的里、坊、邨命名的弄堂一样，所有的小区都取了一个响亮的、讨口彩的名称。

40年弹指一挥间，回过头去细看，坐上电梯到任何一座高楼顶上俯视，今天的上海人会陡然发现，曾经那么熟悉的石库门房子，曾经生活于其中的一条条弄堂，突然从我们眼前消失了。除了那些煤气、卫生设施齐全的石库门弄堂，以及曾被视为有一定档次的新式弄堂之外，在上海再要寻找一条老弄堂，再要看到天天拎着马桶过日子的弄堂，除非在僻静的角落里，才能寻到一点踪影了。

取而代之的，是一个个小区。哪怕是煤卫齐全的石库门老弄堂，现在也与时俱进地在弄堂口增加了一块牌子或标记，注明了这里是属于哪一个社区。

上海已经由一个弄堂组成的城市，变成了一座由小区组成的城市。为了留住记忆，为了给历史留下真实的痕迹，我们是不是该给这个城市留下真正的生活气息浓郁的几条弄堂呢？

田野里崛起的天山新村

姚志康

今天的天山社区和虹桥开发区融为一体，一区域二元结构明显，一边是高楼林立，另一边是老工房连片。这一区域特征是如何形成的，还得打"根"上说起。

天山二村

20世纪50年代，沪西大体指沪杭铁路（今地铁3、4号线高架段）以西的地区：长宁路以南，自然村落夹杂着棚户旧里与田野相伴；跨过古北路，东边就是远近闻名的高家巷；跨过娄山关路，遵义路小学（今长宁区武装部大院）北侧有李家宅和林家宅；跨过遵义路，有一个老宅子叫徐家角（今友谊居民区内）；跨过中山西路，有朱家宅（今中山公寓）和三泾庙；天山路南遵义路东，有一个老宅子沈巷，再往东南方向有何家角、杨家宅、慕家宅等。

不难想见，当年沪西地区就是名副其实的"乡下头"（沪语指农村）。这些自然村落的周围，阡陌连片，河浜纵横，还有牧场、坟茔。1956年之前，那里都属于新泾区范围。从1952年天山一村破土到1954年天山二村开工，都是长宁区向新泾区征地才得以兴建。

1956年，新泾区改为西郊区。1958年，江苏省上海县划入上海市，西郊区与上海县合并，与天山新村接壤的新泾乡、虹桥乡均划入上海县。

"天山一条街"让新村声名远扬

说起建天山新村，还得先说天山路。

天山路"老底子"沪语是指上海半殖民地时期工部局"越界筑路"的产物。1925年，工部局从大西路（今延安西路）靠近中山西路处向西又开辟出另一条马路——林肯路。林肯路向西延伸至新泾港边上的罗别根路（今哈密路），全长3.8公里。1943年，林肯路改名为"天山路"，并由黄土路翻建为煤屑路。之后，一度又改名为羽林路（日伪时期设羽林区）。新中国成立后，才恢复"天山"路名。因为确立了路名，路两侧农田里建造的工人新村便取名"天山"，按建造时间先后，分别为一村、二村、三村、四村和五村。

1952年，天山一村被列入建国初上海"两万户"（解决上海两万户产业工人住房问题）之列，开启了天山新村大建设的序幕。与天山新村同时期建造的，还有上剂新村和联建新村。

1958年天山新村全面建成，"乡下头"从此进入"新城区时代"。当年不叫天山路街道，而称作天山新村街道。在那个年代，谁能分配入住天山新村，可是一件值得一家人引以为荣的事情，因为只有劳模、先进工作者或企业骨干，才能优先成为天山新村的居民。

真正让天山新村声名远扬的，是"天山一条街"的建造和兴起。1956年天山"老四村"建设时，并没有把住宅建到天山路的马路边，之后"新四村"开建也预留出了空间，目的就是建天山电影院。这是上海市政府为新建工人新村的商业网点而提前做好的规划。

当年，市政府规划了"闵行一条街""张庙一条街""天山一条街"三条商业街。"天山一条街"是三条街中最后建成的，于1960年7月1日开业。周边百姓称其为"一条街"。"一条街"北侧由西向

20世纪90年代初，"天山一条街"迎国庆促销活动

东分别是天山百货店、天山饭店、新邨食品店、长虹绸布店、朝霞服装店、新影照相馆、春光理发店、天山五金交电店;街南侧有天山邮政局、健民西药房、益寿中药店、新华书店、东丰熟食店、文具店,还有天山菜场和娄山浴室。生活在天山新村的百姓走到哪儿,都会自豪地说一句:"阿拉住在天山一条街!"

1997年元旦开张的天山商厦,让"一条街"登上其商业发展的巅峰。天山商厦当年的销售额,曾进入上海百货业排位前十名行列。事实上,"天山一条街"的辉煌,一直延续到改革开放后相当长一段时间。

20世纪80年代,由长宁区政府财贸办公室主办的"天山街市"(类似贸易集会)更是名扬沪上。长宁及周边城区的市民,尤其是西郊农民纷至沓来"赶街市"。我姐姐当时在天山酒家工作,她说:"阿拉天山酒家的炸里脊串,平时一天卖2 000串,逢天山街市一天要卖1万多串。"可见当年街市之"闹猛"(沪语:热闹)。

城市更新让老新村重焕光彩

居住天山四村147号的朱志林与新中国同龄,退休前是长宁区向红小学的教导主任。谈及当年搬进天山四村时的情景,她仍然难掩激动之情。朱志林的父亲是上海市粮食系统的一名先进工作者,原来居住在西诸安浜(今宣化路)棚户区的一间铁皮房子里,冬天家里会结冰,夏天台风能掀掉屋顶。那时,正在读小学的朱志林每天放学回家,都要先掀起铺盖、放下床板,才有"书桌"写作业。搬进窗明几净的新工房后,她兴奋无比:"那一刻,我才感觉这里像个家!"

我家曾经毗邻天山四村,因此我的小学同学和初中同学中有很多是天山四村居民,小学一年级班主任孙老师及二年级班主任黄老师也是天山四村居民。我至今仍清晰地记得，那些同学的家长都不寻常。小学女同学小陈的爸爸是某设计院的高级工程师；初中同学小车的父母是南下干部，在华东局机关工作；留级到我们班上的小冯同学的爸爸，是天原化工厂的一名普通工人，被评为"上海市劳动模范"。用我们本地人的话说："不是随随便便就能住进新村里去的！"

常言道"三十年河东三十年河西"。在天山新村的荣耀年代，隔路相望的周家桥街道还处在棚户连片的"下只角"时期。当历史的时针指向20世纪末，周家桥地区也发生了沧桑巨变，沿长宁路两侧的棚户旧里地块一个接一个被夷为平地，取而代之的是中高档商品房楼盘拔地而起，周家桥这个"下只角"一跃而成为"高大上"。而此刻的天山新村正进入暮年。尤其是那些生活在没有独立煤卫的老工房里的居民，难免忧愁与失落。

周家桥地区棚户简屋能进入旧改是政策所致，上海市政府要消除二级以下旧里，所以近二十年来大规模推进旧区改造。而天山新村不在旧里范围，算是新式里弄，你说尴尬不尴尬？正当老工房居民一筹莫展之际，城市更新的阳光终于照进了天山新村，驱散了居民心头的乌云。

政府对不在旧改之列、却又是非成套房的"夹心层"居民，推出"非成套房改造"政策。长宁全区非成套房改造任务24.6万平方米，其中19.1万平方米在天山路街道，占比77.64%。主要集中在天山天义小区（老四村）、天山四村、天山三村、紫云小区、仙霞小区和联建新村等12个小区，共计92幢住宅楼。首批改造的非成套房于2017年10月开工，截至2019年10月末，已有15幢竣工，涉及的794户居民已在煤卫独用的成套房内开始了新生活。74幢正在施工，剩余3幢正在优化设计中。长宁区政府将这一非成套房改造列入本届政府必须完成的重大项目之列。

居住在娄山关路764弄（老四村）里的牟阿姨兴奋地说："我家这

娄山关路764弄两幢楼率先完成"非成套房改造"

次改造增加了将近10平方米面积,在天山地区每平方米是啥价钿?"

我反问:"啥价钿?"

牟阿姨伸出"8"的手势:"少说这个数,这是政府送我的一笔财产,我感谢党和政府!"

枯木逢春,老树新枝。天山新村这棵"花甲老树"在城市更新中再次容光焕发。

邮电二村：申城首座智能化小区

赵 力

1996年12月，上海邮电管理局提出面向21世纪，尽早将智能化建设引入居民住宅小区的设想。此后不久便选址市级文明小区——虹口区曲阳路街道邮电二村作为Home-net（社区智能网络）的"试验田"。上海邮电管理局共投资2 000万元，经过上海邮电系统职工1年时间的"百团大战"，于1997年12月竣工，先在邮电二村1幢高楼、2幢多层楼实现了智能化。1999年3月，社区智能化二期工程在小区全面铺开。邮电二村5幢高层楼、7幢多层楼的1 205户居室以及幼儿园、文化中心、保健站和社区大门及围墙，全部实现了智能化。来到市级文明小区——邮电二村，能充分感受到信息革命对人类居住带来的变化，感受到智能化小区的魅力，数字革命使有"钢筋水泥森林"之称的高楼大厦里布满了灵敏的"神经系统"。

智能化给我们带来了福气

一步入小区，便见大门口醒目的黄色箱体伫立一旁，不断跳跃着的电子显示屏如睁着大"眼睛"，盯着小区进出的车辆。据保安人员介绍，小区采用当今世界较为流行的感应式IC卡作为管理手段，社区居民的车辆必须持IC卡与这位"黄衣警卫"交谈，得到确认方

开启指纹锁

能通过,而陌生无卡的车辆没有得到允许,自动栏杆就会阻止通行。与"黄衣警卫"相配套的还有一套网络系统,对小区进出的车辆和停车进行监控。

记者来到一位居民家时,女主人熟练地摁着门旁比一包香烟盒大些的智能控制器告诉记者:只需摁其中几个按钮,自家的水、电、煤读数便一目了然。至于抄表工,只需打开小区网络中心的电脑,按动鼠标器,读数就会通过表上的传感器送到中心数据库,水、电、煤表顷刻间就全部抄好了。

智能控制器共有几个端口,除"三表"外,余下9个与煤气报警、门铃开关等相连,具有防火、防盗、防煤气泄漏功能。如发生意外事件,安装在各家的红外线感应器、磁性报警器等就会分别在自家和监控中心同时发出报警声。一次,邮电二村5楼一居民家中煤气泄漏,房间里的老太太和小男孩毫无察觉,当耳闻报警后,竟把报警线拔掉,继续看电视。直到网络中心的值班人员听到这家煤气泄漏报警后寻踪而来,用仪器一测:不得了,居室里一氧化碳含量居然超过国家规定标准的8倍,经检查是煤气管爆裂所致,非常危险!几个月来,像这样的煤气泄漏而未酿成大祸的事件共有3起,而

智能控制器传送水电煤读数

家庭财物被外来人员盗窃的事件一起也没发生过。此外，居民家中还装有紧急按钮，万一遇上紧急情况，通过它即能和中心值班人员取得联系。

为进一步方便居民日常生活，小区还开发了全市第一张集消费、缴费、健康档案于一体的多功能智能卡。该卡不仅具备水、电、煤、房、电信资费甚至牛奶费的代缴功能，持有者还可到"龙卡"指定点的POS机上一享刷卡消费的滋味，真正实现"一卡在手，生活无忧"。

邮电二村的社区智能网络，是建立在邮电公共通信网和计算机网络平台上的智能网络，与PSTN公共电话网、ISDN综合业务数字网、DDN数字数据网、ATM宽带试验网相连，具有广泛的信息交流、信息服务和现代物业管理功能。拥有电脑的居民接入小区内部信息库，足不出户，便可浏览附近地区的医疗保健、休闲娱乐、商场购物、教育培训、就业等各类信息。居民还能通过ISD设备进入"上海热线"等，到网上"冲浪"一番，并且可在家中通过视频点播，观看影视作品。更令人叫绝的是，邮电二村的居民可以在网上直接向物业管理部门报修并预约时间，管理部门可在网上向居民反馈报修信息。

在智能化小区工程计划基本完成之际,有关部门还在不断地在"试验田"中扩大试验品种,最近又准备为1幢高层楼中每家居民安装可视对讲器等智能设备以及进行光纤业务试验。

邮电二村一位退休老职工兴高采烈地说:"我们在新世纪到来之前,不出小区就可享受到新科技带来的在看病、游览、点播电影、借书等好多方面的种种乐趣,这是中国特色的现代化建设给我们带来的福气。"

居民素质亟待提高

与此同时也应看到,随着上海科学技术的迅猛发展和智能化生活设备的普及应用,越来越多的居民将住进智能化小区,而居民的综合素质倘若跟不上科技发展的节拍,免不了会与现代生活不和谐。

在采访中,我曾听到在某幢智能化楼宇中发生过这样一件令人啼笑皆非的事情:有位居民返回家中,忘记在智能控制器上点一下"有人"的按钮,结果自己去开窗时,被红外线感应器感应后而警声大作。控制中心的同志发现防盗铃报警,迅速通知保安、公安等人

小区控制中心

员，围住大楼严阵以待。可是观察了半天并未发现疑点，门又敲不开。原来，警铃响后，这位居民瞅着智能控制器不知摁哪个键好。最后，还是控制中心人员通知其家属回来打开了房门，结果发现是一场虚惊！

此外，由于居民对电脑、互联网以及一些现代化科技产品使用知识的匮乏，导致一些家庭不是没有充分利用智能化设备的功能，就是对一些智能设备的收费抱以消极的态度。

因此，智能化小区在上海的普及，还有待市民的综合素质的提高。

1949—1953：黄浦江打捞沉船纪实

杰 锋

1949年四、五月间，国民党政府一边高喊"死守上海"，一边将大批船舶财物运往台湾，同时把一些来不及运走的废旧破烂的船舶凿沉，企图堵塞黄浦江，让共产党接收一个瘫痪的上海港。这些沉船确实使本来就不宽的黄浦江航道严重堵塞，除小舢板和内河小货轮外，稍大些的船舶就无法通行，致使金陵东路江面以南的航道和许多码头陷于瘫痪。为此，新生的人民政府立即组织力量，开展了轰轰烈烈的沉船打捞工作。

200个单位通力协作捞船忙

中国人民解放军上海市军事管制委员会航运处，于1949年6月9日成立了临时"船舶打捞修理指导委员会"，全面领导黄浦江的清航打捞工作。该委员会组织了以国营招商局海事（打捞）课和华兴打捞公司为主、有个体潜水打捞户参加的共约200余家大小单位，对黄浦江沿线沉船沉物进行全面清航打捞。至1951年8月中国人民打捞公司在上海成立前，上海各打捞单位在黄浦江、苏州河内共打捞起各类沉船70余艘，近2万吨。

其中较大的有：中国打捞工程公司打捞起的"丰成三""丰成

正在打捞作业的木帆船

五""安和"号三艘渔船,上海拆船有限公司打捞起的"天平"号铁驳船(载重296吨),以及"胜利"号小轮等。

棉花胎以旧换新为捞船

"永洛""永淮""永洮""永汉"四艘船舶,均系中国油轮有限公司所属的同类型千吨油轮,船长67.4米,宽11.3米,深4.3米,总吨位1 220吨,排水量2 209吨,主机功率632千瓦(860匹马力)。1949年5月24日被国民党军队凿沉,前三艘沉于金陵东路至广东路外滩一带,后一艘则被凿沉在苏州河口北外白渡桥侧。

招商局的军代表于眉、招商局船务处军代表姜远,将打捞任务委托给招商局海事(打捞)课课长兼海难救助拖轮"济安"号船长

打捞"永济号"油轮

范仑,让他担任技术工作,指挥打捞工程。

当时,上海的打捞队伍力量薄弱,潜水员更是缺乏,大多是分散在社会上的个体户。靠海事(打捞)课和"济安"轮的几十名人员是难以完成这项重大任务的,于是范仑就到社会上雇聘了个体潜水员施福林、沈阿四等以及打捞临时工共60余人。由于在打捞过程中常受国民党飞机空袭的影响,夜间不能大规模照明,所以灯光暗淡,使施工任务变得非常紧张。1949年6月17日,"永洛"轮被打捞起浮并拖至太古码头。6月22日,"永淮"轮也被顺利捞起。"永洮"轮于6月23日开始打捞作业,至7月5日完成,打捞方法与前两艘基本相同。据参与这一清航打捞工程的老潜水员回忆,在打捞过程中曾发生封舱用的旧棉花胎不够用、而新购的棉花胎因透水性能太好又不适合封舱的矛盾。打捞委员会就贴出告示,吁请外滩一带的居民用家中的旧棉被,来无偿调换新棉花胎。市民们踊跃而至,一时传为美谈。

从6月5日至7月5日，仅一个月，就打捞起三艘"永"字号油轮，使黄浦江陆家嘴的航道随之顺利开通，广东路外滩这一段码头终于可供大型船舶靠泊了。

工人代表丁阿弟签约捞"伯先"

1950年2月20日，招商局轮船公司所属的2 220吨的客货海船"伯先"号泊在黄浦江关桥码头边，突然遭遇国民党飞机空袭，致使该轮沉没。4月11日，海事（打捞）课与潜水员和工人代表丁阿弟签订雇佣打捞合同。4月24日，打捞作业开始，先进行探摸破洞和封补工作，接着在沉船右侧安置扒杆10副，用蒸汽绞车及千斤钢索将沉船往浦东方向绞拉，同时在沉船左侧用方驳5艘，连接千斤钢索10根，用手摇绞车将沉船左舷绞升，以使沉船扳正复位。这一工序的难度更在于，必须在港务监督规定的临时封锁航道的2个小时内

"伯先号"木帆船排水起浮

完成。沉船扳正后,又进行封舱抽水,等沉船主甲板出水浮定,再逐步将其拖至浅滩搁妥。在施工过程中,沉船舱内气体曾发生爆炸,幸未伤人。打捞任务至7月22日完成。

6次排险捞起火车渡轮

"南京"号火车渡轮,轻排水量2 200吨,上有3条铁轨,可同时装载30吨重火车头一个和24节火车车厢(或单装火车车厢27节)。该渡轮因匪徒纵火并开启船底海底阀门,而沉没于上海龙华长桥港泰山砖瓦厂外档。经测量,沉船地点水深达15~18米,渡轮仅烟囱和桅杆露出水面。打捞工程由华兴打捞公司承担。当时共投入潜水、起重、机工、船员等200多人(其中临时雇用起重工达130余人),为华兴打捞公司历次工程中参加人数最多的一次。从1949年7月19日至同年12月16日,共用151天才完成;其中除去受国民党飞机空

"南京号"火车渡轮浮出水面

袭干扰80天、受台风暴雨影响8天外,实际工作63天。

在63天施工中,曾遭受5次失败。第一次,发现渡轮资料与实际不符,船沉前由于焚烧严重,船体变形,所封补的舱漏水太多而失败。第二次,充气排水将起浮前,船首封闭舷窗突然破裂,大量进水,接着千斤钢缆又被打断,该船复沉。第三次,在船首上浮过程中,尾部底舱出现漏水,且相当剧烈,造成无法抽水。第四次,沉船尾部的抽水皮管被杂物阻塞不通,无法继续抽水,只得从头开始。第五次,沉船起浮顺利,却遭国民党飞机空袭,扔下炸弹两枚,工人们只得避散,打捞又告失败。至第六次,沉船才顺利起浮。

浦江畅通上海港焕发青春

1951年8月,经中央人民政府政务院批准,交通部决定以招商局海事(打捞)课为主,合并公私合营华兴打捞公司,组建成立全国唯一一家专业从事沉船打捞的中国人民打捞公司。此后,社会上的小型打捞公司和个体潜水打捞户陆续并入该公司,形成较为集中的打捞队伍,力量也相对壮大了。

中国人民打捞公司成立之初,即把对黄浦江的沉船打捞列为首要任务。先后在浦东洋泾港码头边打捞起被国民党飞机炸沉的长江客货轮"江新"号、在高昌庙江心打捞起海军江南造船所的海洋拖轮"A.U.P2"号、在黄浦江杨家渡码头附近打捞起被日本侵略军于抗战时期击沉的运输舰"普安"号等较大型的沉船。

"江新"轮系主机功率1 911千瓦(2 600匹马力)的长江客货轮,总长101.8米,总宽16.3米,深约4.42米,总吨位3 571.2吨。1949年该轮被国民党飞机炸沉,严重影响其他船舶的航行和停靠。1951年10月23日,打捞公司对其进行勘测,发现该轮损坏严重。次年4月16日开始打捞施工,至1952年11月16日全部完成,共耗费215天。

打捞过程中，全体施工人员每天作业10小时以上，并打破常规，在水流速度每秒达0.75米（每小时2.7公里）的情况下仍潜水工作，创下新的纪录。

至1953年，黄浦江沉船的清航打捞工程基本结束。上海的母亲河——黄浦江得以畅通无阻，新生的上海港焕发出了新的活力。

长江口探险记

丁 迅

方案,长江口南水道外高桥岸线建设深水良港的可行性方案,一份份送往上海市市长、副市长们的办公桌。

有的建议在那里建设三万五千吨级以上深水码头的新港区。

有的提出要建成同浦东新兴工业区连成一片的工业基地。

有的则主张建造外高桥电厂,为华东地区提供新的电力能源。

1986年10月,人们的眼光被新开发的外高桥岸线牢牢地吸引住了。这是一条长4.5公里的深水岸线,水深10—15米,离岸很近;在长江口建造码头,如宝钢码头那样,得造一公里的引桥,而那里只消600米就够了。这一段"黄金岸线"对上海的开放、振兴来说,太重要了。

然而,就在不久以前,这里却还只是一片沉寂,芦荻萧瑟,冷落荒芜。半个多世纪以来,"危险区"三个赫然刺目的大字,吓退了多少希望在这里建港的志士。日复一日,年复一年,这段"黄金岸线"一直笼罩着神秘的光环,人们只见大江东去,白浪滔滔,却不知那江水下究竟隐伏着什么可怕的怪物。然而,这条"黄金岸线"毕竟是太吸引人了。上海对外开放需要新的口岸,需要新的通道,弄清这条"黄金岸线"危险区之谜,越来越显得迫切了。1986年1月到7月,交通部第三航务工程局工程师王嘉穗和她的同伴,勇敢地承担起长江口探险的任务，为彻底揭开"危险区"之谜，进行了一场顽强坚韧的战斗。

寻根究源

黄浦江东侧，浦东地区宛若一只巨大的海豚头俯向滚滚东来行将入海的长江，外高桥岸线就处于"海豚头"上部。此处，江宽、水深、流顺，面向大海，背倚新兴的浦东工业开发区，距吴淞口不过6公里。1986年2月，春寒料峭，年届半百的女工程师王嘉穗和她的同伴一起，迎着江风踏勘了东西走向为4.5公里的外高桥"危险区"。海洋地质局的一份探测报告标明：此处有11个磁异常点。这到底是什么——水雷？沉船？金属物？还是别的什么东西？滔滔江水无语。必须首先找到原始海图，查明是谁、在何时第一次写上"危险区"这三个令人生畏的大字。驱车返回途中，这个令人困惑的难题，首先在他们脑海里盘旋。

1840年，英国的大炮轰开了中华古国的大门。1842年，英国人绘制了第一张中国海图，到1986年已经整整124年了。1912年中国浚浦局水文测量科成立，1916年中国有了第一张自绘的海图，距今也已经70余年。年复一年，谁也不知中外水文勘测者到底绘制了多少海图，而首先标明外高桥"危险区"的那张海图到底散落在哪里呢？

王嘉穗他们沿着两条线索：从国内、国外各自的第一张海图起，一路寻去。找图、描图、还图，成了他们一段时间的工作生活规律。一次又一次地登上拥挤不堪的公共汽车，上海海运局、上海航道局、上海海运学院，一家又一家地跑，借到海图，又是分秒必争立刻赶回局里；局里，描图快手严阵以待，图一到，马上复描，因为借海图是以时间来计算费用的。但是跑了许多单位，找到的海图还是不多。令人欲愤还悲的是,有些单位的许多外国人绘制的海图,已在不要"文化"的"革命"中被付之一炬了,理由仅仅是:那上面尽是"洋文"。

搜寻的触角伸向了全国各地。一封封求援信从三航局发往北京、天津、大连等地。一张张海图带着清新的油墨香飞到王嘉穗身边。把那一大叠海图加以比较,他们渐渐地发现了一个共同的现象:凡是外国海图,无论是他们自己绘制的,还是参考中国以外的其他国家海图复制的,全没有"危险区"标志。有"危险区"标志的仅仅限于我国绘制的海图,及参考我国海图复制的外国海图。这不是在告诉人们:"危险区"三个字可能是中国人自己标明的吗?然而在1915—1931年绘制的中国海图上,也仅有沉石的标志。一直到1936年,中国海军部海图上赫然出现了"危险区"三个黑字,并且注明源于五〇五号海图。这就清楚了:关键时间点在于1931年—1936年之间;关键的那张地图是五〇五号海图。

五〇五号海图

王嘉穗乘胜追踪,又一次向四面八方发出了求图信。这次,她把可能有图的单位,可能了解海图情况的人一个不漏地都算上了,她一口气发了几十封信。1986年4月初的那些日子,王嘉穗的心几乎都系在信上了。回信一到,就急急拆开,然而——"查无此图","本单位无此图"。

得到的都是否定的回音。有一天,她收到同学的一封来信,刚看了几行就失望地垂下了拿信的手。蓦然,信尾的几行字引起了她的注意:"国家海图库地址:山西侯马。"抱着一线希望,王嘉穗又向国家海图库发信求援。可是,一星期、两星期,音信全无。那五〇五号海图仿佛从地球上消失了似的,千呼万唤不出来。

1986年的仲春，天沉沉，雨潇潇。王嘉穗他们失望的心情，就像这仲春天气。那天，她和同事苏承拴一起拖着沉沉的步子，走出了东海舰队航海保证部的大门。部队的同志是热情的，打开图库让他们查找，然而偌大的图库，还是没有那张让人找不到又少不了的五〇五号海图。

"危险区——磁点——海图；海图——磁点——危险区"，这几个词一直像车辘轳那样在王嘉穗心里转动。也许是刚从部队大院出来，也许是因为屡次失望迫使她另辟蹊径，王嘉穗的思路猛地拐了个弯：磁异常点和爆炸物、金属物有关，爆炸物又和战争有关——查战争资料，确认磁异常点和战争遗留物之间的关系。一个新的念头，倏然闪现在王嘉穗的脑海中。探寻工作越过五〇五号海图继续进行。

在上海警备区和上海市扫雷大队的协助下，王嘉穗很快绘出了上海三次主要战争的军队行军线路图。太平天国战争，1860年太平军东取上海，路经外高桥，并未停留，亦无战事。抗日战争，1937年"八一三"事变，日本侵略军从吴淞口、浏河口、白龙港三个口子侵入上海，外高桥并无兵卒涉足。解放战争，1949年，人民解放军路过高桥，进吴淞口，进攻闸北，也没有使外高桥水域成为险区的迹象。百年来，外高桥水域并无重大战火，基本上可以排除这个水域存在战争直接留存物的可能。外高桥危险区之谜能不能从沉石上找原因呢？王嘉穗作出了大胆而科学的设想。

富有戏剧性的是，那张踏破铁鞋无觅处的五〇五号海图，在百般考验了王嘉穗他们的耐心后突然冒了出来。

"众里寻他千百度，蓦然回首，那人却在灯火阑珊处。"1986年5月，五〇五号海图突然跳到了王嘉穗的面前——国家海图库终于把五〇五号海图找到了。海图上清楚地刊印着：中华民国海军部水道图五〇五号。1931年—1934年中国海军部测定。1935年2月1日海军部审定刊行。外高桥水域醒目地标明"危险区"三个大字。

"找到了!"此时此刻,王嘉穗的心情真是何其快乐!更使她高兴的是,五〇五号海图证实了她的设想:海图绘制于1935年,在抗日战争以前,"危险"确实不是来自战争留存物,而是来自沉石。可是,这沉石带又是如何形成的呢?这,仍然是个谜。

沉石带之谜

1986年5月,王嘉穗来到了上海图书馆,要求借阅从宋代编纂的《云间志》起,到1970年止,上下580年中历朝历代的宝山、松江、嘉定县的县志和有关史料。管理人员疑惑地看看介绍信,又看看借书人,简直怀疑她不是拿错了介绍信,要不就是走错了地方。介绍信上明明写着:交通部第三航务工程局工程师,一个搞技术的人看地方志干什么呀,不借!王嘉穗费尽了口舌,才使管理人员半信半疑地将许多难得有人问津的地方志搬了出来。王嘉穗一头扎进了故纸堆,寻觅地方志中记载的外高桥一带的地形和地形图。一卷又一卷,一朝又一代。在"海塘"一目中,有着海塘倒塌重建的记载,而每次重建的位置都向陆地内移。《江东志》卷九有则《海坍谣》曰:"此间一碑近百年,昔日离海三十里。请君试看几何程,可知坍势从何始。君不见吴淞城外旧城斜,半在泥沙半在水,此是东南一故垒,昔年烟火今芦花。"《海坍谣》说的旧城故垒,就是明代的宝山城。成年累月,江涛蚕食岸线,至康熙年间(约1670年前后)那半在泥沙半在水中的宝山城终于为江水所吞没。

沿着历史的轨迹,王嘉穗一段一段地考证当时海塘的建筑结构、建筑材料、建筑规模,计算出所用石方量,画出了海塘不断倒塌、不断重建、岸线不断内移的剖面图,得出了大量海塘倒坍物在水动力条件下搬移而形成沉石带的结论。在上海图书馆闷了整整一个月,王嘉穗终于把沉石带之谜解开了。从这位女工程师的劳作中，图书馆管理人员也进一步认识了地方志的价值。

沉石带之谜解开了，非战争直接残留物的结论也作出了，可是那11个磁异常点又是怎么形成的呢？王嘉穗他们又开始了新的探索。

江底探摸

1986年5月26日，一支小小的水文勘测队的到来打破了高桥海滨浴场的寂静。王嘉穗带着课题小组的成员：老李、小丁、小张、小钱和两个小周（除王嘉穗和老李外，都是清一色的1982年以后毕业的大学生），趁游泳季节尚未来临，借住浴场餐厅，就近实地考察了外高桥水域。

按照海洋地质局提供的磁异常点的方位，王嘉穗在4.5平方公里的水面上，确定了11个探摸方位。课题小组的成员分乘几条宽4米、长12米的小船，分别指挥潜水员下水探摸。

第一天，一无所获。

第二天，毫无所得。

第三天，浮出水面的潜水员还是摇摇头。

定位有问题——王嘉穗果断地判明了问题的症结，调整了坐标位置，决定从已查明是沉船的3号位入手。

第四天，她带着两个小伙子，身穿橘红色的救生衣，再一次登上海船，向3号位驶近。这时，波兴浪涌，船晃身摇，王嘉穗敏锐地感到：这一片浪翻着的水花，不同寻常。"停船！"她大声命令着。一个铁锚打下去："铛"的一声，是沉船！小伙子们兴奋地忘了晕船，差一点跳了起来。

以3号位为基准，他们确定了新的坐标系统，决心全方位地精心梳理每一寸江底。

6月1日早上平潮时分，小周他们根据新的定位来到了4号位。他们已经在旧定位探摸了三天，一无所获。今天，潜水员手中的高压水棒冲了一圈又一圈，可除了泥沙就是石块，根本就没有金属物。要涨潮了，潜水员不得不马上上来。

　　当晚，他们又来到4号位再次探摸。半小时，一小时，潜水员上上下下数次，可还是没有什么收获。快8点了，马上又要涨潮了，今天难道又白干了？突然，对讲机里传出了潜水员欣喜的叫声："冲出来了，一段电缆！"小周一看表，6月1日晚8时整。他们第一次从江底摸出了金属物。新的定位方法成功了。

　　一鼓作气，他们随即又查明了：10号位是又一条沉船，1号位是一段160米长的电缆。这就是所谓磁异常点的来源。就这样，他们早出晚归，顶逆风，踏浊浪，先后探清了10个磁异常点，现在只剩下最后一个——6号位了。这个号位，磁情弱，磁场小，水下地形特殊，江底奇山异石，宽处可并行几条船，窄处仅容一人通过。潜水员们连续三天作业，五次下水搜寻，摸遍每一寸江底，才摸到几团细电缆。至此，"危险区"之谜全部探明："危险区"内无爆炸物，只是沉船、残留电缆和零星金属物。沉石带底宽60—70米、长4公里，只要采取一些工程措施并用航标标明，就不会影响巨轮的正常航行。

　　黄昏。西边，落日溶溶；江上，浮光烁金。王嘉穗和课题小组的同志们拿出了准备好的纪念物，轻轻地放入"黄金岸线"水域。那纪念物是这次科学探险的见证，它带着王嘉穗和课题小组全体同志的心愿，带着水文工作者对祖国社会主义现代化建设事业的一片深情，缓缓地沉入江心。

通往世界的大港

本文为1987年上海市港务局局长严润田与《上海滩》记者的访谈记录。

记者：我国实行对外开放以后，上海港愈来愈显得重要。对于它的地位和作用，你的估计如何？

严润田：回答这个问题之前，我们不妨回顾一下历史。上海在宋朝的时候，据说曾被誉为"小杭州"，当时的繁华程度大概还不如杭州吧。而近100多年来，上海却一直是我国最大的港口。五口通商，五个口子，不是广州、福州，也不是厦门、宁波，恰恰是上海这个港口发展得最快，这不是偶然的。我看至少有两个因素：一是经济地理条件，二是运输本身的规律。

上海地处我国最富饶的长江流域终端，又位于我国海岸线的中心；从国际航道来看，这里到西欧和北美的距离几乎相等，也是一个中心点。上海，通过长江这条"黄金水道"，连接着工农业产值占全国三分之一以上的省份；通过海运可以到达沿海各省市以及世界任何一个港口；通过内河又同长江三角洲这个"金三角"紧紧相连；更何况黄浦江又是一条良好的航道，从吴淞口到黄浦江大桥，全长80公里，可以设置许多泊位。所有这一些优越的客观条件，是我国任何一个港口所无法比拟的。

从运输规律来说，由于经济发展的结果，上海来有货，去也有货，运输效益最佳。上海所处的地位，同地处莱茵河口的荷兰鹿特丹港和地处密西西比河口的美国新奥尔良港有极其相似之处。世界上各个国家和地区的人们都认为，到了上海就是到了中国，上海作为祖国的最大水上门户是当之无愧的。

记者：这几年来，上海港的发展状况如何？据说已经成为世界的十大港口之一，是这样吗？

严润田：可以这么说，这是就港口的吞吐量而言。上海在新中国成立前的最高年吞吐量是1 600万吨，那是在1936年。新中国成立后，1957年突破了这个数字，以后逐年递增，到1984年已经超过1亿吨，1986年为1.25亿吨。世界上能达到年吞吐量上亿吨的港口不多，从这一点来说，上海可以称得上是世界十大港口之一。从码头的机械化水平和装卸效率来说，我们也并不比国际著名的港口差。

但是从拥有的泊位数量来说，我们比不上人家。而在管理方面，差距更大，譬如，同日本的大阪作个比较，20世纪50年代的时候，上海同大阪的泊位和吞吐量都相差无几。这些年上海的泊位增加不多，吞吐量已超过1亿吨；大阪的泊位增加1倍，吞吐量却还只有八九千万吨左右。集装箱运输是当前世界各国现代化港口普遍采用的形式，鹿特丹港年处理量为270万箱，香港260万箱，纽约220万箱，而上海港的集装箱能力还只有32万箱，因此，从现代化运输的要求来看，这一方面的差距是很大的。国外先进的港口许多已实施电子计算机管理，而我们还刚起步，所以虽然上海港吞吐量发展得很快，但是，我们的装卸能力和实际需要之间的距离确实还不小。

记者：有人说，"上海别的不出名，压船、压货出名"，你对这种说法怎么看？

严润田：上海港从泊位数、码头总长度以及占有库场面积同世界各大港口相比差距很大，长期处于超负荷营运状态，这是事实。压港、压船、压货的现象也是存在的。不过，出现这种状况的原因要作一点具体分析。

一个港口，好比一个旅馆，最好经常有客人，来了客人又有足够的床位好住。但是一下子来得过分集中，则必然会形成排队。等着要床位自然不是办法。上海港目前供外轮用的泊位是40个，但是，1985年外贸船舶来上海港每天竟多达170多艘，那时候平均每个泊位几乎有三四条船在等待装卸。上海港真像堵塞了！这不仅惊动了中央有关部门，惊动了市领导，许多驻华使馆官员、外国轮船公司老板都纷纷向上海询问。其实，造成这种现象的原因并不单是因为上海港的装卸能力不足。1985年的情况是国家在宏观经济上放宽以后，各地纷纷向国外订货，外货进口出现了某种程度的失控以后造成的反常现象。港口能力本来并不富裕，适应不了集中到港的船舶的要求，这就造成了排队现象。那时，不单是上海港，国外有的港口也因为运往中国的货物太集中而招架不了。那时，我去联邦德国汉堡港考察，那里的码头、仓库，甚至道路旁，到处都是运向中国的钢材。一位码头公司经理还为此感到很奇怪，惊诧地问我究竟是怎么一回事呢！

记者：这大概是特殊的情况吧？

严润田：是这样。上海港的压船压港的状况到1986年就有变化。目前上海在港的外贸船只大约50到60条左右，相对于我国的情况来说大体上是相适应的。当然，与国际上港口的规律"泊位等船"来说，我们的能力还是不适应的，但是，目前中国的国情、国力还不可能达到这一水平，所以只能说是相对的适应。因为一时的特殊现象给人造成一个印象，以为上海港堵塞了，不行了，其实这是误解。1986年平均每天在港的船比1985年时少，但全年完成吞吐量却比1985年增加了，这说明只要任务均衡，港口是可以通过的。我们的装卸能力，有些方面甚至还有富余，譬如集装箱运输就是如此。这几年来，我们的集装箱码头从无到有，已经扩大到年吞吐能力32万箱，1986年一年实际吞吐量却只有20万箱，同前年相比几乎没有什么增加。相反，香港的集装箱运输原预测增加6%，结果却增加了14%，有一个重要原因就是内地到香港去转运的货物增加了。这里，我们倒很希望报刊能呼吁一下：肥水不要再外流了！

记者： 感谢你详细地分析了上海港的现状。对于上海港的前景，能不能大体作一个正确的估计？

严润田： 上海港是我国水陆交通运输的重要枢纽和对外贸易的重要口岸。以上海为轴心，物资联运的辐射面一方面射向国内20多个省市，一方面又同160多个国家与地区的400多个港口相联系。过去的30余年，上海港基本上是作为我国最大的货物集散地出现的，今天它应该继续发挥这一个功能。但是，光有一条还不够，应该逐步使它成为世界上最大的中转站之一，也就是说上海应该有能力承担世界各地的货物转运任务。根据这样的目标，上海港的吞吐量到20世纪末可能达到两亿吨。为了适应对外开放、对内搞活的新形势，我们需要作更大的努力。

记者： 请介绍一下改变上海港面貌的具体设想。

严润田： 港口能力是一个综合性、动态性的概念，包括基本能力（即码头、泊位、库场、机械设备等基础设施）和浮动能力（即管理体制、生产组织、现代化管理、职工素质等）这样两个方面。对于上海港的出路，专家有许多议论，譬如有的主张上海港要以老港为主体，在周围建设港口，在原有宁波港、张家港、南通港等四港联合的基础上，形成更密切的协作港关系，以缓解上海港的压力等。这些自然都是好主意。不过，最重要的还是上海港自身的改造与建设。"七五"期间，上海港建设和发展的规模和速度将超过以往。我们规划在关港、宝山、朱家门等处兴建18个泊位，其中10个已经动工，此外还有13个老泊位要进行改建，总计新建改建的泊位是31个。这是个什么概念呢？过去30多年，上海新建改建的泊位一共是70个，"七五"计划的五年相当于过去的一半。另外，我们还规划在长江口南岸的罗泾、外高桥和杭州湾北岸的金山嘴选择、建设新的港区。到20世纪末，一个更加宏伟壮观、气势磅礴的上海港将展示在人们面前！

为上海国际航运中心建设提供"风云"数据

王 雷 口述

杨建勇 许 璇 范婷婷 整理

上海海洋气象台是中国气象局和上海市政府的部市合作项目，于2013年5月正式迁入浦东新区临港新城海基六路36号。

该气象台现已建成长三角海域海洋气象观测网，有海岛气象站24个，浮标/船标站10个，船舶站5个，声学测波站8个，潮位站4

洋山港全貌

个。具体任务是制作、发布从山东南部至浙江南部,离海岸线300公里内沿海海面的天气预报;制作、发布精细化的上海预报责任海域逐3小时的天气、风浪预报,提供港口和航道精细化的气象服务;为政府部门和涉海单位提供决策支持预报;为上海国际航运中心建设及运营管理提供气象服务;为近海航运、工程作业、远洋航运提供气象服务等。

受命为洋山岛建港提供气象学论证

1996年5月,上海市委市政府决定建立上海国际航运中心上海地区领导小组,下设办公室(简称"国航办")。市国航办成立后不久,主任徐柏章和另一位副主任专程造访上海市气象局,商请市气象局参加上海国际航运中心新港址的论证工作,并提供大、小洋山岛和

洋山今昔对比

周边海域的气象资料,以及在港口建设和运营过程中提供气象保障服务等。上海市气象局由我出面接待市国航办两位领导同志。我当即表示,上海市气象局为上海国际航运中心建设做好气象保障服务是应该的,责无旁贷,我们一定会把它作为一项重要任务,努力把工作做好。会见后,我和局领导班子通了气,作了研究,并将任务落实到相关单位。

上海市气象局为上海国际航运中心建设服务主要做了三方面的工作:一是参与了新港选址的论证工作,通过对洋山海域气候的分析,提出了"小洋山的气候条件对建立深水港是适宜的"的评价结论;二是从1996年港址论证开始就在小洋山岛上进行专项气象观测,一年后新建了常设的气象站,取得了洋山港的第一手气象资料,2006年又在南汇区(后划入浦东新区)成立了上海海洋气象台,为建港和港口运营直接提供可靠的气象保障服务;三是开展为现代航运服务的船舶气象导航、海上气象保险等业务。

改变洋山岛不适合建深水港的传统观念

上海要建设成为国际航运中心,首要条件是需要一个深水港,可是在上海市域内的港区、码头都不符合条件,水深不够,改造扩建也解决不了问题。为此,1995年9月,市委领导亲自深入长江口、杭州湾海域进行踏勘,提出了跳出长江口、在距离芦潮港约30公里的大小洋山岛建设深水港的设想。

在大小洋山岛建设深水港,那里有深水岸线,离国际主航道又比较近,有利于远洋巨轮靠泊进出,并且离上海也较近,造一座大桥,就可以把洋山岛与大陆连接起来,便利货物运输。但是,对那里的水文气象情况是不是符合建港条件还不了解,需要进行论证。因为大小洋山岛属于浙江省的管辖地,因此,上海有关部门曾先向浙江省的气象部门咨询过洋山岛是否适宜建设港口。答复是,大小洋山岛及附近海区全年多大风、大雾天,夏天受台风侵袭,冬天又有寒潮影响,全年能作业的天数只有200多天,不宜建港口。这就引得国航办主任商请上海市气象局,对洋山岛及附近海区进行专项气象观测和调查,进一步分析评估那里的气象条件,为新港址论证提供依据。

1996年,上海市气象局把参与深水港港址论证任务落实到下属的上海台风研究所(又名上海市气象科学研究所),研究所为此专门成立由雷小途、周霞琼、余晖、应明、冯泾贤等科研人员参加的课题小组,并由市气象局总工程师朱永褆研究员领衔,指导课题小组开展工作。由于小洋山岛上原来没有气象站,要获得气象资料就得自己进行专项气象观测。于是,1996年课题小组先在小洋山岛上的度假村开始临时气象观测,后又增加杨梅嘴和金鸡门观测点,三地同步进行气象观测。同时,选取北纬30度至31度30分、东经120度20分至122度30分范围内,五个海岸带气象站(陈家镇、宝山、南汇、奉贤和乍浦气象站),三个海岛气象站(嵊泗、大戢山和岱山气象站)和长江口外的引水船船舶气象观测站,通过对这些站点的连续五年(1986—1990年)气象观测资料的分析研究,于1996年12月提交了《上海沿海地区与附近海区气象条件评价》(上海国际航运中心新港址论证分报告之五),得出初步的评价结论是:"小洋山的气候条件对建立深水港是适宜的。"

为了检验初步评价结论和进一步论证,1997年,受国航办和港口建设设计单位交通部第三航务工程勘察设计院(以下简称"三航院")的委托,课题组继续在小洋山岛进行气象观测,并选定地形影响较小、代表性较好的金鸡门,按国家气候基本站标准建立了气象观测站即小洋山气象站,自1997年8月15日开始业务化的气象观测。根据对小洋山气象站1997年8月15日至1998年8月31日气象观测资

建设中的洋山深水港

料的分析,以及其与附近观测站的相关关系,据此推演出小洋山的历史气象资料,于1998年10月提交了《上海国际航运中心洋山深水港建港气象条件评价》(以下简称《建港气象条件评价》)报告,结论是:"虽然大风、大雨或暴雨和雷暴等强烈天气现象(包括台风和寒潮)对洋山海区有所影响,但海区的天气、气候条件对建立深水港和建港后的运营都是适宜的。"报告还对港区作业天数进行了合理的估算,估计港区全年受不利气象条件影响约20天,即港区全年可作业的天数约345天。

此后,课题组逐年对小洋山及附近海区的气候资料进行年度和累年的气象条件分析研究,于1999年10月至2002年12月,每年提交一份《建港气象条件评价》报告。自1998年至2002年,连续5年的评价结论基本一致。港区的可作业天数虽然因各年气候变异会略有不同,但五年中的变化也只在每年342至345天之间。

经历了5年多的科学论证,最终选定在大、小洋山岛建设深水港。2002年6月,洋山深水港区一期工程开工建设;2005年5月25

日，32.5公里的东海大桥实现贯通；2005年12月10日，上海国际航运中心洋山深水港区正式开港运营。十几年来洋山深水港安全运营的实践也证明，由上海台风研究所完成的气象系列报告所提供的结论是正确的。

这里特别要说明的是，在《建港气象条件评价》中，对不利气象条件影响天数的估算，并不是直接按常规的灾害性天气日数来统计的。因为大风的持续时间只有少数过程可以达到24小时以上，而73.5%的大风持续时间在6小时以内；雾的平均持续时间仅为3小时左右；雷暴的持续时间在1小时左右。显然，绝大多数灾害性天气影响港区作业的时间只有数小时，其余大部分时间港区仍可进行正常的作业。因此，对不利气象条件影响天数的估算，是根据灾害性天气持续特征和"三航院"提出的"延时叠加法"经过折算得出的。这样算下来，以2002年为例，影响洋山港区作业天数为大风5.7天，雾5.7天，雷暴3.3天，大雨及暴雨7.2天，总计为22.9天。剔除不利气象因子联合出现重复计算的约2天，由此得出不可作业的天数为20.9天，而每年不受气象条件影响可作业的天数约为344天。

从渔家女到洋山港气象站站长

早在1996年，为了获取论证深水港港址的第一手气象资料，上海台风研究所就派气象科技人员轮流到小洋山岛进行简易的气象观测和气象调查。

1997年，小洋山气象站建站之初，上海台风研究所聘请了上海市气象局刚退休的资深气象观测员林贤超、王承树、叶树磴等，从市区轮流到气象站值班进行气象观测，值班期间观测员则借住在气象站附近的渔民老沈家。

2004年，上海台风研究所把小洋山气象站搬迁到现在的站址——小城子山的山腰，7月1日在新站址开始业务化的气象观测。气象站的搬迁工作是从2月份开始的，要把乱石荒草的山岗平整为气象观测场，又要把气象仪器搬运上山、安装到位。而值班室和生活用房则是利用附近废弃的部队营房简单地改造而成。气象站只有三四位工作人员，他们为迁站付出了辛勤的劳动，他们的工作和生活条件都十分艰苦。

  2005年10月，小洋山气象站已积累了连续8年多的气象观测资料，这些观测资料十分重要，是做好洋山海区及上海、长江三角洲地区的天气预报、预警的基础数据。特别是小洋山气象站设立在洋山深水港区内，可以直接为深水港提供气象服务。为此，上海市气象局向中国的气象局报请将小洋山气象站纳入国家的气象综合观测体系，列为国家气象观测站一级站。同年12月，中国气象局监测网络司批复同意，将小洋山气象站"确定其站名为洋山港气象站，区站号为58474"。2007年，洋山港气象站改属上海海洋气象台管辖至今。

洋山港气象站

洋山港气象站除了为港址论证作出了贡献外,还尽最大努力为港口建设和运营做好气象保障服务。每次风大了、起雾了,气象站都会在第一时间向港航单位,尤其是向洋山港引航站和深水港船务公司提供实时气象观测数据,并根据上海海洋气象台的天气预报,向用户单位提出气象服务建议。在洋山公安交通指挥部决定是否要封闭东海大桥、是否要转移船只时,气象站会及时提供实时的天气情况和预报意见,以供指挥部决策时参考。

洋山港气象站建在荒凉的小山岗上,周围没有人烟,工作和生活条件十分艰苦。气象站老站长林贤超,原是上海中心气象台的优秀气象观测员、先进工作者,刚退休不久,就被上海台风研究所聘请到小洋山气象站工作。他与全站同志一起,克服建站初期的各种困难,使气象观测顺利进行,保证了建港论证所需资料的获取。同时,林贤超还培养气象站的接班人沈其艳,使她很快掌握了气象观测业务技术。

沈其艳是现任的洋山港气象站站长。她原是小洋山岛土生土

洋山港气象站站长沈其艳

长的渔家姑娘,在20岁以前对气象一无所知,直到1997年小洋山岛第一个气象观测场建成,气象观测员们借住在她家,才让她有机会了解什么是气象,并且爱上了气象。当时,气象站需要培养一名当地的气象观测员,她入选了,但要求她在3个月内考取上岗证,这就意味着她要熟记一本厚厚的《地面气象观测规范》,并且能够熟练操作。于是,她每天跑到观测场学习,在气象站老同志的帮助下,逐渐学会了识别29种云类和34种天气现象的目测项目。3个月后,经过上级部门的考核,她被破格录用为气象观测员。她说:"林(贤超)老师认真、严谨的工作态度,至今一直影响着我。"

20年来,沈其艳一直坚守在洋山港气象站,经历过无数次狂风暴雨、电闪雷鸣等恶劣天气。她不分白天晚上,不畏烈日严寒,认真负责地对待每一次气象观测,一丝不苟地记录每一个气象数据,获得过"百班无错情"观测员的称号。每当恶劣天气观测后,她都

上海市气象局气象公共服务工作区

会在第一时间将实测气象数据传送给港区有关单位，并根据上海海洋气象台的预报提供服务建议。

从2003年开始，小洋山居民动迁了，沈其艳一家搬到南汇区惠南镇，气象站也搬到小城子山上。那时，交通极其不便，东海大桥还没有开通，到气象站要乘船，上岸后还要走崎岖不平的上山小道。因为路途遥远、车船劳顿，所以气象站值班10天才能轮换一次，有时一待就是15天，甚至一个月。就在这样的工作环境下，她在怀孕临产前不久，还坚持在工作岗位上。沈其艳把最美的年华都献给了洋山港气象站，被誉为"海岛气象守望者"。

（王雷，1938年4月生，1959年8月毕业于南京大学气象系。1985年1月至1998年4月任上海市气象局党组书记、局长。1996年他带领上海市气象局参加上海国际航运中心新港址的论证工作，并提供大、小洋山岛和周边海域的气象资料。）

王雷

从老地图看上海交通变迁

周炳揆

我喜欢收集地图，其中有一类是各个时期出版的上海交通图。市内交通线路的设置和增多，是与城市建设同步进行的。徜徉在这些老地图中，可以触摸到上海交通百年变迁的轨迹。

我收藏的交通图中，最老的一张是先祖父周由廑留下的，20世纪30年代他曾担任商务印书馆《英语周刊》的编辑。这张地图名为《新上海市街图》，由当时位于霞飞路444号的上海兴地学社出版，尺寸为标准的1印张。从图中可以看到，上海浦西的街道结构，在1930年已大致形成。该图以不同的颜色标明法租界、公共租界、城内、南市、闸北、浦东等区。有轨电车、无轨电车等公共汽车线路分别以红色的直线、虚线和细虚线标明。右下角另有"上海商场中心图"，将市中心商业街予以局部放大，各大公司、银行、商号均一一注明。可以说，这张图是求证30年代上海街道、商号、公共交通的有用工具。

举个例子吧，曾有一位写历史小说的朋友向我求证徐家汇附近天平路的旧名，我毫不犹豫地告诉他，天平路在1943年前叫"姚主教路"。根据《新上海市街图》上有轨电车线路的图例，可以知道当时天平路铺设的是单轨。从淮海路开往徐家汇的有轨电车驶进天平路，如果看到前方红灯，就知道有车从徐家汇方向驶出，它就必须停留在专为避让相向行驶设计的新月形的叉道（在现南洋模范中学门口）上，等待从徐家汇方向开出的车经过，前方信号灯转为绿灯后才能继续前进。

在新中国成立后出版的交通图中，有一份1956年11月由地图出版社出版的《上海市市区图》值得注意。该图纸质上乘，印刷精美，是地图中的上品。从图中可以看到，曹杨新村、甘泉新村、宜川新村、鞍山新村、控江新村已成片崛起。不过，公共交通依然因袭了旧日的形态。比如公交"2路"，它既有公共汽车（民晏路至高昌庙，今66路的前身），又有有轨电车（十六铺至徐家汇，今26路无轨电车的前身）；公交"22路"，既有公共汽车（徐家汇至北京东路外滩，今42路的前身），也有无轨电车（引翔港至广东路外滩）。这种相同编号的存在，对于不甚熟悉上海公交线路的人，很容易"吃药"。显然，当时上海的公共交通还缺少统一的规划。

1961年9月，上海文化出版社出版了一张新版的《上海市交通图》，这恐怕是"文革"前出版的最完整、最详细的交通图了。其中有几点值得注意：一是上海的公共交通线路已经过重新组合，个位数编号属于有轨电车，11至26路是无轨电车，41至95路是公共汽车；二是南京路、淮海路已实现无轨化；三是"大跃进"年代建设起来的"闵行一条街""张庙一条街"等，在背面的"上海市全图"中均有标明。

到了1963年，该出版社又出版了一张1/4印张的《上海游览交通图》，售价人民币6分。这张图篇幅小，可以折叠成扑克牌大小，放在衣袋里。图的正面用线条的形式勾画出上海各公交路线，背面详细地罗列了上海市主要的公园、古迹、展览馆、饭店、影剧院、书场、工人俱乐部等，甚至还标明照相馆、理发店、浴室、书店、食品店的位置，非常实用。要了解上海旅游服务业的演变，这张图还是十分有用的依据呢。

1978年，上海科学技术出版社出版了1/2印张的《上海市交通图》，这是"文革"后出版的第一张较为详尽的交通图。图的正面是当时上海的标志性建筑——上海电视台发射塔，背景是上海展览中心（原中苏友好大厦）的高塔。读者可以发现，在这张地图上，上海的有轨电车就此"销声匿迹"了。据说连一节完整的车厢都未能保留下来，这是地方史专家们引以为憾的事。

改革开放以后，上海的城市交通日新月异，地铁、立交、环线等不断新建和延伸，往往是今年才出版的交通图，到了明年就不太管用了！

追赶飞机的大兵
——虹桥国际机场落成记

程继尧

1963年前,沪上没有国际机场。上海第一个国际空港虹桥国际机场是在周恩来总理的直接关怀下建成的。1963年11月,万名绝大多数来自农村、从未见过飞机场的指战员,在极其恶劣的天气和极其艰苦的条件下,肩挑人扛,死拼硬啃,用双手筑成了当时具有现代化水平的、总面积达100多万平方米的虹桥国际机场跑道和场区,上海终于迎来了来自巴基斯坦的第一个大型国际航班。本文以大量

"虹桥机场"四字为陈毅题写

数据与史实讲述了那场没有硝烟却又堪称艰苦卓绝的伟大战役。

这些年来，出差、出国、旅游，我随着熙熙攘攘的客流多次在上海虹桥国际机场进出。

每当来到这个堪称一流的国际机场，宏伟的航站楼、豪华的候机厅、宽广的停机坪、伸向蓝天的宽阔跑道，当然，还有许许多多虽看不见、却能感觉到的高科技设施与现代化服务，我都有种特别的感慨，心潮起伏难平。

前年夏天又一次出行，耄耋之年的我，再次在虹桥机场登机。隔着候机厅宽大明亮的玻璃窗，看着一架架飞机冲天、落地，我竟走了神：看到从蓝天冲下的一架双引擎"伊尔"正在着陆、滑行。突然，跑道两边涌上数千名解放军战士，他们兴奋地跳跃着、呼喊着，紧跟着刚落地的飞机疯狂奔跑……我情不自禁地泪流满面。

这久违的光景是58年前的事了。1963年11月，我曾跟随所在部队参加把简陋的军用虹桥机场扩建为上海第一座国际机场的战斗。作为虹桥机场建设指挥部工地广播站播音员和《工地快报》编辑、记者，我跟随施工部队万名指战员一起度过了150多个难忘的日日夜

1965年9月22日，虹桥机场候机楼竣工并投入使用

夜，亲眼目睹了指战员们在这一艰巨工程中经历的千辛万苦，目睹了新跑道上降落第一架飞机时万众欢腾的情景，难忘数千指战员紧追着滑行的飞机一路奔跑、呼喊、流泪、雀跃的激动人心的场面。

后来，虹桥机场又经过了数次扩建改造，早已不是60年代的模样了。今天的虹桥国际机场建筑面积已达51万平方米，航站楼面积44.46万平方米，停机坪面积48.6万平方米，有89个机位，两条平坦笔直的起飞跑道，与世界相联。2017年，虹桥国际机场旅客吞吐量达4 188.41万人次；货邮吞吐量40.75万吨；起降架次26.36万架次，分别位居中国机场的第7、第9、第10位。

看着熙熙攘攘、天南海北的旅客，你们知道虹桥国际机场是怎么诞生的吗？

周总理一锤定音：虹桥机场扩建为国际机场

1963年11月，虹桥机场还是个"军事重地、闲人免进"的军用机场。当近万名陆军指战员开进这个神秘的地方时，第一感觉绝对是"大而空"：空军部队已全部撤离，飞机也已全部转场。能看到的，只是一条光秃秃的跑道，没有人迹；看不到边的斑斑草地，野兔出没；一座陈旧的塔台孤立着，四面透风；几个不大的机库，空空如也，此外就是几排简陋的营房。

这么多陆军指战员为什么来这儿？他们是奉中央军委下达给南京军区的命令，接下扩建上海虹桥机场的主体——飞行区场道工程。

当时新中国成立十几年了，上海还没有国际机场。1963年3月，周恩来总理和巴基斯坦总理达成中巴通航意向，同年8月29日，双方签订协定，确定1964年5月开通从达卡到上海的中巴航线。当时的达卡是东巴基斯坦首府，现在已成为孟加拉国首都了。

开辟中巴航线，需要一个与当时的现代化水平相适应的国际机

虹桥路初筑时的情景

场。当时上海,共有龙华、大场、江湾、虹桥四个机场,后三个都是军用的,只有龙华是民用的,它虽有少量国际航班,但只能起降小型飞机。

1963年7月,国务院派出一个以民航总局技术人员为主的专家小组来上海考察论证。经过对龙华、大场、江湾、虹桥四个机场进行比选,最终建议扩建虹桥机场为国际机场。在周恩来总理直接关怀下,1963年9月15日,决定以虹桥机场替代龙华机场,作为当时上海唯一的国际空港。

这期间曾有一个担心:距机场跑道约两公里处有中央领导来上海的下榻处,飞机起降会不会影响休息?周总理说:"我去讲,虹桥场址就不要再变了。"上海虹桥机场扩建为国际机场,就这么一锤定音了。10月14日,周总理在决定此事的文件上签了字。

虹桥机场始建于民国10年(1921年),北洋政府圈的地,只有一条跑道,还是土质的。到了民国18年还只有上海—南京一条航线。经扩建,勉强可供当时新型飞机起降。抗日战争爆发后,1937年8

月，两名日本兵冲闯虹桥机场，遭中国军队抵抗，引爆"八一三"淞沪抗战。1937年11月12日上海沦陷，虹桥机场沦为侵华日军机场。

抗日战争胜利后，虹桥机场由国民政府空军接管，后又由中美合资中国航空公司和交通部民用航空局接管，陈纳德的航空队飞行基地也在这里。

1949年5月24日，中国人民解放军第三野战军攻占虹桥机场。1950年对机场进行初步改建，之后，虹桥机场一直是人民空军的机场。1963年前，只有一条长2 000米、宽30米、混凝土厚度为30厘米的跑道，不能承受大型飞机的起降。通信、导航、降落等设备以及其他必要的附属工程，更远远达不到当时的现代化水平。

为迎接中巴通航人民解放军再战虹桥

为迎接中巴通航，1963年11月，对虹桥机场的大规模扩建开始了。扩建工程是按照当时国际机场要求进行的。工程任务书明确：跑道要按重180吨—200吨飞机起降要求设计，长度从2 000米增加至3 200米，宽度由30米拓至60米，钢筋混凝土跑道达60厘米厚。

有人说，"新机场跑道是在原有基础上加长拓宽的"，这纯属外行臆想。因为原有跑道路基根本不能利用。依据气象资料，跑道方向也要纠正，旧跑道不仅要全部炸掉，而且要把炸碎的混凝土渣清运出去，再按新跑道的长、宽、深，打好地下基础，重新浇铸钢筋混凝土。还要修建与主跑道平行，宽23米的滑行道一条。站坪要能同时停放大型飞机2架、中型飞机4架；停机坪按停放大型飞机2架、中型飞机16架建设。还要各按6 000平方米修建航管楼、候机楼和外宾饭店。油库要扩建，储油量由原来1 920吨增加到3 000吨。通信、导航、降落等设备以及其他必要附属工程，都要按国际机场要求建设。如此，新机场才能满足当时的波音720型、图114型、VC-10型等大型飞机起降。

国家计委批准了虹桥机场建设设计任务书，并明确建设进度：必须集中力量保证在1964年第二季度完成通航工程。

航管楼、候机楼、外宾饭店建设，油库扩建、通信、导航、气象、降落指挥等设施以及其他必要附属工程，自然交由来自民航总局、华东工业设计院、北京石油设计院等十多个单位的专业部门完成。候机楼、外宾饭店的设计施工自然由知名建筑单位来完成。

飞行区场道建设是扩建工程主体。炸掉旧跑道，清理并重打新地基，铺设新跑道，扎钢筋、浇灌水泥地坪这些重活苦活交给谁？须知，待建的跑道、滑行道、站坪、停机坪、道肩、道面下套管、空军警戒坪、加油坪和进场道路等项目，总面积达100多万平方米。单单那3 200米长、60米宽、0.6米厚的起飞跑道就要浇灌混凝土129 600立方米，还得先拆除旧跑道18 000立方米混凝土，并确保3 200米跑道的平坦度误差在2毫米之内！直到现在，笔者也没搞清当年到底扎了多少钢筋，用了多少水泥、石头、沙子，浇了多少立方混凝土，而在那个年代，除了那种老式混凝土搅拌机和提在手里的震荡器、风镐、手推车，几乎没有什么机械化电气化工具。

当年地方业内人士估算，完成如此艰巨的工程要两年。但按中巴协定1964年"五一"通航的要求，1964年4月底必须完工！这时，已是1963年10月底了，这么重的任务，谁敢接？谁能干？只有交给一不怕苦二不怕死的人民解放军！当年从虹桥打进大上海的陆军第27军80师的238团和239团，配以铁道兵52团、工程兵113团万名指战员领受了这一光荣而艰巨的任务。

1963年11月10日，接到命令第5天，80师选调的一批机关人员就进驻虹桥机场，组成施工指挥机构。很巧，80师正是1949年沿着泗泾、七宝、塘湾、虹桥镇一线攻入虹桥机场、打进大上海的一支解放军部队，14年后这支英雄部队又开进虹桥机场，承担起建设国际机场的重任。而作为虹桥机场修建指挥部的副总指挥、日夜守在施工现场的80师师长王珽，又是当年作为一名团长率部攻打虹桥的指挥员（修建指挥部总指挥为时任上海市副市长的李干成），"14年前解放虹桥，14年后建设虹桥"，一时传为佳话。

指挥部一成立，立刻会同专业人员进行现场工程勘察、编制工程计划和附属工程材料计划、布置部队住房和筹划粮米等准备工作。11月19日起，参建部队陆续从江苏无锡、松江，福建南平、邵武、浦城等地开进机场，11月30日，施工部队进场完毕。

我有幸在指挥部播音、编报鼓舞士气

当时我是80师坦克285团指挥连的侦察班长。坦克团并没有参建虹桥机场的任务，没想到11月18日，师政治部通知坦克团命我立即到虹桥机场报到。第二天，我单兵行动，背包离开驻地无锡，乘火车到上海，又转乘57路公交车到终点站西郊公园。岂知终点站离机场还很远，就是进了机场大门到工地指挥部，还得走不少路。如此，我步行约一小时，才找到指挥部。

工地指挥部宣传科给我的任务是到广播站当播音员并组织稿件，同时协助新闻干事陈云林编辑、出版《工地快报》。

广播站设在原80号机库附近的指挥塔台上，塔台呈圆形，四面都是玻璃窗，眼前就是起飞跑道。我与先期到位的80师放映员胡本贵，铁道兵52团战士沈杏官组成播音组，三人工作、睡觉都在塔台上。胡本贵至今保存的当年的《播音记录》显示：每日定时播音八次。在最紧张的抢工期，广播站则与施工部队一起战斗。1964年2月27日播音记录："昨晚部队通宵作业，夜间广播增加四次。每次1至1.5小时。播音效果很好，特别是及时播送各部队工程进展速度，对鼓舞士气作用很大。"广播站除了及时播送当时中央报刊的重要文章、部队在施工中学习《毛选》的心得体会外,就是大量报道施工现场动态、好人好事与文化类节目等,如1963年12月23日《播音记录》记载了当天的播音内容:除每日必有的工地新闻、班组花絮、合理化建议外,还有专栏"工地文化车":革命歌曲九首、秧歌剧《兄妹开荒》、某部三连演唱组的淮剧等。再有根据来稿编辑的《连队故事》:"两块香饼""一件大衣""半桶热水""服务周到的缝纫组""心红手巧的炊事班"等。来稿"一件大衣"说的是天寒地冻之夜,连长脱下军大衣盖在熟睡的小战士身上,我把它改成那时在部队颇为流行的"三句半":"天寒地冻我入梦乡,冷得我蜷着身体当'团长',是谁把大衣盖在我身上?连长!"并请该连战士演唱组到广播站演出,受到一致好评。

由于机场工地面积特别广,风又特别大,一般的高音喇叭声音都很难传开。指挥部从上海人民广播电台调来几个美国海军用过的"九头鸟",就是由九个高音喇叭外加铁框而成的组合扩音器,每个有七八十斤重,设置在主跑道南北中,滑行道前后和装卸物料场。由于"九头鸟"设备陈旧,常出问题,又因施工期间气候恶劣,大风大雨大雪,广播线经常断,部队一反映"声音没有了",我们就顶风冒雨去查线修复。"九头鸟"出了问题,得拿下来送出去修。有时通信连一时派不出人,我们就自己干。胡本贵当过电话兵,爬上爬下很是灵活,跟着他,我也学会了套上齿刀鞋爬电杆。为了把"九头鸟"从高高的电杆上取下,通常是胡本贵在上拉着绳,一点一点往下放,我在下头顶手托,不让它一下子掉下来。修好后再拖、顶装上去时也得这样小心。据当年的播音记录,这样取上取下不少于10次。宣传科一些干事都不相信是我们俩干的。如今回想起来,在高高的电线杆上把那么重的东西拆下又装上,还真是有点后怕。但回忆年轻时的"壮举",倒也颇有些自豪之感。

再说《工地快报》。那是一张八开的油印小报,正反面都有内容，每周出两期，每期印刷字数约6 000字，头条多是指挥部要闻、首长指示与短评。来稿相当多，我们自己写的也不少。每篇字数两三百，最长的也就五百来字。编好，算准字数，在划样纸上划好样，由打字员用一种蓝色蜡纸打出来。若校对时发现错字，划根火柴，吹灭，用火柴头余热在打错的地方烘一烘，再补打，然后用手摇印刷机印出。《工地快报》一出，广播站率先播出。各部队都比赛谁发稿多，因此不愁稿源。

施工部队撤离时，本文作者（右）和胡本贵在新建机场跑道上留影

以前，我只出过黑板报，没搞过像《工地快报》这样要排版、要划样、且要用心编辑校对的油印小报，陈干事一直手把手地教我，我从他那儿学到许多新知识，写作能力也有了不小的提高。一个半月后，陈干事另有工作安排，《工地快报》的组稿、编辑任务便移交给了我，但我仍然常到广播站编稿、播音，直到1964年4月底虹桥机场成功通航，第48期《工地快报》出版后，我随大部队撤离虹桥。

由于在虹桥搞广播、办快报，下连队，上工地，频频接触施工部队，我对指战员们的酸甜苦辣、工程的困难与进展、部队的昂扬斗志，应当说了解得比较多。也由于有了搞广播、办快报的经历，算是接触了新闻业务，很自然地改变了我的人生，从此，我逐步走上了写报道、做编辑、当记者的道路。

天气寒冷,不少战士脚生冻疮仍在坚持

部队进场后指挥部立即投入紧张的准备工作中。进行政治动员、安排部队生活膳宿,组织搭建总面积达40 216平方米的各种临时生活、生产库棚346座,埋电杆、拉电线25公里,埋自来水管20公里,先期卸料39 317吨等,为正式开工创造了有利条件。

施工部队没营房可住,吃、住、学习都在临时工棚或跑道两边搭起的帐篷里。开工之际正是上海严冬到来之时,空旷的机场上特别冷。近些年来,地球变暖,上海多年出现暖冬,沪上人家,特别是年轻人对五六十年前上海冬季的冷是没有印象的。还好,和我并肩战斗的胡本贵入伍前在上海气象局工作,复员后又回气象局,他首先尝试用计算机处理气象资料,后来竟成了业内小有名气的气象专家,《解放日报》还专门报道过他自学成才的故事。为此,我特地请他翻查当年徐家汇气象站的气象资料:开始施工的1963年12月,最低气温在零度以下有8天,其中连续4天在零度以下,26日达零下5.2度。我这里说的温度都是徐家汇气象站百叶箱里测得的温度,当时在郊外的虹桥机场,自然更冷。

11月30日部队进入施工现场,一看,望不到边,只觉得"老虎吃天,无从下口"。指挥部下达的第一个任务就是先把61条河浜填平,运沙石的火车一来,拉上部队就干起来,先淌水挖污泥,再填石沙。涉水干活,水靴不够,不少指战员不畏寒冷,赤脚干活,整天站在泥水里。一些地方地下水位高,排不净水,战士们硬是用勺子一勺一勺舀,用水桶一担一担挑。据当年的报告:至12月底填好河浜17条,另有19条填了一半,完成总土方量20.37万立方米,工作量超当月计划的16%。1964年元旦没休息,继续填河。1月上海最低气温在零度以下有8天,最低的1月20日是零下2.6度,不少战士

虹桥机场施工地区地势低洼，地下水位高，任务艰巨

脚上生了冻疮，破了甚至溃烂了，还在坚持！

1月上旬，填河任务完成，施工矛头指向旧跑道。首先是炸！为拆除2 000米长的旧跑道，还有说不清多大面积的旧滑行道，不知打了多少炮眼，用了多少炸药，放了多少炮。广播站所在的塔台被震得发抖，窗玻璃直响。为了赶时间，施工时经常夜里也不停。那些日子广播就暂停了，因为爆破声压倒了广播喇叭声。

大规模的爆破过后，得把大片成堆的水泥渣块清理干净，运到指定地方。这时工地可热闹了，风镐、十字镐、洋锹、锄头铁搭一起上。那时候怎么也没有想到，今天是用伸着长臂、长着巨牙、可以360度转动的挖掘机来干这活的。

水泥渣块清理，用上了大箩筐，肩挑人扛，很多战士的棉衣都磨破了，棉花露了出来。还有1 800辆翻斗小车来来回回跑。劳动竞赛开始了，工地广播也活跃了。演唱组的快板响了起来："装得多，跑得快，谁英雄，谁好汉，施工战斗中比比看！"

3 200米跑道全靠手工"豆腐"拼接而成

水泥渣块清理干净了,得再往下挖三四十厘米,为新跑道打好地基。然后,就开始修筑新跑道了。旧跑道水泥中没有钢筋,新跑道是要用钢筋的。地方上的电焊工人手不够,某团通信连十几个战士到工厂去学电焊,他们废寝忘食,勤学苦练,只用了16天就把一般学徒需要学习半年的主要技术学了回来。跑道中的每一根钢筋都不准有锈,得一根一根检查。有一个阶段,工地每天需要3 000个钢筋支架,而加工厂每天只能造2 000个,这样一来,浇灌混凝土工程就要停工待料。一位叫杜桂生的战士开动脑筋,创造出一种"之口扳手",支架从一天造2 000个提高到一天造5 000个,大大加快了施工进度。扎好焊接,20个人一起上肩,一阵号子抬到预定位置放进

虹桥机场领导和专家视察战士们进行混凝土作业

地基,早已排队等候的翻斗小车就赶快将搅拌好的混凝土倒入。那时,也根本没有我们现在经常看到的搅拌混凝土的大型"橄榄车":车一边开一边搅拌,到了目的地就能用高压泵把混凝土自动喷出来。可以说,当年指战员们是赤手空拳上战场的。几十台老式混凝土搅拌机就算是虹桥工地上最重要的机器了。战士们把一辆接一辆小车推上加料平台,将石沙水泥往搅拌机的肚子里倒。搅拌机出口下面又是一长溜翻斗小车,一接满搅拌机里吐出的混凝土就赶紧推着跑,跑到目的地一甩手,混凝土就倾进了"等米下锅"的跑道地基里。为此,不仅战士们的棉军装上总是沾满水泥,还溅出了许多大花脸!

我不知道如今飞机场筑跑道是怎么把混凝土抹得溜光的,只知道57年前修建虹桥机场跑道时的做法:那时,筑跑道就像"做豆腐",先把要浇铸的跑道地基分割成一个个长与宽均为3米的正

抹水泥、"擦皮鞋"、"做豆腐"手工建造飞机跑道

方形空间，用木板围上并固定好，然后，一辆接一辆的翻斗小车便把混凝土倒进这个设定的空间。接着，负责做"豆腐"的战士就用手工工具把倒入的混凝土在钢筋间扒开、推平，用手持震荡器震实。当然，这是有地方工程技术人员在现场把关指导的。有几个关键：一是翻斗车必须一辆接一辆倒得快，间隔时间长了就可能影响跑道地坪的质量；二是混凝土倒入后要尽快震实、抹平，不能这里凹那里凸。基本抹平后，还要再抹一层水泥把表面搞得平整光滑。

单是在3 200米长、60米宽的主跑道上，这样的"豆腐"就要打21 000多块！而且对这用两万多块"豆腐"拼接而成的跑道，有很高的平坦度要求：高低公差不超过2毫米。否则，飞机起降时可能会"跳"。抹平这一块一块的"豆腐"并保证其平坦度全靠手工。要知道这么大的"豆腐"，用很小的抹刀去抹，肯定会留下难看的刀痕。怎么办？土办法来了：用一根三四米长、三十厘米宽的橡皮带，贴在"豆腐"上，两边的人用力拉着绷紧，像擦皮鞋一样来回摩擦，边拉边擦边移动，果然，一块块"豆腐"光滑了。

干这活最怕下雨，雨点打在刚溜光的地坪上，会出现一个个小疤，用工程术语说，叫"蜂窝麻面"。偏偏1964年的1、2月降水频繁，1月有15个降雨日，其中22日是大雨，雨量达27.7毫米，2月份降雨日数又达13天。而这段时间正是浇铸跑道最紧张的时候。雨中如何施工？还是土办法：像农村盖草房一样，用毛竹茅草做成许多能覆盖"豆腐"的"草房屋顶"，盖在一块块"豆腐"上，人就钻在"屋顶"里施工。等这块"豆腐"结实了，又把"草房屋顶"抬到另一块"豆腐"上。被雨淋湿的"屋顶"分量很重，总要二十来人喊着号子一齐行动才能扛起来。打好了的"豆腐"要盖上草帘保养，太阳出来，还得防晒，不时浇水。

因雨雪误工,请战书雪片一样飞来

进入2月,天更冷了,零度或气温低于零度的有17天,其中降雪6天。2月2日气温为零下4.4度,空旷的机场上寒风凛冽,温度更低。17日起,连续降雪4天,连续积雪8天,其中2月19日积雪深度达14厘米,严重影响施工。指挥部一算,施工总时间已花费了三分之二,而工程总任务才完成不到50%,按"五一"通航计算,竟缺14万个劳动日,这是万名指战员半个月的工作量啊!为了保证如期通航,3月1日,工地党委副书记、80师副政委方敏代表指挥部,通过工地广播站下达"大战3月、苦战3月、恶战3月"的"政治动员令"。指战员们群情激昂,提出"风霜雨雪不在话下""抢好天,寸步不让;争分秒,死拼硬打"等战斗口号。决心书、保证书、请战

推小车、抬钢筋、筑地坪,远处可见部队宿营的帐篷

书雪片一样飞来，那士气、那劲头，个个像小老虎一样，嗷嗷叫！

在鏖战3月的日子里，从师团领导干部到勤杂人员，从机关到连队到炊事班，无一闲人，整个工地都在争分夺秒地战斗，吃在工地，住在工地。担任卸料的指战员每天工作在十五六个小时以上。当时最艰巨的任务是动员战士休息。有的战士生了病不报告，发觉了也劝不住。脚伤了的同志要求到工地装料，手坏了的同志要求到工地去做调度工作。总之，谁也不肯闲着。

鏖战3月，首先要干的是清除施工场地的积雪。铲雪车当然是没有的，赤手空拳的战士就滚雪球，那雪球越滚越大，直径高过一人。无数个雪球被推下跑道，施工又继续了。但难题又来了：零下4～5度的气温，混凝土不好搅拌，就烧出一桶桶热水拌；刚打好的地坪怕冻，盖上一层层草帘保温；钢筋加工厂电焊机因冰冻而发生故障影响作业，战士们就脱下棉衣盖在机器上，穿着单衣在严寒中坚持作业。大雪后的3月，第一周全场平均日产量只有600多立方米，台班产量也只有20多立方米。但第二周全场平均日产量即上升到1 500多立方米，平均台班产量也上升到40多立方米。第三周一开始，全场日产量即接近2 000立方米。3月份战士们利用好天气，施工昼夜不停，夜幕中，百万平方米工地上，灯火通明，人声鼎沸，激荡人心。指战员们连续苦战31天，钢筋加工提前一周完成任务，碎石基础完成月计划的240%，比1月份与2月份总和的2倍还多，混凝土工程完成月计划的137%，共浇筑混凝土53 099立方米，接近1月份与2月份的总和。其中3月26日那天，全场投入搅拌机41台，日产混凝土7 667立方米，平均台班产量达187立方米，创造了最高纪录。3月是施工进度达到高峰的月份，施工队伍硬是夺回了被恶劣天气耽误了的14万个劳动日。

就这样，一块一块的"豆腐"不断连接，最后就形成3 200米长的跑道。水平公差达到了技术要求，没有超过2毫米。

虹桥机场施工部队鏖战3月，80师党委曾以《十四万个劳动日是哪里来的》为题，向南京军区呈交报告，获军区领导机关表彰，之后《人民日报》又以整版发表，施工部队的光辉事迹受到军内外广泛赞扬。

数千名陆军战士跟着第一架着陆飞机奔跑

1964年4月20日，场道工程全面竣工，比原定计划提前一个月。经过对大小100多个单项工程逐项检查，技术检查组认为："虹桥机场第一期工程已基本完成，施工速度快，工程质量好，可以交付使用，能够如期实现中巴通航。"至4月25日，17项通航急需工程都已按期完成。

在这里，特别要说的是，为了确保4月26日巴基斯坦飞机到虹桥国际机场试飞顺利成功，有关方面决定，4月13日起先由我们自己的飞机在虹桥机场新建的跑道上起降几次，以检验新机场的跑道质量和电信、导航、指挥能力等。

这个消息很快就在万名指战员中传开了。经过四个多月的艰苦奋战，飞机终于要在自己亲手修建的虹桥机场起降了，指战员们的激动，难于言表！要知道参加虹桥机场扩建施工的万名官兵，绝大部分来自农村，除了师首长，他们只看到过在天上飞的飞机，从没有看到过停在地上的飞机，更没有见过飞机在跑道上着陆的情景。如今有机会亲眼看一看天上的飞机是怎么落到地面上来的，大家都兴奋极了。

指挥部首长充分理解指战员们经过几个月的艰苦奋斗希望亲眼看到丰收硕果的心情，特地对4月13日那天的工作做了部署：安排各个部队在跑道两边平整土地，让指战员们在跑道两边观看飞机着陆。为了防止发生事故，指挥部下令在跑道的两旁每隔100米设置一名岗哨，阻止任何人进入跑道。

说实话，这一天战士们干活有点心不在焉，眼睛不住地看着天上，焦急地等待着那架飞机的出现。下午1点35分，随着一片"来了，来了"的喊声，远远的天空上，从东南方云层里钻出一架银色双引擎"伊尔"飞机，隆隆而来，高度不断下降，向虹桥机场新跑道飞来。越来越近，看清了，上海民航局一架编号为103的客机将要着陆，飞机越飞越近越低，在跑道的一端下降、下降，终于，轮子着地了，跑道两边的指战员们一下子欢呼起来。

这时忽然出现了一个意想不到的情况：一位按捺不住激动心情的战士忽地冲上了跑道，跟在飞机后面飞跑起来！警卫哨兵对这一突发情况尚未反应过来，从跑道两边一下子涌上来一大批战士，都跟着飞机跑起来，警卫哨兵拦不住了，而且他们自己也想看飞机，也就跟着飞机跑去。在现场的我，看到一名连长吹着哨子喊"回来，回来！"但是奔上跑道的战士却越来越多，从跑道的两边汇成了一大股人流，吹哨子的连长把哨子放回了口袋，自己也跟着跑起来，他也没有看到过在地上的飞机。就这样，数千名陆军战士跟着飞机奔跑了一千多米。现在我想，如果当时在高空有一架摄影机，把飞机和跟着飞机奔跑的人流拍摄下来，将是多么壮观的场面！

飞机终于停下了，立刻被战士们团团围住。我也挤进看飞机的人群，听到有的战士在讨论，这飞机翅膀到底是用什么做的？是帆布呢，还是铁皮？有的流连在机翼下面，有的去摸飞机轮胎，有的流着眼泪，有的笑得合不拢嘴。本来这架飞机是要起飞降落好几次的，但是螺旋桨下也挤满了看飞机的战士，没法再起飞了。这情况很快就被指挥部知道了。一批干部赶来，驱赶围在飞机周边的战士，可是这批赶走了，后面一批又来了。连工地指挥部的一些干部，也过来看飞机了。最后，指挥部不得不下令吹紧急集合号，要各团把自己的部队带出来、带回去。我听到一位干部大声批评围看飞机的战士,说:"怎么这么不守纪律?"一个操着苏北口音的战士不好意思地笑着说:"难得的,难得的!"

这样,飞机着陆以后停留了两个多小时才重新飞上天空。

这天晚上,各个部队都开会了,传达了指挥部首长对白天发生之事的严厉批评。但是批评着批评着,领导们自己也笑了。一些围看飞机的指战员也作了检查,可是他们自我批评的时候,脸上却洋溢着笑容。上级本来说要严肃处理,但一个也没处理。用现在的话来说:理解万岁!

从此,上海有了国际机场

此后,在跑道两边平整土地的战士们都保持了严格的纪律。

上海民航局的飞机则连着试飞。4月23日下雨,试飞夜航。3 000多米跑道上的照明灯像两串长珍珠,从南到北,映在夜雨中的跑道上,闪着红的、黄的、蓝的光彩,真像一座通天长桥!

4月26日,巴基斯坦的飞机要来试飞了。那是一架当时堪称最现代化的大型客机波音720。战士们心中自然又一次有了看飞机的

1964年4月28日,《解放日报》报道中巴航线开通

冲动。指挥部吸取了13日的教训,下令所有指战员26日全天不准出来,都老老实实待在帐篷里学"老三篇",帐篷的门不准拉开,帐篷上有小窗口,帘子也得放下来。吃喝拉撒全在帐篷里,饭由炊事员送。这天,凡是因工作需要获准在试飞现场活动的军人都必须穿便装。

帐篷里指战员的心情是很复杂的,特别是当波音720飞机掠过头顶的时候,那尖啸之声就像炸雷一样。战士们多想出去看一看从外国飞来的现代化大飞机呀!但是这天战士们没有一个违反纪律的。第二天,各大媒体记录了这个历史时刻:"新辟的中国—巴基斯坦航线,昨天试航成功。一架来自巴基斯坦达卡的大型客机,下午四时二十一分在新扩建的上海虹桥国际机场安全着陆。试航证明,整个航线上的通讯导航设备和这个机场的各项工程设备,完全符合通航要求。"从此,上海有了国际机场!

1964年4月29日,在虹桥机场举行中巴通航仪式

作为指挥部现场工作人员，我有幸在跑道边观看波音720着落的情景，觉得那飞机特别大，特别帅气，真叫现代化！

1964年4月29日，中国和巴基斯坦航线正式开通。

半个多世纪过去了，但我仍经常回忆修建虹桥机场的日日夜夜，回想发生在当年的许多故事，回想第一架飞机在新跑道上着陆那激动人心的场景，怀念着那批奔跑着、呼喊着追赶飞机的战友们。现在我终于明白了，他们追赶的，其实是现代化。

浦东国际机场展翅欲飞

金义铠

东海之滨,浦东新区东侧,一只巨大的"海鸥"振翅欲飞,气势恢宏,令人惊叹。

这是一流的跨世纪航空港——上海浦东国际机场。"巨鸥"是她的主体建筑——航站楼。

上海民航从龙华起步

清朝末年,在龙华镇东南的黄浦江西岸,当时松沪护军使署设有一个大操场。民国十一年(1922),为了开辟航空运输事业,在那个大操场原址辟建了一个小型的飞机场,规模很小,一共只有8架飞机。据载,当时由上海飞往北京的航班,一次只能运送17位旅客。

1929年6月,龙华机场由民国政府的中央航空署接管,成立中美合资中国航空公司。1931年,又设中德合资欧亚航空公司。1934年,机场扩容至1 200亩,并改为水陆两用民航机场,设有上海—汉口、上海—北平、上海—广州、上海—兰州、上海—满洲里等航线。上海沦陷期间,所有航线全部停止营运。1943—1944年,日本侵略军强行圈占龙华镇百步桥南李家宅、汤家宅、薛家滩等村庄6 000余亩民田,增辟跑道,将龙华机场改为军用机场。抗战胜利后,中国航

状如海鸥的航站楼主楼

空公司、中央航空公司皆以此为基地，恢复航线，修建机库、导航塔，铺设钢板跑道。日军强圈而未及用作建设的土地，仍由村民耕种。1947年7月查勘，机场面积3 760亩。

1952年8月，中国民航上海航空站成立，龙华机场修复了主跑道，开辟了上海—武汉—宜昌—重庆航线。后来，又增辟了到北京、广州、兰州三条国内干线，航程7 066公里，运输周转量62.7万吨公里。由于机场靠近市区，不利于城市建设和机场的发展，至60年代初，航空港由虹桥机场取代，龙华机场改为飞机试飞站，并设民航一〇二厂。

虹桥机场几经扩容仍不堪重负

位于上海西郊的虹桥机场，实际上还比龙华机场大一岁。它建于1921年，是一个占地267亩的小型军用机场，系北洋政府航空事务处开办的京沪航空线路段上海航空站。至1947年7月，机场面积增加到2 500亩。

新中国成立以后，虹桥机场几经扩建，面貌今非昔比。1950年5月第一次扩建，仍为军用机场，有铁路直通沪杭铁路徐家汇站。1963年7月，被定为国际机场，取代龙华机场成为上海唯一的航空港。这年年底机场再次扩建，占地面积增至6 500亩；改建了一条长3 200余米、宽57.6米、标准厚度为38厘米的混凝土跑道，能承受世界上最大的民航喷气客机起降；新建一幢面积为1.1万平方米、高峰小时可吞吐国际旅客250人的候机楼，首辟上海至卡拉奇国际航线。

1972年，虹桥机场由军民合用改为民航专用。1983年，机场更新设施，配备先进的导航台、着陆雷达等盲降设备，以及能直接观察空中飞机的高度、方位、机型和载油量的二次雷达。虹桥机场至东京、大阪、纽约、旧金山等地的7条国际航线，至北京、天津、西安、广州、乌鲁木齐等大小城市的32条国内航线陆续开辟。1989年至1991年，虹桥机场建成新国际候机楼，可满足年700万人次客流量的需要。

上海经济的高速发展，带动了航空运输的急剧增长，1990年以来，民航客货运输量以每年平均25%的速度递增。虹桥机场虽几经扩建，仍处于超负荷运行状态。有关部门对上海航空港的发展布局进行长远规划，计划建设一个与上海、华东地区和长江流域乃至亚太地区民用航空运输发展相适应的现代化国际机场。

新机场地理位置优越

上海新机场究竟建在什么地方最为合适？从空域情况来看，在上海地区寻找第二个机场场址颇有难度。因为不论选址何地，空域均需调整。从上海地区社会和经济发展布局来看,西部已有虹桥机场,若两个机场均处于城市一侧,在布局上有失偏颇;北部是重工业、港口区,也是高校、科研机构比较集中的地区,从净空标准和环境保护角度看不适合建机场;南面已接近杭州湾,远离市区,公共设施量少,交通组织不便,也不是建机场的理想之地。因此,人们的目光便很自然地投向浦东。

一系列的实地考察和方案论证,为浦东国际机场选择了一个好地址——浦东新区江镇乡、施湾乡和祝桥乡交界处32平方公里的濒海地带。整个场区南北长8公里,东西宽4公里。从地理位置看,由于位于远郊滩地,地势平坦,净空、电磁、气象和空域条件均十分理想;从城市规划、环境影响和土地征用方面看,也有良好的条件,工程地基无大问题;从交通组织看,由于依托浦东新区的开发建设,通过迎宾大道、远东大道和龙东大道分别与内、外环线相连,距市中心30公里,与虹桥机场相距40公里,地铁2号线和高速客运轮也将直接通到浦东机场,交通十分便捷。由于浦东机场地处远东中心,飞机从浦东机场起飞,可以不加油直达世界各主要城市,而且飞往亚洲主要城市北京、新加坡、马尼拉、曼谷、东京、卡拉奇、加德满都和台北等都在2—5小时航程内。

1995年6月,浦东国际机场建设指挥部正式成立,工程开始设计。

法国设计师充满激情的得意之笔

浦东机场筹建伊始,就站在高起点、高标准的基础上进行规划设计。

1995年11月,机场建设指挥部开展"浦东国际机场一期工程航站区方案国际征集"活动,邀请国际上最有实力的规划设计公司(事务所）参加方案设计。两个月后，收到国外25家著名建筑、机场设计单位的参赛方案。1996年3月，机场建设指挥部邀请国内外11位著名的建筑师、机场设计专家组成国际评审委员会，经过慎重评议和无记名投票，推荐了其中3种拔尖方案。最终，优中选优，法国巴黎机场公司和索德尚公司的73号方案被选中。

主持最佳方案设计的，是法国机场公司总建筑师安德鲁先生。他是一位曾经设计过法国戴高乐机场等十多项世界著名建筑的设计大师。他以富于想象的独特构思，挥动神来之笔，勾勒了一幅"海鸥展翅"的绝妙画图，技盖群雄，一举中鹄。其设计风格充分体现了21世纪人、建筑、环境和谐共存的主题：大面积的绿地和一泓17万平方米的环境水池，衬托起灵巧、透亮的航站楼，恰如巨大的海鸥，在长江与东海的交界处展翅翱翔，象征着上海的发展与腾飞。

航空港设施体现世界最新潮流

浦东国际机场自1997年开工以后，进展神速。

机场航站楼采用大跨度钢结构屋架，以4个大小、高低不同的弧形屋面覆盖4个功能不同的空间。总面积达27.8万平方米，由主楼和登机长廊两大部分组成，均为3层结构，通过连廊连接。主楼长402米，宽128米，上层为出发大厅，底层为到达大厅，中层为到达通道。登机长廊长1 374米，宽37米，上层为候机大厅，中层设有贵宾室和到达通道，底层有其他相关设施。主楼和登机长廊的南半部为国际航线使用，北半部为国内航线使用。

旅客要去浦东国际机场乘飞机，可以自行驱车前往，也可搭乘市区的空港巴士班车快速直达机场。从市中心出发只需40多分钟即可到达。进入浦东机场场区，登上迎宾大道，可见环形高架道路下是一片蓝色的水面，前方就是振翅欲飞的巨大海鸥状航站楼，令人心旷神怡。到达航站楼汽车站，一下车即可进入出发大厅，那深蓝色的弧线波形吊顶、乳白色圆柱形钢管和大斜面半反射的玻璃幕墙，让旅客们置身于一个通透明亮的现代风格的大空间内。出发大厅共设8个办票岛，国际国内各4个，国际每个岛有20个办票台，国内每个岛有28个办票台。当旅客办好登机手续后，可以向前进入6万平方米面积的餐饮、购物的商务区，也可以通过廊道乘自动扶梯下达中层的休闲区，酒吧、俱乐部、计时旅馆，任凭光顾。主楼与长廊之间布置有苍翠欲滴的绿化带，旅客亦可于旅途间歇在此欣赏优美的景致。临近登机时，旅客只需对照自己准备搭乘的航班，通过登机长廊的自动步道，进入所指定的28座登机桥中的一座，即可直接上飞机。

假如旅客乘飞机到达浦东机场，下飞机通过登机桥后，可转乘自动斜梯来到底层到达大厅。这里设有13个行李提取转盘，其中国际7个，国内6个，提取行李后在大门外即可上车。航站楼正前方设有一个3层的停车库，可停车3 460辆，如此超大型停车库在国内尚属首家。

整个航站楼采取无障碍设计，出港和到港截然分开，各行其道，互不干扰，旅客流程简洁明快，换层少，无迂回，充分体现了现代化航站楼的便捷和高效率。浦东机场航站楼是虹桥机场航站楼面积的3倍多，能同时为36架飞机提供靠桥服务，能满足年12.6万起降架次、年旅客流量2 000万人次的需求。

航站楼特大型钢屋盖创中国之最

法国设计大师采用世界最新潮流的大变形体系设计航站楼，这种结构却给施工带来了大难题。整个航站楼的钢屋盖面积约16万平方米，钢结构总重量3万余吨。其中，5.6万平方米海鸥造型的主楼钢结构屋盖，最大翼展达140米，纵向长度400米，最大安装高度40米，钢结构总重量1万余吨，是上海八万人体育场钢屋盖面积的1.5倍、重量的2倍，而工期仅为它的一半。如此大的规模以及制作和安装的难度，在我国钢结构工程施工中从未有过。

特大型钢结构屋盖安装，要求在已经建好的高20米、面积相当于6个足球场的2层混凝土框架结构上进行，采用什么方案来吊装？上海市机械施工公司总工程师吴欣之，早在设计图纸初次亮相时就同设计单位作过研讨。对方的意见是，按照国际同类机场建设中钢结构安装的做法，运用数台上千吨级以上的巨型吊车付诸实施。可是，国内当时最大的履带吊车只有300吨，怎么办呢？吴欣之带领技术人员解放思想闯新路，依靠科技攻难关，进行了反复的技术创新和改造，先后对大家提出的7套方案进行比较、分析、论证，组织上千次的实证和模拟试验，成功地开发了我国在大规模钢结构施工现场进行"工厂化拼装，流水式作业，计算机控制"的全新工艺和技术。根据这个方案，将大量高空作业改为地面施工，降低了难度，加快了进度。最重要的是，采用"地面节间拼装、楼面空间组合、区段整体位移"，并以计算机同步控制和机、电、液一体化的施工手段，形成几十道工序立体交叉施工、两条流水式装配线齐头并进的格局，达到安全、质量、工期、效率四统一，结果出色地完成了安装任务，并创造了月安装6 700吨钢结构的高速度和降低施工费用1 000多万元的骄人成绩。

世界五百强专机在新机场降落

浦东国际机场的兴建，自始至终得到中央和各方面的热情关怀和大力支持。

1997年10月15日，江泽民总书记等中央领导同志专程前来上海,为浦东国际机场全面开工奠基,工程建设很快进入了高潮。

上海市党政领导时刻关注着浦东机场建设的进展,多次亲临现场视察和指导。1998年5月初,徐匡迪市长、韩正副市长等领导又一次莅临浦东机场工地视察。徐市长听说施工人员采用了科学的钢结构吊装手段,十分仔细地察看了施工现场,并且来到设在附近集装箱里的计算机中央控制室。他饶有兴趣地问现场的青年工程师沈培坚:"控制程序是不是你们自行编制的?""是的,全部是自己编制的。""屋架整体横移时控制系统如何检测位移量?采用什么传感器?""我们用的是旋转编码器。""计算机采样的速度是多少?""毫秒级。""传感器每毫米采样多少脉冲?""40个。"徐市长快速心算后,肯定地说:"系统的控制精度是2.5毫米。"徐市长回到市政府后高兴地说:看了浦东机场建设工地,深受鼓舞,非常振奋。

1998年6月,中共上海市委书记黄菊专程到浦东国际机场进行了调研。他高度评价说,浦东机场设计一流已经体现了,施工一流也做到了,还要在管理上达到一流。

1999年6月20日,民航有关部门在浦东国际机场成功地进行了试航前的首次校验飞行。9月,前来上海参加'99《财富》全球论坛的世界著名企业"巨头"乘坐的数百架公务专机,在浦东国际机场第一条4 000米的跑道上降落。当举行建国50周年庆典之际,机场将开通部分正式航班。我们满怀信心地展望明天,浦东国际机场的建成将使上海在现代化建设的道路上跑得更快。

恢宏瑰丽的新大门
——上海新火车站诞生记

陶 遂　何寿山

蓝图在成为现实。1987年，我国第一座现代化火车站在上海拔地而起。如果那时你坐车经过天目西路，就会看到新车站和配套设施的建筑群在紧张施工。这里将成为上海通向全国的陆上交通中心。

新车站预定1987年12月20日正式启用，从那时起，从陆上进出上海的70%的旅客将通过这座恢宏的大门。

上海新客站俯瞰

老北站退居二线

到1987年，北站就将退居二线，成为客技站，专为列车抢修与后勤服务。北站建于1908年，已进入80岁。它毕竟老了，多年来一直在超龄与超负荷服务，一昼夜到发29对列车，接送旅客5万人。到新站启用时，众多的旅客对搭车难的抱怨可望缓解，新站一昼夜可到发82对列车，接送旅客为现在的一倍半，达到12万人。

上海新火车站座落在东站原址，旧称麦根路货站，货站早些年已迁建到3公里外的彭浦去了。如果从外滩或淮海中路去新站，坐出租车约20分钟。待到新站启用时，九条新公交线路将以此为起点驶向市区各处。顺便提一下，未来的地铁也以新站为起点，深入地下14米的第一座地铁车站1987年将要完工。计划中的这条地铁经过汉中路、人民广场、淮海中路、衡山路到新龙华，全长13.5公里。

新站的内部装修

我们参观了已经在进行内部装修的新车站，这座宏伟的整体建筑由客运大楼、七座站台、东西行李房、15条并行的铁道和南北两个广场组成。

客运大楼南北均有出入口，这是为结合上海城市改造而设计的，发展中的彭浦工业区、宝钢等北郊市区旅客约占旅客总量的20%，可以不穿过铁路线而入站。南广场有人民广场那么大，北广场也比现在北站广场大三倍。

一进客运大楼，迎面就是宽阔的人行楼梯和7座斜坡式的自动电梯。旅客出入通道的整体设计是一个立体系统，进站后上楼候车，候车室造在铁路线与站台上空，占天不占地，又可替代三分之一站台的雨篷。火车行驶在地面上，下车的旅客则从5条地道出站，不必经过大厅。到北站坐火车的旅客都有个经验，车水马龙，穿越马路进站真是困难，这一点新站也改进了，将建造人行立交桥。

火车在候车室下隆隆行驶，旅客还坐得住吗？这是我们有疑问的。正在此时，有几列客车通过，室内的感觉一是声音轻微，二是无震动之感。原来候车室是全空调封闭型的，隔了音；而使用的建筑材料与构造又考虑了防震效果。

当然同时考虑到让病残老弱去适应高架候车，上下楼梯会发生困难，客运大楼配备了11部垂直电梯专为这些旅客服务。

上海新火车站的候车厅室一共有16个，总面积比现在的北站大两倍多，1万名旅客可同时候车。这可能是世界上规模最大的候车设置了。在海外，旅客进站上车的时间算得十分紧凑，候车场所不需要过大；我国旅客有以充裕时间候车的习惯，所以新火车站的构筑满足了这方面的需要。国外专家来工地参观上海新火车站时，对为旅客需要服务的这种设计思想颇多赞赏。

新车站是一座瑰丽的建筑，客运大楼外部用釉面砖，里面用各种色彩的大理石装饰。许多装修材料是远从两广、苏浙、晋、鲁、闽等省运来的。宝钢也发挥了作用，新站的屋顶是钢结构，用材1558吨，全部是由它供应的。

立交桥犹如巨型竖琴

如果要谈起新火车站的现代化程度来，那就不得不介绍科技装置了。在客运管理方面，有出发与到达列车时刻、候车地点及上车月台的计算机控制瓷牌显示系统，有进行客流分析的微机群控检票、收票系统，有能提供放音、变换和具有监测、显示手段的微机控制自动广播系统，有了解站内旅客密集程度和动态的应用电视中心监控设备。

为旅客服务的电脑装置还有不少,如电子售票机,最佳公交线路及票价屏幕显示查询装置等。

交通中转是旅客所关心的事,上海新站将建立一所上海售票中心。在这里,旅客可望在海陆空旅行上得到及时的帮助与便利。

当我们参观客运大厅时,发现站台的长度异乎寻常,据告7座站台各长500米,是全国最长的站台,每列客车可挂车20节。现在客车一般挂17节,多挂3节后,可增大客运量近20%。由于上海站台加长,沿线大站如无锡等站也要兴工加建了。

新站处在恒丰路、大统路等干道上,15条并行的路线阻挡了南北干道,有碍动脉流通,怎么办?为解决这一问题,又产生了上海市政建设上的一项新工程——恒丰路东行立交桥。

从恒丰路到沪太路,全桥长630米。这座横跨15条铁路的立交桥,只有一个中心桥墩,其形制叫竖琴形钢纹索独塔斜拉桥,只有中间一个桥墩。钢管桩打到86米深,创上海打桩深度纪录,桥墩上的塔形柱高出桥面49.97米,两侧各拉出15对钢索,把桥身紧紧抓住。全桥承受力在一万吨以上。远远看去,像是一架巨型竖琴,在弹奏《铁道回旋曲》。

工程下马上马历尽艰辛

上海人向往一个新火车站已很久了。据现任顾问、前任华东建筑设计院总建筑师魏志达告知,从1973年2月起,至1984年12月完成初步设计止,上马、下马、再上马,前后经历了12年漫长的岁月。

新车站是1984年9月20日开工的,到1987年底竣工,工期为39个月,比初定51个月的方案缩短了整整一年。十多个单位投入施工,工程要在保证沪宁、沪杭线正常运行的前提下进行,所以需要科学与周到的安排。像切西瓜似的，新站被剖成两半，从地下、地面、高架三个层次按南北两个半场施工。

这是一个独特的施工方案，前19个月，完成5号站台以南部分；中间14个月，完成5号站台以北；最后6个月，把两个半场并合。

回顾新火车站的设计，有个曲折的情节。工程最初由华东建筑设计院、上海民用建筑设计院、江浙两省的建筑设计院及同济大学、南京工学院抽调人员参加设计，第一轮提出了23个方案，经筛选，留下8个方案，主站屋有弧形、矩形、三角形、菱形、马鞍形等多种形式。第二轮评议，选出了5、7、8号三个方案；送市审议、确定以7号方案为基础，吸收其他方案长处，修改出图。

当时正值"四人帮"严重干扰铁路建设的时期，他们胡说什么"宁要社会主义的误点，不要资本主义的正点"，新站建设被迫停顿。直到1980年，新客站工程指挥部重新成立，确定了"高架候车、南北开口"的设计方案，并在1984年6月，由国家计委批准，列入"六五"计划，定为国家一项重点工程。

现在的"高架候车"方案，最初是由魏志达总建筑师提出的，他是40年代毕业于之江大学建筑系的高材生，杭州刘庄宾馆与上海西郊宾馆都是他主持设计的作品。"高架候车"方案当时被刷下了。新站设计再次上马时，这一方案与7号方案又被并提出来，得到各方专家肯定，最后制订出了可行的最佳方案。

现行方案达到了下面几个设计要求：充分考虑北区及宝钢发展趋势；满足近期上马的动迁要求；少占土地，利用空间；客货分流，以利集散；增设空调、电脑等现代化装置；搞好环境布局及配套设施。

新站区将出现现代都市景观

新站一边施工，同时开始部分启用，目前已有几次列车到新站下车。我们在工地参观时，看到旅客出站标志。3 000多人的建筑队伍在赶时间完成最后10个月的工程项目。客运大厅内忙于内部装修，门窗已装置齐全，6个候车大厅的彩色磨石地坪已经大部分完工。大厅及走廊都采用了大面积的茶色玻璃。各种彩色标志在开始装置，设计新颖醒目。

上海的新大门是恢宏与瑰丽的，竣工开放后，与竖琴型的车行立交桥、人行高架天桥，与配套工程中环立的25层高的中亚饭店、长江宾馆和天目宾馆，与川流不息的车水马龙，组合在一起，将形成缤纷繁华的街区，展现现代不夜城的都市景观。

上海"地下大动脉"

包 导

1988年，细心的上海人可能会发现，近几个月中出现在街头的悄然变化：

人民公园东南一角，突然被挖土机、打桩机和各种建筑材料占领了。"游客止步！"这里成了尘土飞扬的建筑工场；

徐家汇地区那座足跨四叉路的大天桥开始搬迁。报纸透露，它将在延安中路、福建路口重新"安家"；

巍峨的华亭宾馆大厦前出现了一条新路，而对面圆顶的体育馆前也有一条同样的路在铺建。原来宽阔的漕溪路将成为工地。

这些点点滴滴互不关联的信息，隐藏着一则振奋人心的新闻：上海的"地下大动脉"——地铁1号线开始"动"起来了。地铁，终于在人们的盼望中，从设计人员的图纸上来到工地，迈出了具有历史意义的第一步。当然，这仅仅是开始，离计划1992年底基本建成还有几年。然而，这一动让人们看到了希望，毕竟是建成有日，指"年"可待了。

在上海市地铁工程公司，我们参观了在透明的有机玻璃罩下，用塑料和灯泡制作的地铁模型，得以窥见未来一号线的全貌。它从上海市区西南的新龙华起始，向北穿过漕宝路，经上海体育馆、徐家汇、衡山路、宝庆路，向东折入淮海中路，经过陕西南路、黄陂路至人民广场,又向北至新闸路,穿过苏州河底,再经汉中路至终点新火车站。整个线路呈不规则的"S"型,全长14.57公里,沿途设12个车站。除了新龙华为地面站外,其余都在地下。

上海人呼唤地铁

"上海需要地铁","上海应该建设地铁!"早在20世纪50年代,上海一批有识之士就为建造地铁奔走呼号,并做了大量工作。确实,上海作为世界上人口最多的大城市之一,作为中国最大的经济中心,已被交通拥堵的烦恼困扰了多年。近年来,随着改革开放、搞活经济政策的深入贯彻,上海又成了国内外客商旅游、经商的一个新热点,其中单是流动人口每天平均就达180多万人。这就使本来就存在的行路难、乘车难、行车也难的矛盾更加突出。据有关部门统计,上海市的5 800多辆公共汽车、电车,1987年每天平均运送乘客1 500多万人次,如果再加上480万辆自行车,18万辆各类机动车,每天在这个城市流动的人员、货物,其数字就更为可观。但另一方面,虽然这些年来市政府在市政建设方面花了大力气,每年要为市民办几件实事;虽然市区面积已从60年代的141平方公里扩大到350平方公里,但平均每人占有的道路只有2.2平方米。这个数字只有北京的三分之一、巴黎的四分之一。现在,市内机动车辆的平均时速只有8公里,闹市地段更低。高峰时刻,车辆前后相接,乘车甚至比步行还慢。

每天,那些好不容易使劲挤上每平方米要站10到13人、"沙丁鱼罐头"般的公共汽车的人;那些眼看车辆走走停停、在长龙中缓缓爬行而担心上班迟到被扣奖金的人,在抱怨、斥责、哀叹之余,常常会情不自禁地想到,要是有地铁就好了。

是的,上海人在呼唤地铁!

地铁的三十年风云

上海人盼地铁，盼了三十年，上海人建地铁，也经历了三十年的风风雨雨。在上海隧道工程公司，我们遇到了工程师王祥贵。谈起地铁，他的眼睛亮了，嗓音也高了，显得十分激动。老人的心情是可以理解的。他开始和上海地铁打交道时，还是风华正茂的年轻人，而今，愿望即将变为现实，自己已是两鬓挂霜了。

他告诉我们，早在1958年8月，上海就成立了地下铁道筹备处。但是，有人认为东海海滨的上海是冲积的软土层地区。地层下有近300米的疏松沉积物，其中大部分是流沙、淤泥。特别是市区，平均海拔仅3.5米，掘地一米见水。上海不仅地质条件差，而且地面建筑密度高，在这种地区建地下铁道，就像在豆腐里打洞，得不偿失。

上海到底能不能建地铁？让事实来做答。60年代初期，筹建处在市政府的支持下，在浦东塘桥地区，也就是上海港务局第七装卸区范围内进行地下的深推进和浅推进两种试验。他们用装有千斤顶的直径4.2米的地下掘进机械，在地层下先后挖出了一条深10米以上、长40米和一条深7米、长60多米的隧道，取得了软土层的第一手资料和对付这种特殊地层的初步经验。事实证明，上海不是不能建造地下隧道，而是要掌握科学的方法。

经过这次实验，大家心里有了底。不久，有关地下铁道的第一个设想提出来了。他们考虑，先建一条线，从上海西南的新龙华通到北火车站，穿越最繁华的闹市区。这正好与今天的地铁一号线吻合，也是一号线的最早构想。1965年4月，当时新成立的隧道公司着手按照这个规划建设地铁的试验工程，先在衡山路，即目前地铁公司所在地挖了一口20多米深的工作井，并准备在衡山公园建造第一个地铁车站。淮海中路上的襄阳公园也开掘了一口深井，这是为将来地铁运行后作隧道通风用的风井。

地铁建设者是那么热衷于自己的事业。当地面上"文化大革命"闹得风风火火时,他们仍在地下紧张施工。然而,地上的这把火终于烧到了地下。1968年,这项工程被造反派勒令停工了。

这一停,整整十一年。一直到1979年,十一届三中全会之后,地铁试验工程终于在沪闵路上的漕溪公园附近起步了。年复一年,建起两条各长560米的地铁试验隧道,并在漕河泾河床下8米深处穿过。承建这个试验段的工程技术人员和工人,边建设,边对建设中遇到的各种技术难题进行研究、探索,初步掌握了盾构开掘和防止巷道渗水、地面沉降等关键技术,进一步取得了在上海地区建设地铁的经验。

又是四年过去了,当1983年上海火车新客站破土兴建时,站前广场下面的地铁车站也在同步施工。这里,将是地铁1号线的近期终点站。1987年底新客站竣工,这座深藏在地底下十几米深处的地铁车站的土建工程同时建成。

这一南一北、一头一尾两项工程的建设,使1号线首尾可见。

到了1988年,1号线的12个车站,除了已经基本建成的新客站广场下的地铁车站和正在建设的漕宝路站外,又有人民广场、徐家汇和上海体育馆三个车站落实了施工单位,并开始进行施工前期的准备工作。

一个灿烂的秋日,我们在火车站广场东侧拾级而下,参观了全市第一座地铁车站。这座车站设计新颖,总长度达400米,其中一半是地下车辆折返段,另一半则分上下两层,上层是乘客聚散厅,下层是站台和候车室。正式使用时,上下两层和地面之间还将安装自动扶梯。这种双层地铁车站设计,在目前是比较先进的。车站有一个出口处,从地面站台的铁道下面横穿而过,直至火车月台。日后,从火车下来的乘客不用出站就能进入地铁车厢,直接从地下进入市中心区。

隧道工程公司第一工程处主任顾正荣陪同我们参观了建设中的漕宝路车站。车站在地下14米深处，现在已初具轮廓。车站两旁，有两条直径各7米多的隧道，已延伸到漕溪公园以南，这就是将来车辆行进的隧道。下一步，隧道将从这里向徐家汇方向推进。

上海地铁展望

地铁1号线的建设给人们带来了喜悦，带来了希望。当然，这仅是开了一个头，1号线全长才14公里多，即使达到每小时6万人次的运送能力，也只能是目前每天客流量的百分之几。按照城市总体规划，上海将建造7条、总长176公里的地下铁道。目前，第二条线路正在进行预可行性研究，初步考虑使它横贯上海市区东西，从沪东的森林公园直到西郊的动物园，第三条将是围绕市区的环行线。

1号线还将是贯通整个上海南北的有轨交通线中的一段。建成后，这条地铁线上的车辆到达南郊的新龙华站后钻出地面，再沿着地面铁路向南奔驰，可以直至杭州湾畔的金山石化城；而到达另一个终点站上海火车站的地铁客车，将继续前进至纪蕴路来到地面上，再沿着高架线路向北，驰向长江南岸的宝山钢铁城。这条由地面、地下组成的全长上百公里的有轨交通线，将大大缩短上海南北两端的通勤时间，把金山和宝山两个大工业基地和市中心区联系起来。

建造地铁，除了有利于极大地缓和市内交通紧张矛盾外，对上海向现代化国际城市发展也具有深远的特殊意义。

根据上海市总体规划，上海将建设成为太平洋西岸最大的经济贸易中心之一，成为一个经济繁荣、科技先进、文化发达、布局合理、交通便捷、信息灵敏和环境整洁的社会主义城市。这是全市人民的美好愿望，也是国家现代化建设的需要。为了达到这个目标，为了逐步解决交通拥堵、住房紧张、环境污染等"城市膨胀病"，上海也将在经济力量和技术水平不断提高的基础上，有效地利用上海的地下空间。而今，一个开发和利用中心城市地下空间的规划正在研究制订。地铁，将是其中的一部分；而围绕着地铁，有可能出现以线、点、面相结合的地下建筑群体，把人们的部分活动引入地下。上海将向立体城市的目标迈进。

当然，从目前的财力、物力和技术水平等具体情况来说，这还只是美好的遐想。但我们相信，经过几代人的努力，一定会变成现实！

明珠线：空中银色长龙

张君龙

长空溢彩，大地流金。

在世纪交替之际，全国第一条城市高架轨道交通线路——上海轨道交通明珠线（一期），也就是今天的地铁3号线似一条银色的长龙，穿行于申城万千广厦间，尤其当暮色降临时，绚烂瑰丽的明珠

上海轨道交通明珠线俯瞰

夜光,将灯火辉煌的上海滩装点得更加迷人。它必将成为上海的又一道亮丽的风景线。

明珠线全长62公里,现设19座车站

为了解决数十年来困扰上海交通的一大难题,即铁路沪杭内环线、淞沪铁路与城市道路几十处平面交叉,严重影响市内交通,上海市政府将高架轨道交通线列为上海市重大工程,并将其命名为明珠线工程(一期),于1997年6月开工。该工程在上海城市轨道交通规划网络中为西半环线:南起漕河泾,北至江湾镇,沿途经徐汇、长宁、普陀、闸北、虹口、宝山6区,长24.97公里,其中高架线路21.45公里,余为全封闭地面线路,该线利用铁路沪杭内环线和淞沪线路18公里。

列车试运行

一期工程沿线设漕河泾站、石龙路站、龙漕路站、漕溪路站、宜山路站、虹桥路站、延安西路站、长宁路站、金沙江路站、曹杨路站、镇坪路站、中潭路站、上海火车站站、宝山路站、东宝兴路站、虹口体育场站、上农新村站、汶水东路站和江湾镇站等19座车站，除漕河泾站、石龙路站和上海火车站站为地面车站外，其余均为高架车站。根据规划，该线还将向南延伸至闵行，向北延伸至宝山，全长约62公里。运营初期，车辆配置168辆，每列编组6节车；每节车在正常情况下可乘坐310位旅客，高峰时允许乘坐410位旅客，那么，每列最多可乘坐2 400人。车辆行驶速度为每小时35公里，最短行车间隔近期为5.5分钟，远期为2分钟。供电方式为架空接触网，线路为无碴无枕无缝线路，双线运行，设计运行初期高峰小时单向断面客流为3.4万人次。

明珠线不是轻轨，而是高架上的"地铁"

常常有不少路人指着明珠线说，这是轻轨；可一些技术人员却否认是轻轨，而称其为"地铁"。为此，笔者专程走访了上海著名的城市轨道交通及车辆专家、中国国际工程咨询公司专家委员会委员王曰凡高级工程师。他热情地解答了我的问题。

他说，按照我国《城市快速交通工程项目建设标准》定义，高峰小时断面最大单向客流量在1至3万人次的轨道交通属于轻轨交通系统，而大于3万人次的，均属于地铁系统。明珠线设计运送能力初期高峰小时单向断面客流为3.4万人次，因此，它与地铁一、二号线应同属于地铁范畴，另外，它选用的车辆技术标准也与地铁一、二号线的车辆相似。王工程师还告诉笔者，地铁与轻轨交通均可在地下，也可在地面，还可在高架上。其实，目前上海属于真正意义上的"轻轨"交通系统的，只有上海莘闵线（即上海地铁一号线莘庄到闵行的延伸段），因为是中运量的快速城市轨道交通，车辆也选用了轻轨系列车型。

明珠线的"高"和"长"为世界之最

明珠线高架段占全线85.9%，它的"高"和"长"均创下了世界轨道交通新纪录。如跨越中山西路的高架桥高达20.4米，长112米；跨越漕溪路的高达17米，长128米；跨越中山北一路的高18米，长55米，因而许多市民对其能否安全行车颇为担忧。1997年12月30日，上海市市长徐匡迪视察明珠线工地时，也向身旁的工程技术人员提出这个问题，他问："列车在高架行走，速度快，弯道急，会不会出轨？"当得到了满意的答复后，他才放心地点了点头。

尽管迄今为止，世界上从未发生过高架轨道交通的脱轨事故，但上海明珠线工程技术人员还是采取了比国外更好的安全措施。王曰凡工程师介绍说，明珠线的高架桥是钢筋混凝土结构，经设计师的准确计算、精心设计，保证高架桥支柱、基础、桥面均有足够的强度，既能承受满载列车的负荷，又能承受高速运行的列车对高架桥的冲击力。因此，乘坐明珠线是很安全的。

明珠线方便旅客，绝不给子孙留后患

明珠线穿越于建筑密度高、人口密度高的上海城区，工程技术人员在设计和施工中，处处体现"以人为本"的指导思想，尽量不给子孙留后患。

如何处理噪声污染这个"世界级"的难题？工程技术人员在全线路基采用了既无石渣、又无枕木的混凝土整体道床，上面铺

工人在安装道旁声屏障

设焊成2 000多米长的超长无缝钢轨,使站与站之间的线路上无接头,这样不仅能消除车轮与钢轨接头的撞击声,又能使轨面在车轮下保持平顺无起伏,列车运行平稳;同时,他们还在钢轨上插加橡胶垫,在钢轨侧面涂油,以减轻轮轨之间的直接挤压和摩擦;此外,在高架桥的两侧竖起1.6米高的银灰色吸声防噪声墙,有的地方还竖起2米多高的声屏障;最后,在列车上也采用了一系列防噪装置。

　　明珠线在与公交、地铁、铁路等其他交通工具换乘时,也很便捷。尽管高架车站有二至四层楼不等的高度,但全线122台自动扶梯和34台垂直电梯可方便乘客上下。明珠线长宁路站原与地铁二号线中山公园站相距400余米,后经反复修改方案,分别将明珠线长宁路站和地铁二号线中山公园站各向南、向西移百余米,使明珠线高架车站与地铁车站处于同一垂直线上，再由两条地道和4台电梯将它们连成一体，方便了旅客换乘。

虹口体育场站是明珠线全线最高的车道，跨地面有24米，车站内有4个层面，共1万多平方米。第四层是长达140余米的站台，站内设有8台自动电梯和2台垂直电梯，极大地方便了前往虹口体育场的球迷们。

杨浦大桥建造始末

朱志豪 口述　庄 赟 整理

朱志豪

1993年4月8日，杨浦大桥主桥钢梁合龙。10月23日，杨浦大桥建成通车。从动工到建成，仅用2年零5个半月。杨浦大桥总长1 172米、宽30.35米，桥下净空48米，共设6车道。602米长的主桥在当时世界同类型叠合梁斜拉桥中雄踞第一，它犹如一道彩虹，跨越黄浦江，连接着浦西老市区与浦东开发开放的新城区。今年（指2013年）我已经83岁，离杨浦大桥的通车已时过20年，但建设世界第一斜拉桥以及大桥通车，仍然是我人生历程中最宝贵的经历。

主动请缨，调整人马再建杨浦大桥

1991年，我因为胃癌手术，正在接受第三次化疗。听到要建杨

横跨浦江两岸的杨浦大桥

浦大桥了,我立即向市领导写了份3 000多字的报告,提出:"南浦大桥已经建成了(注:朱志豪是南浦大桥总指挥),如果是原班人马、原套班子来继续建设杨浦大桥,可能比南浦大桥建造速度更快,成本可以降低,技术可以进一步提高。"报告中提出三条理由:一是我有经验,建设可以少走很多弯路;二是南浦大桥的建设资金中科研费用占了很多,可以直接将南浦大桥的科研成果用于杨浦大桥的建设;三是重新更换的班子,体会不到在经验中找问题的动力。市建委也同意我的想法。为了缩短报告周转时间,我自己直接从第一人民医院来到康平路,通过市委办公厅将报告送到当时的中共上海市委书记朱镕基手中,记得那天是6月1日。8月23日,朱镕基来到施工现场,他表示同意我的想法,继续让我参加杨浦大桥的建设,并把建造大桥的"帅印"交到了我手上。

当时我想,假如建造杨浦大桥,能够按照南浦大桥的施工速度去完成，定会得到领导肯定。为什么呢？因为杨浦大桥跨度是602米，当时是世界第一，这个跨度比南浦大桥要宽多少呢？宽42%，工作量差不多增加了整整一倍。如果我完全按照南浦大桥的建造方式，杨浦大桥的建设工程三年肯定是完不成的。因为工作量增加这么多了，你怎么完成呢？这样就逼着我作新的思考，因为当时南浦大桥主桥是三公司（上海市第三建筑有限公司，简称"三公司"）建造的，所以我就提出来：杨浦大桥的工程能否由两家公司同时建造？一家是在浦西的三公司，一家是在浦东的一公司（上海市第一建筑有限公司，简称"一公司"）。两家公司隔江同时建造，齐头并进，施工进度就可确保无虞了。一公司虽然没有参与过造桥工程，缺少经验，但也有它的长处，他们的思路和三公司有点不一样，三公司有建桥的经验，两家公司各有特点，在建桥过程中可以相互学习、相互补充。果然，在施工过程中，两家公司隔江相望，大家都看得见，你今天上去多少了，我今天上去多少了，这在无形中展开了竞赛，提高了建设速度。我们看到，两家公司在施工期间，都有人拿着望远镜在观察对方，看看你那里上去多少了，你用什么办法，怎么办？竞争得很厉害。你要叫他下来，他都不肯下来啊！所以尽管工作量增加了42%，但是最后我们比南浦大桥的建设时间还缩短了近半年。

调整工艺，大桥造价节约1 600多万元

当初南浦大桥建造计划为三年，最后提前45天建成。整个大桥工程造价节约了千分之六——500多万元，工程质量一次通过，钢结构上42万个孔洞，只有3个螺栓因孔洞偏小没有通过，需要扩孔，桥塔垂直度为1/12 500（要求为1/3 000）。南浦大桥的建成只是一个起点，假如我们仍然以南浦大桥的建设时间、标准来要求建造杨浦大桥的话，我们就没有真正学到本事，取得进步。当时南浦大桥建

成后，我们喊出一个口号："成绩面前找差距，经验当中找问题。"

在杨浦大桥建设的施工工艺上我们做了调整，只用一年时间就完成了主塔建造，用两年零五个半月的时间完成了杨浦大桥的建造工程，造价最后节约了百分之二——1 670万元，所有116万个孔洞，螺栓通过率100%，垂直度为1/15 000，精确度进一步提高。还有就是大桥的合龙时间，前期工程越精密，大桥的合龙时间就越短。南浦大桥花了2小时45分钟，杨浦大桥只用了1小时30分钟。当时吴邦国书记到我们这儿来开会，他原来打算要去看杨浦大桥合龙的，不料会还没有开完，杨浦大桥合龙已经完成了，没看到。他没想到合龙这么快，这么顺利。

三临浦江，邓小平喜看两座跨江大桥

作为中国改革开放的总设计师，邓小平同志始终关注着上海的建设，关注着浦东的开发，关注着黄浦江上正在建设的大桥。小平同志曾在1991年至1993年三年内先后三次登上跨江大桥视察，而我，每次都参与陪同。

第一次见到小平同志是1991年2月18日，小平同志站在南浦大桥浦西段。当时，老人家非常希望能到浦东去看看，但由于浦东段建设刚刚开始，条件比较差，未能如愿，所以请小平同志到浦西工地上来视察大桥。早春二月的上海，乍暖还寒，冷风袭人，江边开阔处，更是风大浪急，寒风刺骨。小平同志不顾年事已高，兴致勃勃地站在这里观看大桥，并听取指挥部关于南浦大桥建设情况的汇报。这时，我们请小平同志给南浦大桥题字，没想到，小平同志爽快地答应下来。一个多月后，我接到市委办公厅电话，说是小平同志给南浦大桥的题字已经写好了，叫我们赶紧去取。

第二次见到小平同志是在1992年2月7日，那时南浦大桥已经建成。那天,汽车开上了主桥,小平同志从汽车里出来,走到了南浦大桥桥面上。我向小平同志汇报说:"您给我们南浦大桥的题字,我们已经挂在桥上了,每个字有14平方米大呢!您现在站的桥面距离黄浦江江面有58米啦!"小平同志听了,高兴地问道:"这座桥是不是世界第一啊?"我说:"不是第一,是世界第三。"

小平同志这次视察后,黄浦江大桥建设指挥部立即召开了由28家单位参加的重要会议。在讨论过程中,与会人员充分认识到开发浦东、加强与浦西的联动发展,交通必须畅通先行,会上确立了再在黄浦江上建造一座大桥的想法。后经过专家从地域实际出发,多次选址定位,进行可行性论证,最后决定在杨浦地区建造世界第一的斜拉桥——杨浦大桥。

邓小平同志第三次上大桥视察是1993年12月13日。那天风特别大,还下着蒙蒙细雨,气温降到零度。小平同志乘车来到完工

杨浦大桥桥面

邓小平为杨浦大桥题字

不久的杨浦大桥主桥上。因为天气不好,加上小平同志已是89岁高龄,当时陪同的吴邦国同志想让我在车上给小平同志汇报一下杨浦大桥的建设情况就行了,可是没想到,小平同志不同意我们的安排。

老人家不顾风大雨寒,坚持下了车,冒雨往桥当中走了二三十米。我向小平同志汇报:"您为杨浦大桥题的字也已经挂在桥上了,每个字大小也是14平方米。"当小平同志往回走时,我开始向老人家详细介绍大桥的建设情况:"您现在站的桥面离开江面62米,杨浦大桥比南浦大桥更高,规模要比南浦大桥大42%,质量比南浦大桥还要好,而且杨浦大桥位列当今世界上同类型斜拉桥的第一了!"

听到这里,老人家非常激动,紧紧地握着我的手说:"要感谢参加大桥建设的工程技术干部,感谢参加大桥建设的职工。这是上海工人阶级的胜利。""世界第一"的杨浦大桥的建成,体现了我们雄厚的科学技术的力量,也说明了我们国家的技术水平赶上了世界先进发达国家,而这一点,才是小平同志三上大桥真正最关心的。

大桥隧道：六上六下过浦江

龚柏顺

2001年1月1日，在欢度新世纪第一个元旦的喜庆日子里，上海市民期盼已久的黄浦江人行隧道正式投入运营。早已闻讯赶来观光游览的游客排起了长队，人群中一位年届七十的老人感慨地说："黄浦江的隧道真是越造越好，条条隧道都有特色！"

黄浦江人行隧道又称外滩观光隧道，是继打浦路隧道、延安东路隧道后建成的第三条越江隧道。

如今的上海人过黄浦江已有5种选择：轮渡、大桥、地铁、机动车隧道和人行隧道。

过江，再也不是困扰人们出行的难题了。

打浦路隧道：第一个越江工程

据上海市隧道工程轨道交通设计研究院院长沈秀芳介绍，上海建成的第一个黄浦江越江工程是打浦路隧道，打浦路隧道于1965年5月开工，1970年9月28日建成通车，全长2 736米，是迄今为止上海最早、最长的黄浦江底公路隧道。上海第一座黄浦江大桥——松浦大桥，则于1974年7月26日开工，1976年6月29日全部建成通车，比打浦路隧道建成通车迟了近6年时间。

打浦路隧道

上海的越江工程建设,为什么隧道先于大桥呢?

据史料记载,上海最早的越江工程计划可以上溯到清朝末年。早在宣统元年(1909),上海人就已渴望能够实现一桥飞架浦江的梦想。此后,在1912年、1931年和1932年均有过修建越江工程的倡议。其中,地方乡绅于1931年欲借洋人之力,在董家渡筹建一座钢质浮船桥梁,结果也只是南柯一梦。到了1947年,上海市政当局成立了越江工程委员会,委托中国桥梁公司作越江工程的调查研究,并于当年提出在中正东路(今延安东路)外滩建造隧道的设想,结果内战的烽烟吞没了这一美好计划。

新中国成立后,上海历届市政府都十分重视越江工程建设。1956年8月,在上海市第一届人民代表大会第四次会议上,就有兴建黄浦江越江工程的提案，城市规划部门还就越江工程选址提出了多种设想。直到1958年8月，上海市越江工程研究所成立，该所在反复进行桥梁与隧道方案的对比研究之后，明确提出了建造越江隧道的思路。此后，1960年2月，经中共上海市委批准，成立了集建设、设计、施工于一体的上海市隧道工程局，开始着手的隧道工程的试验研究。后终因三年困难时期的影响，而未有实质性启动。

然而，上海人建造越江隧道的雄心壮志却从未磨灭。1963年4月开始在浦东塘桥试验基地进行的盾构推进试验，取得了在"嫩豆腐"里打洞的突破性进展。1965年5月，打浦桥隧道率先拉开了越江工程建设的序幕。当时，隧道建设被列为战备重点工程，一切按战备要求考虑：打浦路离市中心稍远，有利国防；两岸均为堆场，拆迁量小；交通方便，浦西与中山南路相接，浦东经浦东大道、沪南公路可直达长江口和东南海滨。即便是在打浦路隧道建成后，也是秘而不宣，一直到1971年6月起才对外开放通行，还仅限于隧道管理部门核发通行证的本市牌照和部队牌照的车辆通行，直至1979年12月1日起才对本市车辆全面开放。

打浦路隧道为单管双车道，车道宽7.07米，每小时双向通行能力为670辆。建成后，对缓解当时机动车过江难起到了较大的作用，由原先候渡2至3小时缩短为6分钟即可过江。至此，黄浦江越江工程实现了零的突破。

以人为本：建起外滩观光隧道

接着，在80年代末，又建成了延安东路隧道（北线），为缓解市中心区居民过江难起到了重大作用。隧道西起延安东路福建路口，东至陆家嘴杨家宅路口，全长2 261米，车道宽度为7.5米，设计通行能力为每小时混合车辆双向1 000辆，比打浦路隧道有明显的改

延安东路隧道

进。到了1991年,浦东开发开放。延安东路隧道(北线)高峰时每小时通过车辆已达1 400辆,大大超过了原设计能力,建设隧道复线势在必行。于是,又于90年代中期建造了延安东路隧道南线,与北线形成一来一往、双向四车道的上海城市地下越江交通主干道。

90年代末建造的外滩观光隧道,则更能体现"以人为本"的设计理念,立足于建造一条集交通和游览观光于一体的人行观光隧道,让人们在轻松愉悦中享受到过江的乐趣。观光隧道的浦西出入口位于中山东一路外滩陈毅广场北侧,浦东出入口位于东方明珠广播电视塔西侧。隧道长646.7米。从法国引进的SK运行系统是目前世界

外滩旅游观光隧道

上最先进的一种无人驾驶自动控制系统,单程过江时间5分钟,每小时最大运输量5 000人次。车厢的四壁由全透明材料构成,可使游客的视野更加开阔;隧道内的景观采用多种科技手段巧妙组合,形成一幅幅梦幻般的奇妙意境。

2005年:"六桥六隧"过浦江

跨入21世纪,人们完全有理由相信:黄浦江的东岸将更加辉煌,过黄浦江会像过苏州河一样方便。

这样的梦想,很快就要实现了。因为,"十五"期间上海还将建造"一桥三隧"越江工程。

这座桥,就是上海黄浦江上第六座越江大桥——卢浦大桥,由我国桥梁设计大师林元培担纲设计。这座大桥与黄浦江上已建成的五座大桥的不同之处，在于它像一张巨型弯弓，桥型为拱桥。这座拱桥主跨达550米，打破了美国西弗吉尼亚山谷中公路拱桥518米的世界纪录，成为"世界第一拱"。卢浦大桥将在2003年3月建成。

"三隧"，是指外环线吴淞越江隧道和大连路、复兴东路两条越江隧道。

外环线吴淞越江隧道与众不同，是上海首次采用沉管法施工的越江隧道，也是目前亚洲最大的沉管隧道。隧道东起浦东三岔港，西至浦西吴淞公园附近，全长2 880米。主体工程已于2000年11月26日开工，预计整个施工需3年时间，建成后将极大地减轻市区过江交通的压力，为上海北郊地区提供一条快捷通道。据工程总设计师乔宗昭介绍，隧道内分布了双向8车道，采用两边各3车道、中间两车道的"三二三"形式，中间设计为可变车道，以便充分适应浦东、浦西每天潮汐式的交通流量。而据工程总承包方上海城建集团介绍，该工程施工难度相当大。首先要在浦东三岔港黄浦江边的一片沼泽地中建起两个巨大的钢筋混凝土干坞，用来制造大型隧道管节，再拖运到江中沉放连接，这是一种全新的施工方法。

另外两条隧道，计划2003年建成通车。这样，到2005年，黄浦江上将形成南浦、杨浦、徐浦、卢浦、奉浦、松浦六座大桥和打浦路、延安东路、大连路、复兴路及外环线吴淞越江隧道、外滩观光隧道六条隧道。

这"六桥六隧"开辟出12条越江通道，共拥有48车道。届时，每高峰小时机动车总通行能力将达到7万余辆次。江上一座座大桥飞架，江底一条条隧道潜卧，甚是壮观！

沪太路忆旧

秦文明

沪太路是中国第一条商办省际公路。

沪太路南起上海市区大统路,北至江苏省太仓浏河镇,全长37.25公里,其中宝山境内33.89公里,占91%。

20世纪20年代,时属江苏的嘉定、宝山、太仓三县,凭借纵横的水网,交通主要依靠水路,陆路交通仍然只有人行道路,搬运货物主要靠人力肩扛或使用少量的人力车与畜力车,至于外出旅行,只能依靠脚力了。沪太路创始人之一、太仓县项惠卿,少时到上海学做生意时,常常是一清早上路,到达市区已是夜晚了。

嘉定、宝山、太仓三县,交通闭塞,大大影响了经济发展。

1920年,钱淦出任宝山县交通事务局局长。12月初,太仓、宝山名人洪伯言、项惠卿代表两县工商界向钱淦建议,由华商集资建设沪太汽车路,以改变太、嘉、宝地区与上海之间交通落后的状况。这一设想得到了钱淦的支持。

12月26日,太仓旅沪同乡会70余人,在上海邑庙萃秀堂集会,商议筹建沪太公司事宜,得到了一致赞同。经过筹备,1921年1月10日,首届沪太公司筹委会在福州路会东里成立,通过了招股简章,推举南洋公学(今交通大学)校长唐文治主持日常工作,决定利用宝山县西部县道为基础,招股筑路。2月11日,筹委会在《申报》《新闻报》同时发布招股公告，不久便筹集到股金42.5万银元。

3月，唐文治以公司创始人名义，呈报吴淞商埠局督办张謇转咨交通部。

5月15日，依据交通部批文，沪太长途汽车股份有限公司在爱而近路（今安庆路）召开股东大会。沪太长途汽车股份有限公司有股东441人，到会365人。大会通过公司章程，产生公司董事、监事13人，推举唐文治为董事长，懋业银行经理洪伯言为代理董事长，浏河镇万茂园经理朱恺俦为经理，洪景平为副经理。

公司宣告成立后，根据公司章程，即与宝山县交通事务局签订了《租借县道契约》15款。属宝山县境内33.89公里的筑路经费，由宝山县交通事务局自筹2万银元，沪太公司垫款16.35万银元，所垫款项均由宝山县在10年后陆续归还，公司则每年向宝山县缴付租路费。同时决定由宝山县交通事务局局长钱淦负责组织施工。

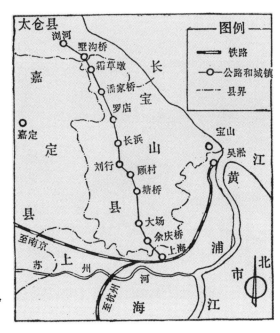

1922年沪太公司初创时沪太干线路线示意图

1922年1月1日，上海至大场段筑成通车，3月10日通至罗店，3月23日全线通车，成为上海市联络市郊和外省市的一条重要干线。

沪太路建成后，屡遭战火洗劫。

1924年，齐卢内战爆发，沪太路全线成为浙江督军卢永祥防线，车辆被征用，道路、桥梁遭到严重破坏，公司停止运行。战后，公司召开董事会，为防止沪太路路权落入官僚、洋人之手，一致决定重建。公司以路基、站基的地契作为担保，向行庄借款40 000银元，修复路面，重建站房，修复、购买车辆，于次年春恢复运行。

1932年，"一·二八"淞沪抗战中，公司的所有车辆无偿为19路军运送物资、救护伤员，在抗击日军中起到了重要作用。战后，车辆损坏严重。所幸19路军将人民捐赠的10辆军车送给沪太公司，作为对其支援抗战的补偿，才使公司脱离困境。

1937年，"八一三"淞沪抗战爆发，沪太路承担起了运送军火的重任。上海沦陷后，沪太路被日商大直公司、华日铁道公司侵占，路面一度荒废。

早期沪太公路的煤屑路面

1945年，抗战胜利，沪太公司集资试图恢复通车。至1947年1月，好不容易复业通车，又因物价飞涨和军警骚扰，公司只能勉强维持，已无力再进行道路养护。

新中国成立后，1952年12月，沪太路由淞江专区交通处养务段南翔管理站接管养护时，路面已破败不堪，直至1955年底才修好。

1958年4月，沪太路划归上海市宝山县管辖。1960年6月，上海市基本建设委员会拨款，用碎石、煤屑加固沪太路路面。1963年3月开始，国家投资321万元，将沪太路改建成黑色路面，所有木质桥梁改建成钢筋混凝土桥梁，沪太路旧貌换新颜，为上海和江苏等地的经济发展发挥了重要作用。

江川路：火红年代里的一号路

孔 曦

闵行人常常把"撤二建一"之前的原闵行区叫作老闵行，主要指北桥以南的地区。在老闵行，有一条大名鼎鼎的一号路，又叫香樟一条街。走在一号路的人行道上，若没有来往的车流，会以为步入了森林。高大的香樟树从道路两旁尽情地将枝叶伸向天空，只留出一道窄窄的缝隙。那安逸的情景，静谧的氛围，仿佛是种着法国梧桐的淮海中路。

这条路的正式名称叫江川路，处于老闵行的政治、经济和文化中心位置。1959年第7期的《建筑学报》上，登有一篇《闵行一号路成街设计介绍》，文中提到："闵行是上海新兴的工业基地，远景规划是一个三十万人口的卫星城市。闵行一号路设计东起沪闵路，西至十二号路西首，全长500多米，相当于上海南京东路从外滩到河南路的距离……它是上海新城市成街建设的第一条，深刻地反映党对人民生活的关怀。"以数字命名马路，是当年"备战思维"的印记。今天的江川路，已延伸至闵行区的最西端，远远超过了500米。

2001年的一天，我国著名园林专家、原上海市园林局局长、市绿化委员会高级顾问程绪珂来到这里，参观道路两侧遮天蔽日的香樟树。40多年前，时任上海园林处主任的程绪珂，为闵行送来了几千棵香樟树，栽种在一号路两侧。故地重游，程绪珂感慨万千：当

1959年10月，一号路上的闵行百货商店

年的小树苗已长成参天大树，而她，也从风华正茂的年纪进入了满头华发的耄耋之年。

这条栽满香樟树的江川路，见证了上海乃至中国重工业的发展历程。

1951年7月，上海电机厂在这里建新厂，1952年9月迁入。同时迁入的还有上海汽轮机厂。1958至1963年，上海重型机器厂、上海锅炉厂、上海水泵厂、上海重型机床厂和上海滚动轴承厂等大中型企业相继迁到闵行，闵行成为上海制造电站设备和重型机器设备的生产基地。中国电站设备制造工业从依赖引进步入独立设计与制造的新时代。

这里诞生了很多上海、中国乃至全世界的第一——我国第一台30万千瓦汽轮机、第一台电站锅炉、第一套核电主设备、全世界第一台1.2万千瓦双水内冷汽轮发电机、我国第一枚探空7号模型火箭、国内第一台12 000吨自由锻造水压机……江川路上的机电工业，为我国的电力和航天工业作出了重要贡献。毛泽东、刘少奇、宋庆龄、周恩来、邓小平、胡耀邦、陈云、杨尚昆、聂荣臻、彭真、李富春和胡锦涛、吴邦国等党和国家领导人都曾先后到这里视察。

在闵行区开展的第三次全国文物普查中，安装有我国第一台万吨水压机的上海重型机器厂、自行研制我国首台12.5万千瓦双水内冷汽轮发电机组的上海汽轮机厂等大型工业企业，都被列为工业遗产。2004年，这里的很多大型工厂都加入了上海电气集团，为长江三峡工程、西气东输工程、秦山核电站等国家重点项目提供了优质的设备和产品。

如今，三菱电梯、"阿尔斯通轨道交通设备"制造公司也到这里落户，一号路雄风犹在，更添新韵。